Knaur.

Knaur.

Über den Autor:
Oliver Stöwing ist Sprachwissenschaftler mit Zusatzausbildung Psychologie, Kommunikationspsychologie und NLP. Er war jahrelang Society-Reporter und arbeitet heute als Textchef und Chef vom Dienst für BILD *online* in Berlin.

Oliver Stöwing

Wann kommt denn endlich
der blöde Prinz
auf seinem dämlichen Gaul!

Knaur Taschenbuch Verlag

Die im Buch veröffentlichten Ratschläge wurden mit größter Sorgfalt von Verfasser und Verlag erarbeitet und geprüft. Eine Garantie kann jedoch nicht übernommen werden. Ebenso ist eine Haftung des Verfassers bzw. des Verlags und seiner Beauftragten für Personen-, Sach- oder Vermögensschäden ausgeschlossen.

Besuchen Sie uns im Internet:
www.knaur.de

Deutsche Erstausgabe Dezember 2009

Redaktion: Bettina Huber
Umschlaggestaltung: ZERO Werbeagentur, München
Umschlagabbildung: Parque/zefa/Corbis
Satz: Gaby Herbrecht, Mindelheim
Druck und Bindung: CPI – Clausen & Bosse, Leck
Printed in Germany
ISBN 978-3-426-79856-0

7 9 10 8 6

Für Tino und Nele

Inhalt

Einleitung 11

Kapitel 1:
Bevor Sie anfangen, Ihren Prinzen zu suchen 23

1. Sie werden es schaffen! 23
2. Erkennen Sie vier wichtige Thesen 26
3. Haben Sie Mut zum Ausprobieren 29
4. Bestimmen Sie Ihr Wertesystem 30
5. Konkretisieren Sie Ihr Ziel 39
6. Machen Sie Ihr Ziel begehrlich 42
7. Setzen Sie sich Teilziele 44
8. Welche Motivation treibt Sie an? Verzweiflung oder Hoffnung? 46
9. Entkommen Sie der Selbst-Sabotage 50
10. Finden Sie heraus, aus welchen Persönlichkeiten Sie bestehen 56
11. Training: Sub-Persönlichkeiten als Team einschwören 59
12. Geben Sie Ihrer Vergangenheit eine neue Chance 63
13. Training: Aus Verletzungen lernen 65
14. Training: Entschärfen Sie Ihren Ballast! 67
15. Training: Verzeihen Sie! 68
16. Training: »Je ne regrette rien« – Bereuen Sie nichts! 70
17. Setzen Sie auf Ihre Stärken! 71
18. Lernen Sie von »Vorzeigefrauen« – statt neidisch zu sein 74
19. Glückliche Freunde machen glücklich 77
20. Training: Von anderen lernen 78
21. Schicken Sie Ihr Super-Ich auf Prinzenjagd 79
22. Achten Sie auf Ihre Haltung 83
23. Ein sexy Body braucht Bewegung 86

24. Wie Sie die Figur halten, die zu Ihnen passt 90
25. Motivationstricks für eine gesunde Ernährung 92
26. Der Teufel trägt auch Zara: Finden Sie Ihren Stil! 95
27. Nicht Schönheit verführt, sondern Persönlichkeit 99
28. Was Sie zur Persönlichkeit macht 103
29. Erweitern Sie Ihren Radius! 106
30. Sie sind einzigartig und etwas Besonderes! 108

Kapitel 2:
Auf zur Prinzenjagd! 113
31. Definieren Sie Ihre Zielgruppe! 114
32. Versuchen Sie es mit Männern aus der Heimat! 123
33. Wie Sie die richtigen Jagdreviere aussuchen 124
34. Konzentrieren Sie sich nicht nur auf Männersuche 125
35. Ergreifen Sie Initiative – wo immer sie sich bietet 126
36. Lassen Sie sich nicht beirren 127
37. Training: Initiative zum richtigen Zeitpunkt 129
38. Setzen Sie auf Ihren Verstand, nicht auf Aktionismus 131
39. Wie Sie gezielt das Internet nutzen 132
40. Bitten Sie offen und direkt um Unterstützung 137
41. Abfuhren erleichtern das Finden! 138
42. Nehmen Sie es nicht (zu) persönlich! 142
43. Mehrere Prinzen sind besser als nur einer 144

Kapitel 3:
»Prinz in Sicht!« 147
44. Treffpunkt Restaurant oder Café? 148
45. Sich uninszeniert inszenieren – Ihr Stil fürs Date 149
46. Machen Sie sich schlau, was ihm gefällt 153
47. Bringen Sie sich in Stimmung! 155
48. »Love Is In The Air«: Nutzen Sie die Macht der Musik 159
49. Essen Sie mit Lust! 161

50. Auch Servicekräfte mögen nett behandelt werden 163
51. Das Geheimnis des Erfolges: Hören Sie aktiv zu! 165
52. Ganz wichtig: Bewerten Sie nichts! 169
53. Stellen Sie Harmonie her oder
»Was Sie durch Achtsamkeit erreichen können« 171
54. Nett ist niemals langweilig! 175
55. Ihr Dating-Prinz ist kein emotionaler Mülleimer! 178
56. Ex-Prinzen sind tabu! 179
57. Lassen Sie Jobfrust zu Hause! 180
58. Erzählen Sie nicht gleich alles von sich 183
59. Wecken Sie nicht gleich mit Heiratswünschen
seine Fluchtinstinkte! 185
60. Lassen Sie sich gegenseitig Freiräume 186
61. Verblüffen Sie, überraschen Sie, machen Sie Vorschläge! 187
62. Die Rechnung übernehme ich! 187
63. Diamonds are not a girl's best friends 189
64. Warum nicht mal abenteuerlustig und taff? 190
65. Wirken Sie bodenständig! 193
66. Mit Stutenbissigkeit vertreiben Sie jeden Prinzen! 195
67. Zügeln Sie Ihre Launen! 196
68. Wann geht's mit dem Sex los? 198
69. Schrauben Sie Ihre Erwartungen zurück 206
70. Überprüfen Sie die Reaktionen, die Sie auslösen –
und entlarven Sie so Ihre Vorurteile 209
71. Er ruft nicht an: Let it be! 212
72. Es gibt nicht nur einen Prinzen auf der Welt ... .214
73. Gönnen Sie sich eine Schonzeit auf der Prinzenjagd 215

Kapitel 4:
»Und sie lebten glücklich bis zum Ende ihrer Tage ...« .. 221
74. Erkenntnis 1: Böse Buben werden niemals
liebevolle Prinzen! 222

75. Erkenntnis 2: Ein Prinz ist nur einer Prinzessin würdig 223
76. Erkenntnis 3: Es gibt keine unerreichbaren Prinzen, nur mangelnde Selbstliebe ... 226
77. Unabhängig statt abhängig ... 229
78. Verwöhnen Sie ihn! ... 230
79. Die Kunst der richtigen Kommunikation ... 232
80. Telepathie ist gefährlich ... 235
81. Darüber reden, wie wir miteinander reden ... 236
82. So beugen Sie Missverständnissen vor ... 241
83. Training: Erfolgreich kommunizieren! ... 243
84. Vertrauen Sie ihm so, wie Sie sich selbst vertrauen ... 244
85. So kritisieren Sie, ohne zu verletzen ... 246
86. Prinzen mögen keine Weggabelung mit zwei Sackgassen 249
87. Gefühle lassen sich nicht vorschreiben ... 253
88. Lassen Sie ihm seinen geheimen Garten – und pflegen Sie Ihren! ... 255
89. Akzeptieren Sie seine Freunde und Familie ... 256
90. Hilfe, sein Geschenk ist ein Flop! ... 257
91. Zeigen Sie einen Sinn für Sparsamkeit ... 258
92. Setzen Sie auf Verlässlichkeit ... 259
93. Zeigen Sie ihm Ihre Wurzeln und Ihre Heimat ... 260
94. Die heikle Sache mit dem Kinderwunsch ... 261
95. Seien Sie niemals eifersüchtig auf seine Vergangenheit ... 265
96. Wie Sie Teufelskreisen entkommen ... 267
97. Überraschen Sie immer wieder ... 269
98. Sehen Sie die Welt mit seinen Augen ... 271
99. Guter Sex Teil 1: Gehen Sie gemeinsam über Grenzen ... 274
100. Guter Sex Teil 2: Wie Sie aus Ihrem Prinzen das Maximale herausholen ... 276

Schlusswort ... 283
Quellen ... 287

Einleitung

»Wann«, schrie mich meine Freundin **Carola** *(31, Sport-Events-Managerin, seit 5 Jahren Single, durchschnittlich verzweifelt) an, »wann zum Teufel kommt endlich dieser verdammte Mistkerl und erlöst mich aus diesem elenden Single-Leben?« Ich besuchte sie an jenem Sonntagmittag zu Hause, weil sie erst Unverständliches ins Telefon geschluchzt und dann geschrien hatte. Ich konnte nur heraushören, dass ich zu kommen hatte, jetzt. Der Anblick ihrer Wohnung – leere Packungen von Single-Fertiggerichten, DVD-Hüllen ihrer 80er-Filmesammlung (»Dirty Dancing«, »Fackeln im Sturm«, »Stolz und Vorurteil«), Taschentücher – verhieß nichts Gutes. Dann richtete sie ihren Blick an die Decke: »Wer immer da gerade die Gott-Schicht hat, schick mir den Typen, der für mich vorbestimmt ist, JETZT!« Und wieder an mich gerichtet: »Und wenn er dann kommt, mein Traumprinz, auf seinem dämlichen Gaul, dann kann er sich erst mal auf was gefasst machen, mich so lange warten zu lassen. Mir Einzelzimmerzuschläge, grässliche Singlepartys und die höchste Steuerklasse zuzumuten. Er ist definitiv sehr spät dran, der Gute! Ich hasse ihn schon jetzt dafür, und ich kenne ihn noch nicht einmal.« Ich schloss aus all dem, dass Carolas letztes Date nicht den Erwartungen entsprochen hatte. Tatsächlich hatte Carola heute den Mann, den sie gestern zum fünften Mal getroffen hatte, einen Profi-Handballer, angerufen. Sie hatte sich für den netten Abend bedankt und angeregt, am Donnerstag zusammen ins Freiluftkino zu gehen. Seine Antwort: Er treffe sich zurzeit parallel noch mit einer anderen Frau, wolle jetzt aber nicht mehr zweigleisig fahren. Carola: »Gut, wann sagst du es ihr?« Er: »Das tue ich doch gerade.«*

Carola schnappte sich eines der umliegenden bunten People-Magazine, wedelte damit in der Luft. »Und überall diese Geschichten von glücklichen Promipaaren. Iris Berben mit 60 glücklich wie nie. Vanessa

Hudgens mit 17 die große Liebe gefunden. Und dann immer diese Angelina Jolie! Ich will das auch! Ich will auch irgendeiner hartherzigen Langeweilerin eine Alpha-Sahneschnitte wie Brad Pitt wegschnappen. Mit ihm dann mal auf einem Moped durch Dritte-Welt-Metropolen knattern, mal mit dem Privatjet zu lohnenswerten Partys – sagen wir mal, ab Golden Globe aufwärts – zischen. Und zwischendurch die Welt vor Armut und Urwaldabholzern retten. Und dann will ich auch unterwegs ein paar regenbogenbunte Kinder einsammeln und durch phantasmorgastischen Sex noch ein paar eigene zeugen, um dann für den Geburtsprozess ganze exotische Länder abzuriegeln. Vielleicht hin und wieder mal für 22 Millionen einen Film drehen, aber nur, weil man mich ständig darum bittet, eigentlich habe ich dazu nämlich gar nicht so richtig Lust. Und dabei will ich auch immer atemberaubend schön aussehen. Ich will das alles auch. Wie, Oliver, wie werde ich so wie Angelina Jolie? Sag es mir!« Ich stammelte etwas hilflos, sie müsse vielleicht weniger strenge Kriterien bei der Männerauswahl anlegen. »Herzchen, noch ein Kriterium weniger, und ich habe außer ›Säugetier‹ keine Bedingung mehr!«

Nachdenklich verließ ich ihre Wohnung und beschloss, mich zu sammeln und demnächst etwas Hilfreicheres zu sagen, zumal ich schon so vielen frustierten Single-Frauen mehr oder weniger Beistand auf der Suche nach ihrem Traumprinzen gegeben hatte und ich mir schon vorkam wie ein Frauenflüsterer, der mantramäßig immer wieder auf diesselben Punkte hingewiesen hatte, warum die Prinzensuche bis dato so erfolglos blieb. Die Grundidee für dieses Buch entstand.

Wollen auch Sie werden wie Angelina Jolie? Dann sollten Sie erst einmal gründlich überprüfen, ob das wirklich ein lohnenswertes Ziel für Sie ist, um dann, wenn Sie feststellen, ja, das ist es, die Ärmel hochzukrempeln. Toi, toi, toi für Sie.

Doch hier geht es nicht darum, wie Angelina Jolie zu werden. Aber warum sollten Sie nicht von Frauen wie Angelina Jolie lernen können? Sie sollen! Vielleicht mögen Sie sie nicht, vielleicht ist sie Ihnen unheimlich, vielleicht schlicht gleichgültig. Akzeptiert. Und doch spricht nichts dagegen, auf denjenigen Gebieten von ihr und anderen herausragend erfolgreichen Frauen zu lernen, auf denen sie messbaren Erfolg haben.

»Ich bin eine glückliche Frau«, stellt Angelina Jolie im Interview mit dem »Spiegel« fest, als der Journalist sie mit ein paar Eckdaten ihres Lebens (Brad Pitt, zig Millionen, sechs Kinder usw.) konfrontiert.
»Ist das nur Glück? Oder das Resultat von Willen, Ehrgeiz und Arbeit?«, fragte der Journalist nach. Ihre Antwort, und jetzt hören Sie genau hin:
»Man sagt, Glück ist, wenn Vorbereitung auf Gelegenheit trifft. Ich glaube, dass dieser Satz stimmt … Ich hatte diverse Fehlschläge, ich bin zweimal geschieden. Aber ich bin mir immer selbst treu geblieben, und deshalb bin ich mit mir im Einklang. Man muss meiner Meinung nach nicht Erfolg im konventionellen Sinn haben, um glücklich zu sein, sondern man muss bei sich selbst bleiben.«
Und damit hat Angelina drei wichtige Dinge erkannt, die auch Sie sich zunutze machen können:

1. Dem Zufall auf die Sprünge helfen

Niemand kann die unzähligen Zufälle beeinflussen, die unser Leben bestimmen. Aber wir können die Möglichkeiten, dass das Glück zuschlägt, vergrößern. Wir können die Wahrscheinlichkeit erhöhen. Wir können dem Glück einen Stuhl anbieten und Milch und Kekse dazustellen. Und den Stuhl bitte da hinstellen, wo das Glück auch öfter mal vorbeikommt. Das bedarf, richtig, Angelina, der Vorbereitung. Wie Sie sich vorbereiten können, das ist Thema dieses Buches.

2. Nur wir selbst können uns ändern

Veränderung findet nur über uns selbst statt. Unser Einfluss auf die Welt ist begrenzt, bestimmte Gesetzmäßigkeiten lassen sich gar nicht ändern. Aber wir können *uns* ändern, unsere Wahrnehmung, unsere Interpretationen und unsere Gefühle, und stoßen so auf eine ungeahnte Quelle voller Kräfte und Möglichkeiten. Wie wir diese Möglichkeiten erschließen, die *uns* helfen, das zu tun, was wir tun wollen, und das Leben zu leben, das wir uns vorstellen – auch das ist Thema dieses Buches.

3. Immer authentisch bleiben

Sicherlich kennen Sie Dating-Ratgeber, die an Ihre Disziplin appellieren: »Machen Sie sich selten, und Sie werden gelten; sagen Sie ab Mittwoch keinen Termin mehr für Samstag zu; lassen Sie für jeden Ihrer Anrufe ihn zweimal anrufen.« Oder die sogenannten Dating-Experten, meist aus den USA, die empfehlen, Männer zu manipulieren, ihnen zu erzählen, Sie seien eine Stewardess, obwohl Sie eine Ärztin für Onkologie sind. Sie kennen auch gutgemeinte Ratschläge aus dem Freundeskreis wie »Du musst öfter unter Leute«, »Sprich doch einfach jemanden an«, »Geh mal zur Farbberatung« oder »Mein Spinning-Kurs würde dir auch guttun«.

Sie können sich verbissen an diese Ratschläge halten und werden dabei wahrscheinlich auch verbissen aussehen wie Heidis Gouvernante Fräulein Rottenmeier an einem sehr schlechten Tag. Aber: Regeln nutzen nichts, wenn wir sie nicht fühlen. Wenn unser Verhalten nicht im Einklang zu unserem inneren Empfinden steht, werden wir auf Dauer keinen Erfolg haben. Denn Männer sind nicht blöd, sie durchschauen verkrampfte Spielchen. Und haben sie satt. Sie wollen eine authentische, selbstbewusste Frau.
Verhalten Sie sich inkongruent, also nicht im Einklang zu sich selbst, werden Sie sich in der sensiblen Phase des Kennenlernens

von Ihrem potenziellen Partner entfremden, anstatt ihm näherzukommen. Und Letzteres sollte doch Ihr Ziel in diesem Stadium sein – oder?

Sich selbst treu bleiben, dafür plädiert Angelina Jolie. Das ist leichter gesagt als getan. Doch dieses Buch gibt konkrete Anleitungen, sich selbst kennenzulernen, zu akzeptieren und Authentizität zu erlernen.

Respekt, Sie sind Single!

Zunächst: Sie sind Single. Herzlichen Glückwunsch! Das lehrreiche, selbständige, freigeistige, verwirrende, oft spannende Single-Dasein bedeutet einen Segen für Ihr Lebensbuch und ist kein defizitärer Zustand. Schauen Sie sich in Ihrem Umfeld um. Wie viele nicht funktionierende Beziehungen kennen Sie? Bleiben nicht oft Partner aus Gewohnheit, aus Unkenntnis über Alternativen, aus Ratlosigkeit oder aus Angst vorm Alleinsein zusammen? Sehen Sie sich zum Beispiel den fragwürdig frisierten und nörgeligen Miesepeter an, den Ihre Freundin mit den großmütigen »Das wird schon«-Ratschlägen beim Aufstehen und Zubettgehen ansehen muss, Tag für Tag. Möchten Sie mit ihr tauschen? Gratulieren Sie sich, dass Sie in keiner derartigen Abhängigkeit leben.

Vielleicht sind Sie Single, weil Sie konsequent einen Schlussstrich gezogen haben unter eine Beziehung, die nicht mehr funktionierte. Vielleicht sind Sie Single, weil Sie stark genug waren, einen Schlussstrich, den jemand anders zog, zu akzeptieren. Sie haben auf alle Fälle Mut, Sie sind stark, Sie haben sich und anderen bewiesen, dass Sie auch allein leben können, ohne zugrunde zu gehen.

Sie und ich wissen, das Single-Leben hat seine Highlights, aber es sieht nicht immer so aus wie bei Sarah Jessica Parker in »Sex and the City« oder bei Teri Hatcher in »Desperate Housewives«. Die Fernseh-Singlefrauen sind meist nur deswegen Singles, weil sie sich nicht zwischen zwei Typen entscheiden können, die eigentlich beide perfekt sind, auch wenn nur einer von ihnen einen Privatjet fliegt. Und im Gegensatz zu diesen recht tapsigen Damen haben Sie noch anderes zu tun, als sich um Ihr chaotisches Privatleben zu kümmern. Sie müssen die Brötchen für sich heranschaffen und können nicht ganztags auf Manolo Blahniks den Typen hinterherstöckeln. Seien Sie stolz darauf!

Sicher: Wenn Sie einen harten Tag bei der Arbeit hatten, fängt Sie niemand mit einem Glas Wein und einer Umarmung auf. Sie sind zu müde, sich noch einmal aufzuraffen, sich hübsch zu machen, um auszugehen. Und für das nötige Glas Wein müssen Sie die Flasche selbst entkorken. Und doch haben Sie all das überlebt. Sie konnten sich ganz auf sich selbst oder Ihr Netzwerk verlassen. Alle Erfahrungen, die Sie als Single gemacht haben, alle Hindernisse, die Sie gemeistert, alle Eigenschaften, die Sie gewonnen haben, seien es Taffheit, Selbstvertrauen, ein großer Bekanntenkreis, Flexibilität oder auch nur das souveräne Entkorken eines Weins, werden Ihnen jetzt nutzen, auf der Suche nach dem Partner, den Sie verdient haben. Sie müssen diese Fähigkeiten nur erkennen, wertschätzen und richtig einsetzen.

Dämliche Prinzen gibt es wie Sand am Meer …

Der Titel dieses Buches ist ein Seufzer, den Sie vielleicht gerade selbst empfinden. Gut so. Seufzen Sie. Sie dürfen auch jammern, wütend sein, fluchen und etwas kaputt schlagen (nichts zu Großes, Wertvolles, und nur etwas, was Ihnen gehört, bitte). Schimpfen Sie auf die Männer – undankbar, uneinsichtig und verkorkst, wie sie sind. Auf den zu Ihren Ungunsten entscheidenden Zufall, auf das

Miststück namens Glück, das sich nur bei anderen breitmacht, aber nicht bei Ihnen.

Auch Neidgefühle sind in Ordnung, sie werden zu Unrecht verpönt und tabuisiert, denn sie sind eine große Motivationshilfe. Sie dürfen sich auch selbst bemitleiden, denn all diese Gefühlsregungen sind ein wichtiger Hinweis, ein Signal Ihrer Seele. Sie wollen einen Aspekt Ihres Lebens ändern. Es tönt ein Schrei in Ihnen. Ein Schrei nach dem blöden Prinzen auf seinem dämlichen Gaul. Sie sind sich dieses Schreis bewusst geworden. Sie stehen in guter Verbindung zu Ihrem Inneren, Sie fühlen, Sie leben, Sie wollen.

Und mehr noch: Sie haben schon begonnen, etwas zu unternehmen. Sie haben die Initiative ergriffen, dieses Buch besorgt, vielleicht auch andere (das geht für mich schon in Ordnung, keine Sorge). Und dieses Buch soll Sie begleiten auf die spannende, verrückte, manchmal unberechenbare, manchmal anstrengende Reise zu einem hehren Ziel, einem Ziel, das Liebe heißt.

Kommen Sie mit auf eine spannende Reise!

Zwar bietet auch dieses Buch im Vergleich zu den anderen Dating-Büchern Tipps zur Verführung, zum Verständnis der Psychologie des Mannes und zum Erreichen optimaler Resultate in der zwischenmenschlichen Interaktion.

Mein Ansatz ist ein jedoch ein anderer als der vieler anderer Ratschläge: Bevor Sie andere manipulieren, manipulieren Sie sich. Denn Ratschläge können noch so richtig sein, wenn Sie nicht motiviert sind, sie nicht fühlen oder sie nicht Ihrem Typ entsprechen und Ihrer ganz persönlichen Wahrheit, werden Sie nicht nutzen, sondern schaden.

Eine hervorragende Methode, unsere Möglichkeiten voll auszuschöpfen und unser Denken, Fühlen, Handeln und unsere Einstellungen derart zu optimieren, dass sich das Leben messbar verändert, ist die des Neurolinguistischen Programmierens (NLP). Diese Methode ist ein häufig angewendeter Bestandteil von Verhaltenstherapien und bekannt dafür, schnell Veränderungen herbeizuführen – anders als die langwierige Psychoanalyse mit ihrem meist ungewissen und diffusen Ergebnis. Sie richtet sich nicht nach innen, sondern immer an das, was messbar ist, was erlebbar ist, was funktioniert. Sie richtet sich nicht an die Vergangenheit, sondern an die unmittelbare Zukunft. Sie arbeitet mit der großen Macht der Sprache, der Vorstellungskraft und mit dem schnellen Lernerfolg, den wir durch sinnlich wahrnehmbare Schlüsselreize erzielen. Ich wende mit Ihnen etablierte Methoden des NLP gezielt an, damit Sie die Herausforderung bewältigen, einen geeigneten Partner zu finden. Gleichzeitig versuchte ich zu systematisieren, was die in Liebesdingen erfolgreichen Frauen von den weniger erfolgreichen unterscheidet. Denn mir fiel auf, dass Frauen mit einem erfüllten Liebesleben keineswegs attraktiver oder skrupelloser oder charmanter oder fokussierter waren als ihre weniger glücklichen Geschlechtsgenossinnen.

Dazu kam mir zugute, dass ich durch meinen frühere Tätigkeit als People-Journalist diejenigen Frauen sprechen konnte, die offenbar das Leben führen, von dem alle träumen, und die von aller Welt bewundert werden: Filmstars wie Cameron Diaz, Drew Barrymore, Kim Cattrall oder Cate Blanchett. Ich versuchte zu entschlüsseln, was diese Frauen tun, was andere nicht tun, und was dazu führte, dass sie das Leben führen, das andere führen wollen. Sie alle kannten Schicksalsschläge, zerbrochene Beziehungen, die Schwierigkeiten, die eine Liebe mit sich bringt. Doch was immer passierte, sie sahen darin keinen Grund, ihren Platz im Licht zu räumen. Das Glück verließ sie nie für lange Zeit.

Als Drittes befragte ich die Zielgruppe selber: paarungsbereite Männer. Ich fragte, was für eine Frau sie suchen, was sie wünschen, welche Bedürfnisse sie erfüllt haben wollen, unter welchen Bedingungen sie sich verlieben. Ich fragte sie, welche Verhaltensweisen einer Frau bei den ersten Dates dazu führten, dass sie den Kontakt abbrachen. Ich fragte sie, was sie an Frauen lieben und was ihnen auf die Nerven fällt. Waren sie in einer glücklichen Beziehung, fragte ich sie, was die Frau ihres Herzens anders gemacht hatte als diejenigen, für die sie sich nicht entschieden hatten. Die meisten Männer sagten, dass sie zum ersten Mal derartige Fragen gestellt bekamen. Offenbar wurde bisher von Frauenseite viel spekuliert, aber selten fragte jemand die Männer, um die es ja geht, direkt und nutzte ihre Antworten systematisch.
Aus all dem entwickelte ich eine Top-100 der wirkungsvollsten Tipps, Trainings-Übungen und Thesen.

Tun Sie es mit Leichtigkeit!

Was vor uns liegt, wird nicht immer gemütlich. Sie werden lernen, sich und Ihr Leben zu hinterfragen. Unbequeme Wahrheiten tauchen auf, alte Gewohnheiten und Glaubenssätze werden in Frage gestellt, Gewohnheiten und Glaubenssätzen, mit denen Sie sich eingerichtet haben und mit denen Ihr Leben ja bisher ganz gut funktionierte.
Wenn Sie mehr vom Leben wollen, als Sie jetzt haben, werden Sie einige Ihrer Verhaltensweisen durch neue ersetzen müssen. Sie werden sich und Ihr Verhalten gemeinsam mit mir gründlich überprüfen, und wir werden sehen, wo Sie es für bessere Ergebnisse modifizieren können. Für die Prinzenjagd brauchen Sie Zeit, Energie und auch Geld. Doch es geht nicht darum, einen neuen Rekord im Triathlon aufzustellen, die Welt vor einer Finanzkrise

zu retten oder den Nahost-Konflikt beizulegen. Es geht auch um Spaß, es geht um Spiel. Verbissenheit ist hier fehl am Platz. Tun Sie es mit Leichtigkeit! Denken Sie an große, positive Veränderungen in Ihrer Vergangenheit, die konkrete Auswirkungen auf Ihre Gegenwart haben: Mussten Sie dafür Jahre buckeln wie ein Spargelstecher? Meistens ist das, was unser Leben auf ein gutes Gleis geführt hat, in überschaubaren Zeiträumen mit überschaubarem Einsatz entstanden. Das eine Vorstellungsgespräch, das wir brillant meisterten, weil wir wussten, den Job will ich wirklich – und wir bekamen ihn! Die Annonce mit der Traumwohnung, die wir nicht überschlugen, obwohl wir eigentlich gerade keine Wohnung suchten.

Ich möchte Ihnen helfen, Ihre Ressourcen zu mobilisieren, Ihre Kräfte zu konzentrieren und herauszufinden, was für Sie funktioniert und was nicht. Der Weg zum Partner soll mit größtmöglicher Effizienz und optimierten Chancen beschritten werden – dann bleiben Arbeits- und Zeitaufwand überschaubar und der Spaß nicht auf der Strecke.

Und seien Sie sich sicher: Alles, was Sie tun werden, wird Sie und Ihr Leben bereichern, wird Ihnen neue Wege erschließen, neue Möglichkeiten bieten und Ihr Inneres, Ihr Selbstbild und Ihr Bild von der Realität verändern – in Bereichen, die eigentlich gar nicht unser ursprüngliches Thema waren. Denn alles bedingt sich in dem System namens Leben, ist in Wechselwirkungen miteinander verknüpft.

Kurz: Sie werden vielfältig profitieren, eine Menge erleben und kennenlernen, auf der gemeinsamen Reise von Ihrem Ist-Zustand zu einem Soll-Zustand. Den Soll-Zustand gilt es dabei zuerst zu erarbeiten. Wir definieren gemeinsam ein Ziel, bereiten Sie mental vor. Ich begleite Sie anschließend auf die aufregende Jagd, auf die ersten Dates und durch die erste ebenso heikle wie schillernde Phase einer neuen Romanze und entlasse Sie dann – hoffentlich in einen Zustand voller Zuversicht und im Bewusstsein neuer Möglichkeiten.

Sie haben geseufzt. Sie haben gefragt, wo Ihr Prinz bleibt. Jetzt ist es Zeit, ein paar Sachen auszuprobieren. Was haben Sie zu verlieren?

KAPITEL 1:
Bevor Sie anfangen, Ihren Prinzen zu suchen ...

1. Sie werden es schaffen!

Handy aus, Licht gedimmt! Starten wir mit der ersten Übung aus der Lehre des NLP (Neurolinguistisches Programmieren), genannt die *Swish-Methode*. Mit dieser Übung und ihrem seltsamen Comic-Namen können Sie in Ihrem Bewusstsein einen Weg von »Ist« zu »Soll« einschlagen. Sie setzen damit einen Wegweiser mit der Aufschrift »Hier entlang Richtung Partnerschaft!« und entwickeln ein positives Selbstkonzept. Das Soll steht für die erfüllte Partnerschaft, die Sie mit der Swish-Methode schon vorab mit allen Sinnen gedanklich erleben können.

Training: So kann Ihre Zukunft aussehen

1. Schritt: Das Single-Leben hat seine Tücken, so viel ist klar. Rufen Sie sich eine Situation Ihrer unmittelbaren Vergangenheit ab, in der Sie diese Tücken besonders heftig um die Ohren geklatscht bekamen. Ein Tag, an dem Sie matt und sorgenvoll nach Hause kamen, und niemand war erreichbar außer der müden Freundin, deren Mann schon missmutig im Hintergrund knurrte. Eine Party, auf der Sie sich fühlten wie auf einer verdammten Arche Noah, weil alle Lebewesen um Sie herum nur paarweise auftraten. Die Bildungsreise, bei der Sie verfluchten, alleine durch Paris zu stiefeln. Die ewig gleiche Frage, warum eine attraktive Frau wie Sie denn immer noch allein ist. (Meine Freundin Carola antwortet darauf immer – nicht wahrheitsgemäß: »Ich weiß es auch nicht genau, aber ich denke, den ganzen Körper mit blutigen Ekzemen bedeckt zu haben, ist nicht gerade hilfreich.«) Was auch immer Ihnen einfällt, spüren Sie die Gefühle ganz deutlich, verstärken Sie sie noch, so, als wenn Sie am Equalizer Ihres Fernsehers drehen. Spüren Sie, in welchem Teil Ihres Körpers sich diese schmerzhaften Gefühle befinden. Lassen Sie in Ihrem inneren Film auch jene Bilder zu, die offenbar nichts mit Ihren Gefühlen zu tun haben.

2. Schritt: Unterbrechen Sie die Vorstellungen durch neutrale Gedanken. Versuchen Sie beispielsweise, all Ihre abgeschlossenen Versicherungen aufzuzählen oder Ihre letzten drei Wohnadressen.

3. Schritt: Aktivieren Sie Ihren Soll-Zustand: Blicken Sie nach vorne in die nahe Zukunft. Sie sind immer noch Sie selbst, haben dieselben Erfahrungen wie jetzt, aber noch einige mehr. Positive Erfahrungen, die Ihren Traum haben in Erfüllung gehen lassen: Sie haben einen Partner. Stellen Sie sich einen Mann vor, den Sie sich an Ihrer Seite wünschen, oder erfinden Sie einen Phantasiemann. Handelt es sich um einen real existieren Mann, so sollte er generell erreichbar sein, der Mann Ihrer Schwester oder Hugh Jackman sind für dieses Kopfkino weniger geeignet.
Ihr Zukunfts-Ich denkt an Ihr Jetzt-Ich voller Güte, Weisheit und Verständnis, ruft Ihnen zu, dass sich alles zum Guten wenden wird. Denn das Zukunfts-Ich kennt die Möglichkeiten, die Ihr Jetzt-Ich hat, um seinen Zustand zu verändern, deren es sich aber noch nicht bewusst ist. Stellen Sie sich vor, wie Sie mit Ihrem Wunschpartner über einen Markt bummeln und Gemüse aussuchen, ihn Ihren Freunden vorstellen, über eine sonnige Wiese laufen. Spüren Sie die Luft, die Gerüche. Machen Sie die Farben intensiver, das Licht heller. Drücken Sie auf die Tasten der Fernbedienung für diesen inne-

ren Film, in dem Sie sich befinden. Sie wollen einen kräftigen Film über Ihre Zukunft drehen. Spüren Sie seine Hand, seine Küsse, seinen Atem, seine Nähe, spüren Sie, wie diese Dinge Sie ausfüllen mit einem durch und durch positiven Gefühl. Sagen Sie sich den Satz: »Ich habe den Partner, den ich verdiene.«

4. Schritt: Stoppen Sie den Film und lassen Sie das gesamte Set schrumpfen zu einem einzigen strahlenden Stern, in dem alles komprimiert ist, was Sie gerade erlebt haben. Nehmen Sie den Stern in Ihre Hand, fühlen Sie, wie er glüht und wabert. Öffnen Sie jetzt Ihre Hand und lassen Sie den Stern explodieren, bis er wieder zu dem Film-Set Ihres positiven Soll-Zustandes in Originalgröße wird. Die Explosion begleiten Sie, indem Sie laut »**Swish**« rufen. Vielleicht kommen Sie sich dabei zunächst etwas affig vor. Das Geräusch dient aber dazu, das innere Erleben mit einem akustischen Signal zu verbinden und es so in Zukunft abrufbar zu machen. Ihr Stern explodiert und implodiert immer wieder. Wiederholen Sie diesen Vorgang etwa sechs Mal.

5. Schritt: Jetzt erfolgt ein harter Schnitt: Leiten Sie ihn wie im zweiten Schritt mit neutralen Gedanken ein. Sie stehen nun wieder vor der Leinwand Ihres tristen Ursprungsfilms. Vielleicht sind die Farben grau, die Konturen unscharf, Sie sehen Staub auf der Linse. Werfen Sie Ihren funkelnden Energiestern aus Ihrer Hand auf die Leinwand. Dort – **Swish!** – explodiert er wieder, breitet sich über das ganze Ursprungsbild aus, wird immer größer, immer heller. Das Ursprungsbild hat keine Chance mehr, es wird von dem Bild Ihres Soll-Zustandes überstrahlt, es verblasst, wird unwirklich, irrelevant, fällt jämmerlich in sich zusammen.

6. Schritt: Wiederholen Sie Schritt 5 sechs- bis zehnmal und erleben Sie, wie das Ursprungsbild immer unkenntlicher, unwirklicher wird. Es besitzt immer weniger Relevanz, weil sich der Stern, den sie mit einem **Swish** auf die Leinwand werfen, mit jedem Vorgang immer schneller, entschlossener ausbreitet.

7. Schritt: Sehen Sie sich jetzt in der nahen Zukunft: Sie erleben dort dieselbe Situation, die Ihnen in Ihrer nahen Vergangenheit, also in Ihrem Ursprungsbild, noch Unbehagen ausgelöst hatte: Wieder erleben Sie den einsamen Abend zu Hause, die Party mit den ganzen Paaren, die Sightseeing-Tour als Alleinreisende. Beobachten Sie, dass Sie sich jetzt anders fühlen, Sie neue Gefühle zur Auswahl haben, um so einer Situation zu begegnen. In dieser nahen Zukunft gehen Sie mit einer ähnlichen Situation ganz anders um als noch in Ihrer nahen Vergangenheit. Spüren Sie, wie Ihre Richtung nun vorgegeben ist, der Weg zur Partnerschaft sich eröffnet hat – ganz gleich, in welchen Umständen Sie sich gerade befinden. Sie spüren wieder negative Gefühle? Wiederholen Sie die gesamte Swish-Übung, bis sie sich automatisiert.

2. Erkennen Sie vier wichtige Thesen

Was ist geschehen? Mit der Methode haben wir zwei Bilder überlagert, ein negatives und ein positives. Doch Ihr Bewusstsein kann nicht zwei gegensätzliche Gefühle gleichzeitig erleben. Für welches es sich in Zukunft entscheidet? Sie haben Ihre Zukunft erlebt, Ihr Selbst, so wie es sein könnte. Durch das »**Swish**« haben Sie von der Gegenwart eine Brücke geschlagen, die Sie in Situationen, in denen Sie sonst mit negativen Gefühlen reagiert hätten, zu Ihrem positiven Selbstbild und Ihrer wünschenswerten Zukunft führt. Sie werden dem Pfad des **Swish** nun motiviert und selbstbewusst folgen können. Diesem Training zugrunde liegen vier wichtige Thesen aus dem NLP:

1. These: Sie können Ihre Wahrnehmungen, Interpretationen und Gefühle leichter ändern als die Welt dort draußen.

Sprich: Die Männer sind, wie sie sind. Sie können ihre Wahrnehmungen, Interpretationen und Gefühle nur sehr bedingt und in kleinem Rahmen beeinflussen. Starten Sie daher bei sich selbst!

2. These: Sie sind von Grund auf in Ordnung und gut. Sie besitzen schon jetzt alles, was Sie brauchen, um eine erfüllte Partnerschaft zu führen.

Die Möglichkeiten dazu sind so groß und vielfältig wie das Universum selbst, dessen Teil Sie sind und das Sie in sich tragen. Sie sind Teil eines Jahrmillionen alten Prozesses, der immer vorwärtsstrebt und sich Leben nennt. Veränderung und Anpassung halten diesen wundersamen Prozess am Laufen. Sie sind einer der jüngsten Zweige, deswegen gehorcht auch Ihr Leben den Regeln der gesamten Evolution, die Sie in sich tragen wie ein urgewaltiges Erbe. Wenn Sie den Regeln dieser Evolution folgen, wird Ihr Leben jene Früchte tragen, die Sie sich wünschen.

Der evolutionäre und allen moralischen, religiösen oder individuellen Überlegungen gegenüber völlig gleichgültige Sinn einer Partnerschaft ist zweifellos die Arterhaltung. Ob Sie als Einzelwesen mit Ihrer Partnerschaft Kinder anstreben, ist dabei völlig unerheblich. Unerheblich ist hier auch, ob der Homo sapiens für die eine, die ein Leben lang haltende, monogame Partnerschaft angelegt ist. Doch kein Zweifel: Der Mensch als soziales Wesen strebt nach Verbindung. Nur die sicherte seit jeher sein Überleben, sowohl das des Individuums als auch das seiner Art – wie auch immer die Verbindung in Ihrem Einzelfall aussehen soll.

So wie Sie Hände haben, Mund und ein Gehirn und Ihre Haare nach einem verborgenen Programm wachsen und Ihre Haut sich erneuert, ist auch Ihr inneres Wesen mit allem ausgestattet, was Sie für eine Partnerschaft benötigen. Folgen Sie den Imperativen alles Werdens und Seins und zeigen Sie Mut, Initiative und Entwicklungsfähigkeit. Bleiben Sie bei sich selbst und Ihren ureigenen Bedürfnissen. Dann wird die Natur Sie wie automatisch hinführen zu dem Ziel, das Sie sich wünschen: der Partnerschaft. Sie sind dazu gemacht.

Vielleicht ist es das, was Paul Coelho mit seinem berühmten Satz in »Der Alchemist« meinte: »Wenn du etwas ganz fest willst, dann wird das Universum darauf hinwirken, dass du es erreichen kannst.«

3. These: Ihre Situation lässt sich ändern, so wie sich jede Situation ändern lässt.

Vielleicht fühlen Sie sich entmutigt, denken, den richtigen Partner zu finden sei durch unüberwindliche Hürden verstellt. Es sei wohl wahrscheinlicher, eine dreiköpfige Lesbierin aus dem Andromeda-Nebel zu treffen als einen Mann. Wenn Sie mal wieder ein Mann überwältigt, dann nur, weil über Ihnen eine Boeing abstürzt und der schnieke italoamerikanische Chefsteward direkt in Ihre Arme fällt. Ein Mann sei womöglich etwas, was das Schicksal nicht für Sie vorgesehen hat, oder etwas, was Sie nicht verdient haben. Sie bewerten damit die Situation, kennzeichnen Sie mit dem Label »Problem«, verbinden Sie mit Deutungen, Glaubenssätzen und Gefühlen. Objektiv gesehen handelt es sich bei Ihrem Problem jedoch nur um eine Situation. Sie sind in einem Ist-Zustand – Single – und wollen zu einem Soll-Zustand – eine glückliche Partnerschaft. Jetzt müssen Sie herausfinden, welche Wege von Ist zu Soll führen, welche Maßnahmen speziell für Sie funktionieren. Dabei wird Ihnen dieses Buch helfen.

4. These: Die beste Schatzkarte zu Ihrem Glück ist die, die mehrere Wege bereithält.
Meine Freundin Carola jammerte: »Ich bin 33, allein und habe gute Chancen, es zu bleiben. Ich muss ja nur so weitermachen wie bisher. Wie es geht, allein zu sein, habe ich ja offensichtlich raus.« In Carolas polemischen Sätzen liegen Selbsterkenntnis und Chance – wenn sie sie nur umformulieren würde: Wenn sie sich anders verhalten würde als bisher, würde sie auch neue Ergebnisse erzielen.

3. Haben Sie Mut zum Ausprobieren

Dieses Buch sagt Ihnen nicht: Wenn Sie sich so oder so verhalten, werden Sie einen Partner finden. Ich will jedoch das Spektrum Ihrer Möglichkeiten erweitern. Probieren Sie ein paar verschiedene Dinge aus und schauen Sie einfach, ob und was sich durch sie ändert. Wenn etwas nicht klappt, probieren Sie etwas anderes. Ihr bisheriges Verhalten brachte Sie dahin, wo Sie jetzt sind, aber Sie wollen ein Stück weiter. Für neue Resultate müssen Sie neue Verhaltensweisen in Ihr Spektrum aufnehmen, aber auch alte über Bord werfen, die sich automatisiert haben. Die Verhaltensweisen, die Ihnen jetzt nicht weiterhelfen, hatten vielleicht unter anderen Umständen oder zu anderen Zeiten einen Sinn. Ehrgeiz und Verbissenheit beispielsweise haben mancher Frau im Berufsleben genützt. Dieselbe Frau kommt mit diesen Eigenschaften aber bei der Partnersuche womöglich nicht weiter, dort schaden sie ihr sogar. Eine solche Frau sollte dann Gelassenheit und spielerische Distanz in ihr Spektrum aufnehmen. Wie eine Rückkopplung bereichern neue Eigenschaften dann auch andere Bereiche des Lebens – auch ein fokussiertes Berufsleben wird durch Gelassenheit und Distanz bereichert.

Ihren Weg gehen Sie in kleinen einzelnen Schritten. Viele kleine Handlungen führen zum richtigen Ziel. Manchmal führen aber auch einzelne Handlungen zu großen Ergebnissen. Das können Brücken sein auf Ihrer inneren Schatzkarte oder Abzweigungen und Abkürzungen, die Sie richtig nehmen, oder ein vorbeifahrender Truck, der Sie unerwartet ein gutes Stück mitnimmt.

4. Bestimmen Sie Ihr Wertesystem

Im vorigen Kapitel drehten Sie Ihren eigenen Film, einen Film über Ihren Zielzustand. Sie durften den Zielzustand darin erträumen, ihn spüren und imaginär erleben. Schwieriger wird es schon, das Ziel klar zu definieren. Sie suchen Ihren Traumprinzen, okay. Aber wie soll der aussehen? Wann soll es so weit sein? Wenn er dann da ist, was wollen Sie mit ihm anfangen?
Ihr Gefühlsleben signalisiert Ihnen, dass etwas fehlt in Ihrem Leben, dass Sie etwas verändern möchten. Aus diesen diffusen Gefühlen ein klares Ziel herauszukristallisieren, es zu definieren, abzugrenzen von anderen Bedürfnissen und Zielen, es so zu formulieren, dass das Eintreten tatsächlich messbar ist, das gestaltet sich schon komplizierter.
Darum widmen wir uns im Folgenden ausführlicher der Zielsetzung. Denn nur bei Klarheit über Ihr Ziel können Sie Ihr Ziel erreichen. Und zur Klarheit über das Ziel gehört es, zunächst zu erkunden, warum wir etwas wollen. Oft genug erreichen wir unsere Ziele nicht, weil wir etwas aus den falschen Gründen wollen, aus Gründen, die unserem Wesen gar nicht entsprechen.
Aus welchen Antrieben heraus wir ein Ziel erreichen wollen, ist jedoch entscheidend für unsere Motivation. Unser Ziel hat die besten Chancen, wenn möglichst viele und möglichst wichtige Werte mit seinem Erreichen verwirklicht sind.

Beispiele:

Mein Freund **Frank** *(40) wünschte sich so sehr, mit seiner Baufirma durchschlagenden Erfolg zu haben. Es gestaltete sich jedoch als zäh und schwierig, obwohl er viel Arbeit in sein Unternehmen steckte. Im Gespräch mit ihm stellte sich heraus, dass seine einzige Motivation das Geld war. Haus in Südfrankreich, ein Boot, Erste-Klasse-Flüge: Frank wollte reich werden. Das Bauingenieurswesen war ihm Mittel zum Zweck, eine Chance, die sich ihm ergriffen hatte, als wohlhabende Bekannte aus der Branche ihm die Möglichkeit zum Einstieg boten. Der Wunsch, Geld zu verdienen, war die einzige Verbindung zwischen ihm und seinen Beruf.*

Aykon *(42) dagegen besitzt tatsächlich ein Haus in Südfrankreich. Das Geheimnis seines Erfolgs: Mit dem Aufbau seiner Werbeagentur handelte Aykon gemäß seinen Werten. Der Wunsch nach finanzieller Unabhängigkeit war nur eine seiner Motivationen. Stattdessen sah er durch seinen Beruf viele andere Werte erfüllt: Selbstständigkeit, Kreativität, Verantwortung, Herausforderung, Aktivität, das Ideal einer liberalen Mitarbeiterführung, der Wille, auf die Welt einzuwirken und sie zu verändern.*

Je mehr sich Ihr Ziel konform zu Ihren Werten verhält, umso mehr erhebt sich Ihr Ziel zu einem Lebensleitziel, einer Mission. Nichts wirkt so motivierend auf uns wie eine Mission, weil sie unserem Wertesystem entspricht. Herausragend erfolgreiche Menschen folgten meist ihrer Mission. Reichtum ist auf dem Weg dorthin nur ein Nebenprodukt. Oder warum sollte Madonna mit über 50 immer noch unbequeme Welttourneen auf sich nehmen, statt den Rest Ihres Lebens mit einem Cocktail in der einen Hand und einem Knackkerl in der anderen Hand auf ihrer eigenen Südseeinsel zu liegen und sich gelegentlich von ihrem Butler Kontoauszüge bringen zu lassen? Weil die Bühne ihre Mission ist.

Was das für die Partnersuche bedeutet? Wenn Sie die glückliche Partnerschaft zu Ihrer Mission erheben und sich im Klaren darüber sind, welche Ihrer Werte durch sie erfüllt werden können, lässt sich das Ziel klarer definieren und mit ungeahnten inneren Kräften erreichen. Nur wenn Sie die Ihnen wirklich wichtigen Werte genau kennen, können Sie auch wissen, welcher Partner für Sie in Frage kommt und welche Art von Partnerschaft für Sie individuell erfüllend ist.

Training: Wie Sie Ihre Werte-Rangliste ermitteln

Betrachten Sie die folgenden Werte. Unterstreichen Sie jene, die Ihnen wichtig erscheinen. Ergänzen Sie sie durch eigene, die Ihnen einfallen:

Abenteuer, Abwechslung, Achtung, Aktivität, Akzeptanz, Altruismus, Anerkennung, Attraktivität, Ausgeglichenheit, Beharrlichkeit, Bescheidenheit, Besonnenheit, Bildung, Charisma, Distanz, Disziplin, Ehre, Ehrlichkeit, Einfluss, Erfolg, Erkenntnis, Ernsthaftigkeit, Familie, Fortbildung, Freiheit, Freude, Freundschaft, Frieden, Fülle, Fürsorglichkeit, Gastlichkeit, Geborgenheit, Gehorsam, Gelassenheit, Geld, Gemeinschaftssinn, Geradlinigkeit, Gerechtigkeit, Geschmack, Geselligkeit, Gesundheit, Glaube, Gleichheit, Glück, Großmut, Großzügigkeit, Gute Laune, Harmonie, Heimatverbundenheit, Heiterkeit, Herausforderung, Herkunft, Herzlichkeit, Höflichkeit, Humor, Identität, Individualität, Interesse, Kameradschaft, Kinderliebe, Klugheit, Kompetenz, Konfliktfähigkeit,

Kreativität, Lässigkeit, Lebensstil, Leichtigkeit, Leistung, Lernen, Liebe, Loyalität, Macht, Menschlichkeit, Mitgefühl, Mut, Nachsicht, Nähe, Naturverbundenheit, Objektivität, Offenheit, Ordnung, Originalität, Persönlichkeit, Pflichtbewusstsein, Phantasie, Pracht, Pragmatismus, Prestige, Prinzipientreue, Pünktlichkeit, Rebellion, Rechtmäßigkeit, Redegewandtheit, Regelmäßigkeit, Reichtum, Reiselust, Respekt, Rücksicht, Ruhe, Ruhm, Sauberkeit, Selbständigkeit, Selbstverwirklichung, Sexualität, Sicherheit, Soziales Engagement, Sparsamkeit, Spaß, Spiritualität, Spontaneität, Status, Stärke, Tapferkeit, Tatkraft, Toleranz, Tradition, Treue, Überlegenheit, Überzeugung, Umweltschutz, Unabhängigkeit, Veränderung, Verantwortung, Verbindlichkeit, Vernunft, Verschwiegenheit, Vertrauen, Wahrhaftigkeit, Wechsel, Weisheit, Weitblick, Weltverbesserung, Wohlstand, Zärtlichkeit, Zeitlosigkeit, Zugehörigkeit, Zusammenhalt, Zuverlässigkeit

....

....

....

....

Top-Ten-Liste erstellen

Gehen Sie die Liste mehrmals durch. Bei welchen Werten bleiben Sie hängen? Bei welchen fallen Ihnen spontan Assoziationen aus Ihrem Leben ein, im Gegensatz zu jenen, die für Sie zunächst nichts als Begriffe bedeuten? Welche Werte können Sie nach dem Durchlesen wiedergeben, wenn Sie das Buch weggelegt haben?

Das sind Ihre Schlüssel-Werte. Erstellen Sie daraus Ihre ganz individuelle Werte-Top-Ten. Auf Platz 1 der Wert, der Ihnen am wichtigsten erscheint für Ihr Leben. Ergänzen Sie die Liste um eine horizontale Achse, in der Sie folgende Koordinaten eintragen:

In der **ersten Spalte** prüfen Sie, wie sehr sich die Top-Ten Ihrer Werte in Ihrem jetzigen Single-Zustand verwirklicht. Gehen Sie dafür nach dem Schulnoten-System vor: Verteilen Sie eine 1, wenn beispielsweise Ihr Wert »Erfolg« in Ihrem jetzigen Leben bestens verwirklicht ist; eine 6, wenn Ihnen der Wert »Sicherheit« fehlt.

In einer **zweiten Spalte** prüfen Sie nach demselben System, wie gut Ihre Werte in Ihrer letzten Beziehung verwirklicht waren.

In der **dritten und letzten** Spalte verteilen Sie Noten dafür, wie sehr Sie die Werte in Ihrer nächsten Beziehung verwirklicht sehen möchten. Beispiel: Bei einer 1 bei »Treue« ist dieser Wert durch Ihre Wunschpartnerschaft optimal verwirklicht.

Zielsetzung erkennen

Bei der Differenz zwischen den Noten, die Sie den Ihnen wichtigsten Werte in der Wunschbeziehung gegeben haben, und den Noten, die Sie demselben Wert in Ihrem Singleleben und Ihrer letzten Beziehung gegeben haben, erkennen Sie die Richtung Ihres Ziels, das Sie ja mit Abschluss dieser Übung formulieren wollen.

Beispiele:

Grafikerin **Tatjana** *(32) war Treue ein wichtiger Wert. In Ihrem jetzigen Leben als Single sah sie diesen Wert gar nicht verwirklicht, er erhielt in dieser Spalte daher die Note 6: Niemand da, dem sie hätte treu sein können, niemand, der ihr treu war. In ihrer letzten Partnerschaft haperte es auf beiden Seiten mit der Treue: Note 4. Das wollte Tatjana* *so nicht wiederhaben: In ihrer Wunschpartnerschaft bekam die Treue die Note 1, der Wert sollte dort also unbedingt verwirklicht sein – Womanizer, die unverbesserlich auf Streifzüge durch die Wildnis gehen müssen, strich Tatjana daraufhin komplett von ihrem Beute-Radar. Tatjana nahm also das »treu« bewusst in ihre Zielsetzung auf.*

So schön, so gut. Doch die Beschäftigung mit unseren Werten deckt auch Widersprüche auf, die oft genug Grund dafür waren, dass wir unsere Ziele NICHT erreicht haben.

So erhob Tatjana auch Reiselust und Abenteuer zu ihren wichtigen Werten. Spontane Reisen zu ihrem riesigen Freundeskreis, der weltweit verstreut ist, ein Selbstfindungsmonat in Goa, ein Wochenendtrip zu ihrer chaotischen Künstler-Freundin in Amsterdam: Werte, die sie als Single problemlos verwirklichte. Aber wie würde es aussehen, wenn sie dem Werben des lieben Rainer, der sie sanft, aber beharrlich umgarnte, nachgäbe? War ihr lustiges Sozialleben der Grund, warum sie sich weigerte, sich auf den flauschigen Verehrer einzulassen?
Tatjana ging hart mit sich ins Gericht, mischte die Platzierungen in ihrer Werte-Top-Ten neu: Abenteuer und Reiselust standen jetzt vor Treue. Sie entschied, dass sie bei ihrem momentanen Lebensstil, an dem Sie im Moment nichts Wesentliches ändern wollte, weil er ihren Werten entsprach, eher eine lockere Art der Beziehung suchte. Bei der konnte sie dann jedoch absolute Treue weder einfordern noch selbst versprechen.

Fremdsprachenkorrespondentin **Silke** *(30) erkannte, wie bedeutend für sie der »Wert« Veränderung ist. Ihr großer Traum war es, Deutschland zu verlassen und im englischsprachigen Ausland zu leben. Dieser Wert stand scheinbar im Widerspruch zu weiteren Werten ihrer Top-Ten: dem Wunsch nach Harmonie und Familie etwa.*

Silke erkannte: Eine Beziehung hatte gar keine Chance bei ihr, weil sie fürchtete: Lässt sie sich jetzt, in ihrer Heimat, dem Raum Köln-Bonn-Düsseldorf, auf eine Beziehung ein, begräbt sie damit ihren Auswanderungs-Traum. Unbewusst sabotierte sie so ihre Dates. Silke reagierte auf diese Erkenntnis, indem sie ihr Jagdschema änderte: Ihr Jagdrevier waren von nun an Flirtrooms im Internet, in denen sie gezielt mit Männern in London oder Übersee chattete. Dabei wurde auch gleich ein anderer Wert verwirklicht, der Wunsch nach »Fortbildung«. Konkret: Silke hatte die Möglichkeit, bei den lockeren Chats ihre Kenntnisse der englischen Sprache zu vertiefen, die sie so sehr liebte. Eine Reise nach Boston und eine nach Chicago zu Chat-Bekanntschaften erwiesen sich als schlimme Flops. Dann stand Pete aus Perth leibhaftig vor ihrer Haustür in Köln, jener alleinerziehende Vater eines kleinen Sohnes, mit dem sie nächtelang gechattet hatte. Es folgten rauschhafte fünf Tage. Silke und Pete sind inzwischen verheiratet, haben zwei gemeinsame Kinder, leben auf einer Ranch in Australien.

Annabelle *(33) dagegen erkannte, dass im Moment »Erfolg« und »Spaß« entscheidende Werte für sie sind. In ihrer gescheiterten Ehe mit einem Möbeldesigner sah sie diese Werte unzureichend verwirklicht – sie hatte im Betrieb ihres Mannes gearbeitet, ihre eigenen Karrierepläne aufs Eis gelegt. Abends waren beide zu erschöpft, um auszugehen. Obwohl Annabelle sich auch nach ihrer Scheidung wieder nach Liebe und Nähe sehnt, gefällt ihr an ihrem gegenwärtigen Singleleben, dass sie ihre Werte »Spaß« und »Erfolg« so unkompliziert verwirklichen kann: Sie ist Geschäftsführerin eines Catering-Unternehmens, arbeitet manchmal 16 Stunden am Tag, ist dann selber noch viel auf schicken Partys unterwegs – genau das, was sie nach drei Jahren Ehe machen möchte. Annabelle wurde bewusst, dass sie eigentlich nur einen Mann für gewisse Stunden suchte, aber im Moment keine exklusive Partnerschaft.*

Nicole *(28) wiederum leuchtete ein, dass für sie der Wert »Autonomie« entscheidend ist: Mit sehr gemischten Gefühlen erinnerte sie sich an ihre letzte Beziehung, das ständige Aufeinanderglucken, der Zank ums Fernsehprogramm, die gnadenlose Entzauberung der Liebe durch den Alltag. Sie erkannte, wie gerne sie es hat, die Tür zuzumachen und einfach mit ihrer Katze allein zu sein, Herrin über ihr eigenes kleines Revier zu sein. Da wurde ihr bewusst, dass die Lösung für sie eine Fernbeziehung zu einem Mann in einer gut erreichbaren, interessanten Stadt sein könnte: Statt sich in einem abgeschotteten Urlaubsresort im fernen Süden am Pool zu räkeln, entschied Nicole sich, ihren nächsten Urlaub in London zu verbringen und die Männer dort gezielt unter die Lupe zu nehmen. Dafür nahm sie schlechtes Wetter und die Preise einer Malediven-Luxus-Ferienanlage in Kauf. Aber sie präsentierte Ergebnisse: Sie lernte einen smarten Broker kennen, sie sehen sich ein- bis zweimal im Monat für ein Wochenende, haben spannende Gespräche in tollen Restaurants, prickelnden Sex. Nicole lernt eine aufregende Stadt von ganz anderen Seiten kennen, und wenn die EasyJet-Setterin aus dem Flieger ins Taxi steigt und sich zurück in ihre Berliner Wohnung fahren lässt, freut sie sich auf ihre vier Wände, in denen sie nichts tun wird, außer ihre Katze zu kraulen.*

Elena *(35) hatte sich bewiesen, dass sie erfolgreich ist, schuftete in einer PR-Firma für Mode, jetzt wollte sie, verdammt noch mal, einen Mann. Der Modezirkus nervte sie, der Wert »Erfolg« war ihr nicht mehr so wichtig, sie hätte gerne kürzergetreten. Werte wie »Familie« und »Liebe« und »Geborgenheit« befanden sich auf ihrer Prioritäten-Liste vor »Spaß« und »Erfolg«. Das Problem: Elena war so lange in der Szene unterwegs, dass sie fast nur Leute aus Fashion und Showbusiness kannte – eine Bande aus Neurotikern, Modelizern, Windeiern, Partylöwen, Drogen-Freaks, Selbstdarstellern. Kein Kandidat in Sicht, mit dem sie ihre veränderten Werte verwirklichen könnte. Elena erkannte, dass sie mit Gewohnheiten brechen, ein neues Jagdrevier erobern*

musste, kurz, dass ihr Handeln ihren veränderten Werten, ihrer neuen inneren Wahrheit gemäß erfolgen musste. Und noch ein Punkt: Elena hatte sich einen Lebensstandard erarbeitet, war bereit, für eine Familie im Job kürzerzutreten: Aber bitte nicht materiell. Der Wert »Geld« war ihr nach wie vor wichtig, und das ist völlig legitim. Um den Lebensstandard auch mit einer Familie und weniger Einkommen halten zu können, brauchte sie einen erfolgreichen Mann. Noch ein Grund mehr, sich von der »Arm, aber sexy«-Fraktion der Berliner Kastanienallee fernzuhalten, die bei Kaffee-Schaum-Kreationen stundenlang über ganz große Würfe parliert, vor denen sie unmittelbar steht. (Meist handelt es sich um Drehbücher, TV-Piloten, Modelabels oder Fotografenjobs. Am nächsten Morgen dann, wenn es darum geht, die Ideen zu Handlungen werden zu lassen, sind sie leider doch wieder reichlich müde und verschieben die Zukunft noch einmal um einen Tag.)
Elena hat jetzt ein paar alte Freundinnen mobilisiert, die sie schon hatte, bevor sie in die Modeindustrie einstieg. Sie bat sie explizit darum, ihr Männer vorzustellen. Männer, die sich nicht in der Szene bewegen, in der Elena sich so lange aufhielt und in der sie fast ihre eigentlichen Werte aus den Augen verloren hätte. Elena erkundigt sich inzwischen auch rechtzeitig nach dem beruflichen Status potenzieller Kandidaten. Klingt berechnend, ist aber besser als eine böse Überraschung.

Es ist also hilfreich, für sich selbst klar zu formulieren, dass man auch auf den Lebensstandard des Partners achtet. »Status« ist als Kriterium zur Partnerwahl zwar allgegenwärtig, aber nicht sozial gewünscht, wird also tabuisiert. Deswegen suchen viele Frauen bei einem Mann nach anderen Makeln, die als Ausrede vor sich und anderen dafür herhalten müssen, dass sie den Kandidaten ablehnen – obwohl eigentlich hauptsächlich der zu geringe Status nicht in ihren Lebensentwurf passt. Problematisch wird es erst, wenn »Geld« oder »Status« die einzigen Werte sind, die eine Frau durch eine Partnerschaft verwirklicht sieht, und einen Partner nur oder vorrangig nach diesen Kriterien auswählt. Denn stehen diese Werte isoliert, werden sie dem komplexen Wesen einer Partnerschaft nicht gerecht, die schließlich kein Arbeitsvertrag ist, sondern aus Gefühlen der Partner zueinander besteht.

5. Konkretisieren Sie Ihr Ziel

Die Beschäftigung mit Ihren Werten erlaubt es Ihnen jetzt, Ihr Ziel zu formulieren: Sie wissen, welche Art von Partnerschaft Sie an dem jetzigen Punkt in Ihrem Leben führen wollen. Sie wissen, welche Eigenschaften Ihr Partner besitzen muss und welche Ihnen weniger wichtig sind. Vielleicht haben Sie erkannt, welche Ihrer Werte miteinander konkurrieren, weil die Verwirklichung des einen auf Kosten des anderen gehen würde. Vielleicht haben Sie daraufhin einige innere Kompromisse geschlossen. Wenn nicht, soll das Ihre Zielsetzung an dieser Stelle nicht beeinträchtigen: Wie Sie zwischen Ihren Werten verhandeln, erfahren Sie genauer ab Seite 32.

Training: So definieren Sie Ihr Ziel

1. Schritt: Notieren Sie Ihr Ziel!

- Schreiben Sie es so auf, als hätten Sie es bereits erreicht: Sie wollen somit einen Soll-Zustand beschreiben.
- Achten Sie darauf, dass Ihr Ziel positiv formuliert ist und mit einer Ich-Aussage über Ihren Gefühlszustand beginnt. *»Ich will nicht länger allein sein«* ist daher als Zielsetzung nicht geeignet. Schreiben Sie lieber: *»Ich genieße es, jemanden zu haben, mit dem ich mein Leben teile.«* Weiteres Beispiel: Formulieren Sie die Zielsetzung *»Mein quasi nicht vorhandenes Sexualleben muss*

sich bessern« um in: *»Ich freue mich, dass ich ein spannendes Sexualleben führe.«* Die positive, auf Sie selbst und Ihr Gefühlsleben referierende Formulierung schafft automatisch jene Schwingungen, mit denen die Annäherung an das Ziel automatisch schon begonnen hat. Ihre Zielformulierung ist also schon zugleich ein erster Schritt.

- Achten Sie darauf, dass das Ziel tatsächlich erreichbar ist. Wenn Ihr Wunsch so lautet: *»Ich möchte einen Film-Regisseur, der mich in Filmrollen besetzt.«* Dann zurück auf den Teppich, bitte! Sie sind nicht Veronica Ferres und wollen es vermutlich auch gar nicht sein.
- Klären Sie Folgendes mit sich: Sie wollen dieses Ziel tatsächlich, weil es Ihren Werten entspricht und um der Partnerschaft selbst willen. Nicht materielle Wünsche oder gesellschaftliche Anforderungen treiben Sie dahin. Und es ist auch nicht etwa die Stimme Ihrer Mutter, die Ihnen sagt: »Mädel, es wird Zeit, such dir einen Mann!«
- Beschreiben Sie das Ziel so konkret wie möglich.

Beispiele für Zielformulierungen:

Simone: *»Ich genieße eine exklusive, monogame Partnerschaft mit einem Mann bis 40 aus meiner Stadt in einem aussichtsreichen Beruf.«*

Silke: *»Ich freue mich, eine feste, exklusive Partnerschaft zu führen, möglichst mit einem Mann mit Muttersprache Englisch, und ich wohne mit ihm im Ausland.«*

Elena: *»Ich spüre das gute, sichere Gefühl, mit einem vernünftigen und beständigen Mann verheiratet zu sein, der besser verdient als ich während meiner Vollzeit-Tätigkeit. Ich habe ein Kind bekommen und arbeite nur noch bei besonderen Aufträgen, wobei ich meinen Lebensstandard gehalten oder sogar noch verbessert habe.«*

Nicole: *»Ich erlebe eine aufregende Fernbeziehung innerhalb Europas, lerne bei Besuchen die Stadt meines Partners kennen, verbringe spannende gemeinsame Wochenenden mit ihm.«*

Annabelle: *»Ich fühle mich entspannt und befriedigt, da ich eine kontinuierliche sexuelle Beziehung führe, die mir einen Ausgleich zu meinem sonst sehr ausgefüllten Leben schafft.«*

2. Schritt: Notieren Sie, wie Sie erkennen, dass Sie Ihr Ziel erreicht haben! Werden Sie auch dabei so konkret wie möglich. Oft sind die Indikatoren naheliegend: Elena erkennt ihr erreichtes Ziel daran, dass sie ein Kind bekommt und verheiratet ist. Silke machte sie daran fest, dass sie mit ihrem Partner im Ausland wohnt. Nicole muss die Beweisführung ihres Ziels schon etwas genauer eingrenzen. Der Begriff Fernbeziehung ist für sie erfüllt, wenn man sich mindestens einmal im Monat sieht, eine gemeinsame Reise plant, dazwischen den Kontakt durch E-Mails und Telefonate hält, wenigstens jeden zweiten oder dritten Tag. Sie wünschen sich ein spannendes Sexualleben wie Annabelle? Was heißt das für Sie? Möchten Sie mit einem Partner Sex haben oder zwei sexuelle Beziehungen gleichzeitig führen? Wünschen Sie sich One-Night-Stands? Wie oft in der Woche oder im Monat stellen Sie sich Sex vor, damit Sie von einem »befriedigenden Sexualleben« sprechen können? Annabelle definierte es so, dass sie sich mit ihrer Affäre circa zweimal wöchentlich unkomplizierte Treffen wünschte.

3. Schritt: Legen Sie einen realistischen Zeitrahmen für das Ziel fest! Sie möchten beispielsweise Zielformulierungen, wie sie Nicole oder Elena aussprechen, auf der Silvesterfeier 2011 als freudige Gegebenheit postulieren können.
Ein positiv formuliertes Ziel übt eine magische Anziehungskraft

aus. Indem Sie sich dieses Ziel setzen, kreieren Sie bereits Ihr neues Leben, wie eine Form, die nur noch gefüllt werden muss. Positive Ziele funktionieren als selbsterfüllende Prophezeiung.

So bei der 9-jährigen bürgerlichen Jeanne Antoinette Poisson. Der prophezeite 1730 in Paris eine Wahrsagerin, sie werde die Geliebte des Königs. Mit dieser Wahrsagung waren die Weichen gestellt, weil Jeanne Antoinette an sie glaubte und sie immer in ihrem Herzen trug und gar keinen Zweifel aufkommen ließ, es könne anders kommen: Als Madame Pompadour wurde sie nicht nur die offizielle Mätresse von König Ludwig XIV, sondern auch die heimliche Regentin Frankreichs. Mit ihrer Intelligenz und ihrem Stil prägte sie eine ganze Epoche.

6: Machen Sie Ihr Ziel begehrlich

In der folgenden Trainingseinheit geht es darum, Ihr frisch definiertes Ziel noch lohnenswerter erscheinen zu lassen, es sinnlich spürbar werden zu lassen, ihm Magie und Anziehungskraft zu verleihen.

1. Schritt: Sie erinnern sich an die allererste Trainingseinheit, die Swish-Methode. Sie sollten sich Ihren Ziel-Zustand vorstellen, ihn fühlen, erleben, mit allen Sinnen wahrnehmen. Tun Sie das jetzt wieder! Ihr innerer Film wird sich jedoch verändert haben: Sie sind sich jetzt über Ihre Werte und Ziele bewusst geworden, daher erleben Sie Ihren Film nun realistischer, dreidimensionaler, genauer als noch zu Beginn. Genießen Sie den Film, gehen Sie ganz darin auf, spüren Sie deutlich Ihre Emotionen, das Gefühl, glücklich und ausgefüllt zu sein. Erleben Sie, wir Ihre Werte verwirklicht sind, Sie sich in einer Partnerschaft sicher, gewertschätzt und angenommen fühlen.

2. Schritt: Blicken Sie nun von Ihrem Zielzustand zurück auf Ihr Jetzt-Ich. Sie sehen, dass ein Weg vom Ziel zurückführt in die Vergangenheit, ein Weg, den Sie gegangen sind. Gehen Sie diesen Weg langsam und bedächtig zurück: Was ist auf diesem Weg, der Sie zum Ziel führte, alles geschehen? Erleben Sie, welche Ihrer Fähigkeiten Ihnen dabei halfen, welche inneren Kräfte Sie mobilisiert haben, welche konkreten Entscheidungen Sie getroffen haben, wie Sie handelten, um Ihr Ziel zu erreichen. Sehen Sie sich, je nachdem, wie Ihr Ziel aussieht, in das Flugzeug nach London steigen, alleine durch die Stadt laufen, sich aufstylten für den abendlichen Besuch eines Nachtclubs. Sehen Sie sich, wie Sie Ihren Freundeskreis mobilisierten und interessante Dinge unternahmen und sich von Freunden interessante Männer vorstellen ließen. Sehen Sie, wie Sie sich selbst neu erfunden haben, einen neuen Kleidungsstil ausprobierten. Sehen Sie sich flirten, lachen und anbändeln. Immer in dem Wissen, dass diese Maßnahmen zu Ihrem Erfolg geführt haben. Lassen Sie Ihrem Unterbewusstsein freien Lauf! Es weiß am besten, was Sie tun müssen, um Ihr Ziel zu erreichen. Niemand kann Ihnen genauere Hinweise geben!

3. Schritt: Zurück aus der Zukunft: Sie sind den Pfad nun entlanggegangen und in der Gegenwart angekommen. Blicken Sie jetzt in die andere Richtung, den Weg hinauf zu Ihrem leuchtenden Ziel! Der Weg braucht Ihnen keine Angst mehr zu machen, Sie kennen ihn bereits, Sie wissen, dass er zum Erfolg führt. Sie wissen nun auch, wie lohnenswert das Ziel ist. Spüren Sie seine Magie!

4. Schritt: Gehen Sie den Weg auf und ab, immer wieder, erhöhen Sie das Tempo. Üben in der Vorstellungskraft – das funktioniert. Selbst bei Spitzensportlern entscheidet nicht nur das körperliche Training über Erfolg, sondern auch das mentale: Athleten gehen ihren Wettkampf im Kopf durch, spüren dabei schon ihre Bewegungen, die Anspannung ihrer Muskeln, ihre Reaktionen. Wenn es so weit ist, haben sich diese Abläufe automatisiert. Das Gleiche haben Sie getan. Spüren Sie, wie Ihre Muskeln gespannt sind, bereit, die Bewegungen auszuführen, auf die Sie sie vorbereitet haben? Es wird bald Zeit für Sie, das Dating-Spiel mitzuspielen und all die Aufmerksamkeit und Liebe abzusahnen, die Sie verdienen.

7. Setzen Sie sich Teilziele

Wer, glauben Sie, ist am meisten motiviert, den Run aufs Ziel anzutreten? Elena, die sich eine Familie wünscht, oder Annabelle, die sich vorgenommen hat, eine kontinuierliche sexuelle Beziehung zu führen? So viel ist sicher: Annabelle sieht ihr Ziel in naher Zukunft, kann es direkt angehen, es erscheint ihr absolut machbar. Elena dagegen hat noch einiges vor sich: Zwischen ihrem Ist-Zustand und einer Ehe inklusive erstem Kind liegen noch einige große Schritte. So wohl Elena sich auch fühlte, als sie sich ihr Ziel vorstellte, und so groß seine Anziehungskraft auch erschien, der Pfad kam ihr doch reichlich lang vor. Was sollte sie tun? Sich eine greifbarere Sex-Beziehung wünschen wie Annabelle? Das mag für Annabelle in ihrer jetzigen Lebenssituation genau das Richtige sein, es ist nicht das, was Elena will. Und Elena sieht gar nicht ein, ihre Ansprüche herunterzuschrauben. Und das muss sie auch nicht.

Unterteilen Sie Ihr Ziel in Teilzeile! Jedes einzelne Teilziel ist ein Meilenstein auf Ihrem Erfolgsweg. Einzelschritte ermöglichen es Ihnen, sich ganz auf sie zu konzentrieren und sich so Ihren Erfolgsweg Stück für Stück zu pflastern. Durch erfüllte Teilziele haben Sie messbare Indikatoren, die Ihnen zeigen, dass Sie auf dem richtigen Weg sind. Wer sich sein Endziel hoch setzt wie Elena – Ehe mit Kind –, wird sich nach einigen Monaten fragen: Schön

Beispiele für aufeinander aufbauende Teilziele:

- Ich habe mich in drei Flirtrooms angemeldet (morgen)
- Ich habe jede Woche einen Ausgehtag arrangiert, bei dem es möglich ist, Männer zu treffen (ich starte diese Woche)
- Ich tue 4x wöchentlich eine Stunde etwas für mein Aussehen: Sport, Wellness, Kosmetiksalon (ich starte diese Woche)
- Ich habe mir ein neues interessantes Hobby gesucht (innerhalb der nächsten zwei Wochen)
- Ich hatte ein Date (diesen Monat)
- Ich habe jemanden geküsst (diesen Monat)
- Ich hatte drei Dates (Ende Juni)
- Ich habe jemanden in den Wind geschossen, der nicht meinen Vorstellungen entsprach, und so mit meinen Ressourcen gehaushaltet (Ende Juni)
- Ich hatte mehrere Dates (drei bis fünf) mit demselben Mann (Mitte Juli)
- Ich hatte Sex (Mitte Juli)
- Ich hatte zum zweiten Mal Sex mit demselben Mann (Ende Juli)
- Ich sehe jemanden regelmäßig, ca. 2x in der Woche seit vier Wochen (Mitte August)
- Ich war mit einem Mann ein paar Tage verreist (Dezember)
- Ich bezeichne jemanden als »meinen Freund«, er mich als »seine Freundin« (Februar nächsten Jahres)
- Ich hörte ein »Ich liebe dich« (Mai nächsten Jahres)

und gut, ich bin ja immer noch nicht verheiratet, ich habe ja nicht mal einen Antrag! Folge: Frustration!
Setzt Elena sich dagegen Teilziele, kann sie stolz darauf sein, was sie zu diesem Zeitpunkt schon erreicht hat: Sie hat ihre alten Freundinnen angerufen, sie hat sich bei geselligen Abenden vielversprechende Männer vorstellen lassen, sie hat sich höflich, aber bestimmt verabschiedet, als einer davon ihr bei einem Date erzählt, er wolle sein Studium nach 14 Semestern schmeißen und sich einen ausrangierten Zirkuswagen kaufen, um Imker im tiefsten Brandenburg zu werden.

Auch Ihre Teilziele sollten den Bedingungen des Hauptziels folgen: Sie sind positiv formuliert, konkret in ihrer Aussage, messbar in ihrer Erfüllung und der Zeitrahmen klar abgesteckt.

Schreiben Sie Ihre Teilziele auf und überprüfen, ergänzen und modifizieren Sie sie, nachdem Sie das erste Kapitel gelesen haben.

8. Welche Motivation treibt Sie an? Verzweiflung oder Hoffnung?

Ein Ziel zu formulieren und es lohnenswert erscheinen zu lassen ist der beste Motivator. Mit dieser Übung überprüfen Sie die Ausrichtung Ihrer Motivation und drehen effektiv an Ihren Motivations-Modulen!

Training: So steigern Sie Ihre Motivation

1. Schritt: Erstellen Sie, orientiert an Ihrer Wertetabelle (siehe S. 33), eine Liste mit all den Dingen, die Sie jetzt haben und genießen –

und die womöglich durch eine Beziehung in Gefahr wären. Während Ihre Werte abstrakt sind, werden Sie hier konkret: Statt »Freundschaft« schreiben Sie »Die Streifzüge mit Shirley und Mareike durchs Kölner Nachtleben« etc.

2. Schritt: Machen Sie orientiert an Ihrer Wertetabelle eine Liste mit all den Dingen, die Ihnen jetzt fehlen, die Sie durch eine Partnerschaft besäßen. Werden Sie auch hier so konkret wie möglich.

3. Schritt: Machen Sie eine Liste mit all den Dingen, die Ihnen am Singleleben mächtig auf den Zeiger gehen: Einsamkeit, alleine den Wasserkasten hochtragen zu müssen, mehr Miete zahlen und mehr Steuern, niemanden zu haben, mit dem ich spontan einen Ausflug machen kann, wenn das gute Wetter einen überrascht, alleine zu essen.

4. Schritt: Machen Sie eine Liste mit all den unangenehmen Dingen und Gefühlen, die in einer Beziehung auf Sie zukommen könnten. Hier dürfen Sie all Ihre Ängste notieren, die Sie mit einer Partnerschaft verbinden: die Angst vor Langeweile und Angst, selber zu langweilen, Angst, betrogen zu werden, Angst, verlassen zu werden, Angst vor Streit, Angst vor den Aggressionen des anderen und meiner eigenen, Angst zu versagen. Das Gefühl von Einengung, Demütigung, schreckliche Paarurlaube, schreckliche Fondue-Abende mit anderen schrecklichen Paaren etc.

5. Schritt: Vergleichen Sie die Listen von Schritt 2 und 3. Geben Sie jedem Punkt eine Bewertung von 1 bis 3, je nachdem, wie dringend Sie den Punkt erreichen wollen. Prioritäten-Stufe 1, wenn Ihnen der Punkt »Gemeinsame Ausflüge« besonders wichtig ist. Finanzielle Sicherheit durch doppelte Einkommen bekommt vielleicht eine 3 von Ihnen. Genauso verfahren Sie mit den Punkten von Liste 3. Prio-Stufe 1 setzen Sie hier, wenn Sie diesen Punkt besonders schnell und dringend ändern wollen, Prio-Stufe 3, wenn Ihr Leidensdruck geringer ist.

6. Schritt: Wenn Sie die Länge der Listen und die Zahlenwerte der Prio-Stufen vergleichen, stellen Sie fest, welche Richtung Ihre Motivation hat: Streben Sie eher hin zum neuen Zustand, einer glücklichen Partnerschaft, sind Sie inspiriert von dem neuen Zustand? Dann führt Ihre Motivation Sie hin zu einem Ziel, das Ihnen lohnenswert erscheint. Sie handeln dann hauptsächlich aus einer Inspirations-Motivation heraus.

Dominiert jedoch die Liste aus Schritt 3, ist Ihre Motivation hauptsächlich darin begründet, von Ihrem jetzigen Zustand wegzukommen, wenn Ihnen auch noch unklar ist, wohin Sie dann gehen wollen. Ihr Leidensdruck ist dann stärker. Bei Ihnen ist somit eine Verzweiflungs-Motivation vorherrschend. Beide Motivationen sind gleichwertig und haben ihre Berechtigung, sind Bestandteil unserer Biologie. Ob Hunger, Kälte, Schmerz oder Angst: Leid ist in der Natur ein immenser Motivator, der den Lebewesen unglaubliche Kraft verleiht, eine Situation zu verändern oder zu verlassen. Angst beflügelt zu Flucht, Jagd oder Kampf. »Wann kommt endlich der blöde Prinz?« In der Genervtheit dieser Frage steckt bereits ein gewisser Leidensdruck, der Wunsch, einen Zustand zu verändern. Wenn alles perfekt wäre, hätten Sie dieses Buch nicht gekauft.

Während die Verzweiflungs-Motivation schnell enorme Kräfte freisetzen kann, ist die langfristigere Inspirations-Motivation die etwas verfeinerte Art der Motivation: Wir wollen nicht nur weg von Schmerz und Einsamkeit, wir wollen hin zu Glück und Liebe.

Die Inspirations-Motivation beflügelt uns, mehr zu wollen, auch wenn es uns eigentlich gut geht. Sie ist Grundpfeiler unserer Zivilisation: Der Mensch hat es nicht nur geschafft, sich vor Fluten und Säbelzahntigern zu schützen, sich Vieh zu halten und Acker zu bebauen und sich einen Pelz umzulegen. Er schuf auch das Theater und die Literatur, Gemälde, Fresken und Achterbahnen, Sieben-Gänge-Menüs, Tafelsilber und die Tourismus-Branche, Louis Vuitton und Gucci, das Schloss von Versailles und Disneyland. Die Inspirations-Motivation setzt erfüllte Grundbedürfnisse und visionäres Denken voraus, aber sie ist anders als die Verzweiflungs-Motivation auch dann da, wenn es eigentlich keinen Grund für große Anstrengungen gibt und wir, ginge es nur ums nackte Überleben, unsere Energien besser für die nächste Notzeit sammeln. Die Inspirations-Motivation führt uns auf den schillernden Highway Richtung Glück, statt auf der betulichen Raststätte namens »Zufriedenheit« zu parken.

7. Schritt: Wenn Sie Ihre Inspirations-Motivation steigern wollen, sollten Sie das Zielführungs-Training von Seite 42 so oft wie möglich wiederholen, Ihre Vision vom Ziel immer wieder ausschmücken, konkretisieren, an Farbe, Einstellung, Helligkeit arbeiten. Sie sollten Ihren Zielzustand bei jeder Wiederholung ein Stück sinnlicher erleben, gleichzeitig sämtliche Punkte der Liste in Schritt 3 Punkt für Punkt positiv umformulieren. Beispiel: *»Ich habe es satt, mir immer alle Urlaube mühselig mit Freundinnen organisieren zu müssen.«* Diesen Satz transformieren Sie nach folgendem Beispiel um: *»Ich habe einen Partner, mit dem ich meine Urlaubsreise plane.«* Sie werden sehen, dass viele Negativ-Formulierungen sich dann in genau die Formulierungen verwandeln, die Sie auf der Liste von Schritt 3 notiert haben. Andere Punkte erscheinen Ihnen in der positiven Formulierung komplett neu – ergänzen Sie die Liste von Schritt 2 damit!

9. Entkommen Sie der Selbst-Sabotage

Wenn jemand sich das Rauchen abgewöhnen will, wird es ihm nicht nutzen, wenn Sie ihm sagen, wie gesundheitsschädlich Zigaretten sind. Vielmehr gilt zu erkennen, dass der Raucher mit seiner selbstzerstörerischen Handlung eine positive Absicht verfolgt oder einst verfolgt hat, die sich dann automatisierte: Er will gesellig sein, er will Unsicherheit überbrücken, er braucht einen Kick im Gehirn, er will die momentane Konzentration steigern, er will Stress abbauen und Verkrampfung lösen. Es ist nicht seine Absicht, sich die Lungen schwarz zu rauchen, um sich dann mit Krebs zugrunde zu richten. Um sich das Rauchen abzugewöhnen, muss der Raucher erkennen, dass er seine Absichten auch anders verfolgen kann, dass es beispielsweise andere Methoden gibt, mit Anspannung umzugehen. Was das mit dem Dating zu tun hat? Auch Sie haben vielleicht Verhaltensweisen automatisiert, die Ihrem Ziel, einen Mann zu finden, schädlich sind. Und doch haben diese Verhaltensweisen unter bestimmten Umständen einen Sinn gehabt, der sich dann vielleicht automatisierte oder auf andere Lebensbereiche ausdehnte, wo er Ihnen mehr schadet als nutzt. Das führt zu einer weiteren unserer Thesen:

5. These: Jeder Ihrer Verhaltensweisen liegt eine positive Absicht zugrunde.

Seien Sie sich sicher: Jedes Problem, das Sie im Dating-Spektakel erleben, kennen andere Frauen genauso, Zigtausende, auf der ganzen Welt. Manche Frauen sind zu schüchtern für Dates, andere stürzen sich in Arbeit und vernachlässigen ihr Sozialleben, wieder andere leiden an Futtersucht und verringern dadurch ihre Marktchancen. Dann gibt es einige Frauen, die ihre Einsamkeit kontraproduktiv mit Alkohol oder Drogen benebeln, eine Art blinde Flucht ohne Ziel. Einige reagieren panisch und unvorsichtig wie ein Huhn, das vom Fuchs überrascht wird, immer dann, wenn sich eine Romanze anbahnt. Manche können Sex plötzlich nicht mehr genießen oder stürzen sich in sinnlose Eskapaden, statt sich auf ihre zart keimende neue Liebe zu konzentrieren. Es gibt Frauen, die verhalten sich ungeduldig, aufdringlich, klammerig, gefühlsüberladen, ersticken die zarte Flirt-Pflanze in einer Schuttladung aus Bedürfnissen und bisherigen Defiziten. Sie engen ein, obwohl sie wissen, dass sie damit alles zerstören. Viele Frauen hassen sich wegen all dieser kontraproduktiven Handlungen, verabscheuen ihr eigenes Verhalten. Sie werden zu ihrer eigenen selbsterfüllenden Prophezeiung, denn negative Gedanken und eine geringe Selbstachtung führen zu noch mehr Fehlern und noch mehr unwürdigen Handlungen. Die meisten Frauen, die sich so verhalten, haben längst erkannt, dass sie so jede Entwicklung bremsen, dass ihr Verhalten zu nichts führt. Doch dieses Verhalten erscheint ihnen wie ein Dämon, der sich von außen auf sie stürzt und bezwingt, ein Dämon, den sie offenbar nicht kontrollieren können. Und diesen oft selbstzerstörerischen Verhaltensweisen soll jetzt auch noch eine positive Absicht zugrunde liegen?

Betrachten Sie noch einmal Ihre Wertetabelle von Seite 33. Viele der Werte Ihrer Top-Ten sahen Sie durch die Partnerschaft verwirklicht. Andere Werte hingegen erhielten in der Partnerschaft vielleicht eine schlechtere Note als im Single-Leben.

Beispiel:

Tatjana *stellte fest, dass sie in einer Beziehung auf ihren unabhängigen kosmopolitischen Lebensstil verzichten müsste.* **Silke** *sah, dass sie von vielen Romanzen fürchtete, sie könnten sie von ihrem Plan abhalten, ins Ausland zu ziehen.* **Annabelle** *fürchtete, sich weniger auf die Karriere konzentrieren zu können.*

Beziehung um jeden Preis?

Betrachten Sie noch einmal die Liste, die Sie im vorigen Kapitel auf Seite 46 in Schritt 1 erstellt haben: Sie haben eine Menge zu verlieren, wenn Sie Ihren Single-Status aufgeben, weil eine Menge in Ihrem Leben bereits sehr gut läuft – obwohl Sie gerade keinen Mann haben, oder gerade weil Sie keinen Mann haben. Betrachten Sie die Liste, die Sie im vierten Schritt erstellt haben: Es könnte eine Menge auf Sie zukommen, wenn Sie erst eine Beziehung führen, von dem Sie jetzt verschont sind.

In vielen Bereichen müssten Sie sich vielleicht einschränken oder Verzicht üben. Sie müssten Energie, Zeit und Geld für ihr neues Ziel nutzen und dafür diese Ressourcen von anderen Lebensbereichen abzwacken, in denen Sie sie bisher eingesetzt haben. Es gibt zahlreiche Gründe, die Sie möglicherweise davon abhalten, eine Beziehung zu erleben und die Schritte dorthin zu unternehmen. Ihr Verhalten, das Sie als störend, vielleicht sogar als zerstörerisch und als nicht zu Ihnen gehörend empfinden, ein Verhalten, mit dem Sie Ihr Glück in der Partnerschaft sabotieren, besitzt also einen eigenen in ihm verborgenen Sinn. Eine Absicht, die Ihnen letztendlich zugute kommen will. Dazu gehören nicht nur Sabotageakte, sondern auch Vermeidungsstrategien, die sich oft viel getarnter einschleichen. Durch Vermeidungsstrategien vertagen Sie den Beginn Ihres »richtigen« Lebens in die Zukunft, mit der Begründung, dass die Bedingungen für einen Start hier und jetzt noch nicht gegeben sind.

Beispiele:

Ich habe im Moment noch drei Kilos zu viel auf den Hüften. / Erst mal mache ich mein zweites Staatsexamen. / Ich will erst den Job wechseln. / Meine Neurodermitis muss sich erst legen. / Ich habe den Kopf nicht frei, solange mein Vater so schwer krank ist. / Ich muss nach der

Autoreparatur und der neuen Kücheneinrichtung im Moment sparen und kann nicht ausgehen.

Ihr Unbewusstes ist pfiffig, wenn es darum geht, Gründe zu finden, warum die Zukunft noch nicht jetzt beginnt.

Prüfen Sie deshalb anhand der Wertetabelle von Seite 46, welche Auswirkungen das Erreichen Ihres Ziels (Partnerschaft) auf andere Bereiche Ihres Lebens hätte, in denen Sie bisher manche Ihrer Werte bereits gut verwirklicht sahen. Was würde sich in Ihrem Leben außerhalb der Partnerschaft verändern? Wie würde Ihre Umwelt reagieren? Welche Ihrer Beziehungen, egal ob in Beruf, Familie, Freundeskreis, wären beeinflusst? Was müssten Sie für Einschränkungen hinnehmen? Kurz: Was wäre der Preis, den Sie für Ihr erreichtes Ziel zahlen müssten? Sie hätten zum Beispiel weniger Zeit für den Beruf, und gerade etwaige Kinder schränken das Leben in ebenso vielfältiger Weise ein, wie sie es bereichern. Sie hätten weniger Zeit für Ihre Freunde, die Mädelsabende würden seltener stattfinden, Sie könnten weniger durchs Nachtleben ziehen, sich fortbilden, lesen, Sport machen, heimlich Telenovelas gucken. Sie erhielten weniger Bestätigung durch spannende Flirts. Vielleicht genießen Sie sexuelle Abenteuer. Wollen Sie Ihre Sexualität überhaupt auf einen einzigen Menschen beschränken? Haben Sie vielleicht so viel auf sexuellem Gebiet erlebt, dass es Ihnen schwerfallen würde, Ihre ganze Begierde plötzlich auf einen einzigen Mann zu projizieren? Sie planen, für mehrere Monate als Entwicklungshelferin nach Kambodscha zu gehen – ließe sich das mit einem Partner überhaupt noch durchziehen? Sie wollen vielleicht den Job wechseln, aber mit einer Beziehung wären Sie weniger mobil. Sie hätten weniger Zeit, gemütlich nach der Arbeit in Ihrer eigenen Wohnung rumzufläzen und Ihre eigene Herrin zu sein. Nicht zuletzt ist da die Gefahr, verletzt, belogen, betrogen, gedemütigt, enttäuscht und verlassen zu werden. Beziehung ist wahrlich kein Job für Feiglinge.

Und wie viel einfacher ist es, daheim zu leiden, als sich den Anstrengungen einer reifen und realen Partnerschaft auszusetzen! Manche Wünsche sind nur gut, solange sie sich nicht erfüllen. Und im Leid liegt schließlich auch ein Lustgewinn. Das wussten Minnesänger des Mittelalters ebenso wie Goethes Werther, ist das Leid doch eine satte Selbsterfahrung und so viel poetischer und dramatischer als der schnöde Alltag einer Beziehung.

Immer wieder beobachte ich, dass gestandene Frauen sich mädchenhaft anmutenden Schwärmereien hingeben für Männer, die nicht erreichbar sind, die sie nicht wollen, die ihnen weh tun und die offensichtlich nicht im Traum daran denken, irgendetwas an ihrem Verhalten zu ändern. Diese Schwärmereien werden mit ihrer intensiven Phantasie und ihrer Leidenslust zunächst als eine Bereicherung empfunden. Letztendlich aber bewahren sie diese Frauen davor, sich den Anforderungen einer realen Partnersuche und schließlich einer realen Partnerschaft zu stellen.

Beispiel:

So wie **Marie***, die nun schon seit zwei Jahren blutet und leidet, weil sie so vernarrt in* **Zack** *ist, ein Männermodel, das durch die Welt reist, immer mal wieder Zwischenstation bei ihr macht, nur um dann ihr lädiertes Herz noch einmal zu malträtieren, wieder abzureisen und nichts als ein Häufchen Elend zurückzulassen. Doch ist Marie wirklich so ein Häufchen Elend? Schimmert hinter ihren Tränen nicht auch Stolz auf das Erlebte, auf diese verrückte, aussichtslose Beziehung? Auf die schmerzhaften, aber starken Gefühle, zu denen sie fähig ist? Sie leidet, ja, aber wenigstens hat sie ein Gefühl, ein sehr intensives sogar, das nur Marie allein gehört und das Teil ihrer Person geworden ist. Dieses Gefühl verschafft ihr geradezu Werthersche Poesie: Sie hofft und bangt, dass er anruft, dass er plötzlich vor ihr steht, projiziert alle ihre Wünsche und Ideen auf diesen Mann, der ja selbst nur eine Idee bleibt, ungreifbar, irreal, sich nicht am Alltag messen muss. Sie schreibt*

Tagebuch, hört Dido und Portishead, liest Stefan Zweig und Arno Schmidt und hat doch ihre ganz eigene Tragödie. Währenddessen übersieht sie diejenigen, die vielleicht ihr Glück bedeuten. Vielleicht stand der große Wurf direkt hinter ihr, und sie hat nur versäumt, sich umzudrehen. Sie geht von dem Date mit dem angenehmen Anwalt für Arbeitsrecht (den Namen hat sie vergessen) frühzeitig heim, denn schließlich hatte ja Zack angekündigt, ab 23 Uhr anzurufen, nach seiner Modenschau in Mailand. Wenn er dann anruft, ist es zwar oft schon 2 Uhr, oft ruft er auch gar nicht an, aber wie viel schlimmer, als vergebens auf seinen Anruf zu warten, wäre es, seinen Anruf nicht in Ruhe entgegennehmen zu können?

Marie reduziert so ihr Spektrum an Möglichkeiten, gibt aber ihrem Leben eine klare Richtung: Warten auf Zack. Marie ist nicht Opfer, nicht von Zacks unberechenbaren Spielchen und seinen beunruhigend blaugrünen Augen, die schon von der Dolce-&-Gabbana-Werbung dämonisch funkelten. Sie hat sich für ihre Situation entschieden, und sie hat sich gegen Alternativen entschieden.

Die Andeutung, dass viele Frauen sich für ihre unglückselige Lage entschieden haben, wenn auch unbewusst, stößt oft auf Widerstand. Zunächst einmal verliert die Frau ihre Opferrolle. Gleichzeitig muss sie Verantwortung für ihr Handeln übernehmen. Dann jedoch sollte man die Chance sehen, die sich durch die Bewusstmachung ergibt. Denn jetzt kommt die gute Nachricht: Wenn ich mich, ob bewusst oder unbewusst, fürs Allein- oder Unglücklichsein entschieden habe, kann ich mich auch umentscheiden und mein Spektrum an Handlungsoptionen erweitern. Ich kann flexibler werden.

Und so wurde Marie klar, warum sie sich so entschieden hatte: Weil die wenigen magischen Momente mit Zack ihr mehr gaben als ihre ganze letzte Beziehung mit einem bemühten und verständnisvollen Partner

(Name fällt ihr nach einigem Überlegen ein, Claus), der ihr Frühstück ans Bett brachte (immer das Falsche! Einmal vergaß er sogar ihre Nussallergie!). Marie war stolz, diesen unberechenbaren Zack, der so charmant wie präzise formulieren konnte, was sie ihm für ein Frühstück ans Bett zu bringen hatte, überhaupt in ihrem Leben zu haben. Weil vielleicht ein Tag mit einem Tiger besser ist als 100 Jahre mit einem Schaf. Weil das Leiden sie davor bewahrte, sich den mühseligen Dating-Anforderungen zu stellen. Weil eine reale Person, mit der man sich gemeinsam ein Leben einrichtet, andere Anstrengungen und andere Fallen in sich birgt als ein durch die Welt streunender Gelegenheitslover. Bei dem ist wenigstens von vorneherein klar, dass nicht viel mehr dabei herumkommt außer Sex und Tränen. Einer wie Zack kann sie also gar nicht erst großartig enttäuschen. Und sie muss nur dankbar nach den Häppchen schnappen, die er ihr zuwirft.

So ein Unsinn, sagen viele Frauen. Natürlich will ich einen Mann. Und zwar einen, der bleibt. Ich gehe aus, besuche diese alberne Flirt-Schule, lese Ratgeber, habe mich bei »Parship« angemeldet. Das täte ich doch alles nicht, wenn ich nicht wirklich einen Mann wollen würde. Was kann ich dafür, wenn es einfach nicht hinhaut? Natürlich wollen Sie. Aber Teile von Ihnen – und das können Sie mit der nächsten Trainingseinheit analysieren – wollen vielleicht auch nicht. Klären Sie Ihre widersprüchlichen Wünsche und den Preis, den Sie bereit sind, für Ihr neues Ziel zu zahlen!

10. Finden Sie heraus, aus welchen Persönlichkeiten Sie bestehen

Um das zu überprüfen, widmen wir uns einem Modell, wie es ausführlich Friedrich Schulz von Thun in »Miteinander reden 2« erläutert. Ein Modell, das es uns erleichtert, die Widersprüche in uns zu verstehen und konstruktiv mit ihnen umzugehen. Ein Modell ist es deswegen, weil es zum Verständnis und zur Analyse beiträgt, nicht, weil es tatsächlich die Realität abbildet. Dieses Modell geht davon aus, dass wir aus verschiedenen **Sub-Persönlichkeiten** bestehen. Sie können sie auch innere Stimmen nennen, Seelen in Ihrer Brust, Unter-Ichs, Elemente oder innere Personen. Diese **Sub-Persönlichkeiten** entstanden in ganz unterschiedlichen Phasen unserer Entwicklung, hervorgerufen durch die vielen Menschen, die während unserer Sozialisation auf uns Einfluss übten und uns Werte, Haltungen, Verhaltensweisen vermittelten. Manche sind sehr alt, bedienen sich der Stimmen von Eltern oder Lehrern oder Kirche. Andere sind relativ neu, beeinflusst durch Personen, mit denen wir gerade zu tun haben, vom Chef bis zur besten Freundin, oder aber durch die verschiedensten Medien, denen wir täglich ausgesetzt sind. Alle Sub-Persönlichkeiten vertreten ihre eigenen Botschaften.

Bereiten Sie sich auf unsere nächste Trainingseinheit vor und geben Sie Ihren Sub-Persönlichkeiten Namen! Verbinden Sie sie mit Gestalten, Bildern, Spielkarten, Schachfiguren oder Symbolen. Inszenieren Sie Ihr eigenes Theater!
Als Erstes ist da zum Beispiel die *Strenge*, die Sie morgens aus dem Bett jagt. Die *Kameradschaftliche*, die mit der Bäckersfrau und der Reinigungskraft flachst. Die *Fiese*, die ihre Gehässigkeiten durch Ihren Kopf schießt, wenn Sie Ihre sich anbiedernde Kollegin beobachten. Die *Souveräne*, die Kundengespräche am Telefon professionell meistert. Das *kleine Mädchen*, das errötet, wenn der Chef ein flapsiges Kompliment macht. Der *Vamp*, der auch erotischen Charme einsetzt, um sein Ziel zu erreichen. Die *Ängstliche*, die warnt: *Reiß das Pitching nicht an dich, du könntest scheitern!* Die *Faule*, die sich mit der Ängstlichen verbündet und ihr beipflichtet: *Genau, was soll die Extra-Arbeit, was soll ich mir den Stress machen.*

Wenn die *Ehrgeizige* dann beiden über den Mund fährt. *He, wir wollen doch nächstes Jahr Abteilungsleiterin werden, mit dem Pitching könnte ich beweisen, dass ich's draufhab,* dann stecken Sie schon mitten in einem saftigen inneren Streit. Später erwacht dann vielleicht noch die *Wilde*, die Sie auffordert, doch mal nach Feierband wieder etwas Action zu machen, vielleicht auf einer After-Work-Party. Das ruft die *Disziplinierte* auf den Plan, die Sie stattdessen ins Fitnessstudio scheuchen will.

Sie sehen, jede Sub-Persönlichkeit ist ein wertvoller Bestandteil Ihrer Einzigartigkeit und Komplexität. Und jede einzelne hegt eine positive Absicht. Die Disziplinierte will Sie fit und gestählt sehen, die Wilde sorgt dafür, dass der Thrill in Ihrem Leben nicht auf der Strecke bleibt. Und irgendwo in dem Getümmel gibt es Sie als Teamchefin, die auf Grundlage der ganzen Aussagen eine Entscheidung treffen oder einen Kompromiss ziehen muss – und immer bleiben einige Sub-Persönlichkeiten beleidigt zurück, fühlen sich übergangen oder warnen vor den Folgen der Entscheidung. Zur Selbstklärung ist es nötig, von Zeit zu Zeit alle an einem Fall beteiligten Sub-Persönlichkeiten zu einem Meeting zusammenzurufen, um zu prüfen, wer was will und welche Entscheidung möglichst vielen Teilnehmerinnen Rechnung trägt.

Zur Evolution Ihres Ziels, einen Partner zu finden, ist es wichtig, dass Sie Ihre Sub-Persönlichkeiten in Einklang bringen, so dass Sie alle bereit sind, Sie bei Ihrem Ziel zu unterstützen. Dazu müssen Sie Folgendes klären: Welche Sub-Persönlichkeiten wollen lieber, dass Sie vorerst als Single weiterleben? Wie können Sie sie dazu bringen, dass Sie jene Teammitglieder unterstützen, die sich für eine Partnerschaft entschieden haben, hier und jetzt?

11. Training: Sub-Persönlichkeiten als Team einschwören

1. Schritt: Identifizieren Sie die Teilnehmerinnen Ihrer inneren Teamkonferenz, geben Sie ihnen Symbol oder Gestalt und platzieren Sie sie in dem gedanklichen oder realen Raum, in dem die Konferenz stattfindet.

Beispiel:

Wer ist zu Maries Konferenz gekommen, die mit ihrer Amour fou zu einem herzbrechenden Herumtreiber in eine Sackgasse geriet? Es versammeln sich: die Mahnerin, die Schwarzseherin, die Vernünftige, die Romantische, die Pragmatische, die Abenteurerin, die Lustvolle und die Prestigesüchtige.

2. Schritt: Alle Teilnehmerinnen dürfen ihre Botschaft vortragen. Jede Botschaft wird ohne Vorbehalte angenommen. Jede Teilnehmerin darf ausreden.

Beispiel:

Was sagen die Teilnehmerinnen im Fall von Marie?

Die **Mahnerin** *(Kostüm von Jil Sander): »Es kann doch so nicht weitergehen!«*

Die **Schwarzseherin** *(Gruftie-Outfit) pflichtet ihr bei: »Wenn wir weitermachen mit diesem Zack, sind wir noch ein Wrack und landen in der Psychiatrie.«*

Die **Vernünftige** *(Bluse, Hermès-Schal) verbündet sich mit ihr: »Diese Affäre tut uns nicht gut und führt zu nichts.«*

Die **Romantische** *(flatternde Tunika) sagt: »Ich brauche endlich jemanden, der mich liebt und Kontinuität und Stabilität vermittelt. Ich halte diese Ungewissheit nicht aus.«*

Die **Pragmatische** *(Jeans, T-Shirt) fährt ihr über den Mund: »Wenn Zack da ist, macht er uns Komplimente, ist zuvorkommend, gibt uns das Gefühl, etwas Besonderes zu sein. Das ist doch wenigstens was.«*

Die **Abenteurerin** *(Mangaoutfit mit Boots und Camouflage-Top) wittert ihre Chance, hakt da ein: »Die Treffen mit Zack sind ungemein spannend und aufregend.«*
Das findet auch die **Lustvolle** *(in irgendeinem Fetzen von Victoria's Secret): »Wir haben den Sex unseres Lebens. Wollen wir das etwa leichtfertig aufgeben?«*
Auch die **Prestigesüchtige** *(in Jackie-O.-Chanel-Look) findet: »Um so einen Mann beneiden uns doch alle. Was ist da schon ein bisschen Schmerz!«*

3. Schritt: Die Teilnehmerinnen dürfen diskutieren!
Beispiel (Auszug):
Auf den Wunsch der **Romantikerin***, endlich wieder die Geborgenheit einer stabilen Beziehung erfahren zu dürfen, entgegnet die Pragmatische sarkastisch: »Ha, haben wir ja bei der letzten Beziehung mit Michael gesehen, wie großartig das ist. Knatsch, ständige Nörgeleien. Es war einfach nicht zu ertragen.«*
Die **Abenteurerin** *haut in die Kerbe: »Genau, dann lieber diese unkonventionellen Treffen, die uns zwar Schmerz bereiten, wenn er weg ist, aber uns begehrenswert fühlen lassen, wenn er da ist.«*
Die **Romantikerin:** *»Wie begehrenswert sind wir, wenn ein Typ nach einem Wochenende zwei Monate verschwindet, und währenddessen vergnügt anderen Frauen das Gefühl gibt, begehrenswert zu sein?«*
Die **Vernünftige:** *»Genau! Wo bitte bleibt denn eure Selbstachtung?«*
Sie sehen, es darf heißer herumgezickt werden als bei Heidi Klums Topmodel-Show und gegensätzlicher debattiert als bei Anne Will!

4. Schritt: Die Teamleiterin versucht, zwischen all diesen Stimmen zu vermitteln, das Spektrum an Möglichkeiten für jede Teilnehmerin zu erweitern: Statt ihrem Wunsch einfach nur zu entsprechen oder ihn abzulehnen, verknüpft sie eine Zusage an Bedingungen und verbindet eine Absage mit einem Gegenangebot.

Beispiel:

»**Mahnerin,** *würde dir das genügen, wenn wir erkennen, dass es so nicht weitergehen kann? Denn du hast recht, deswegen sind wir hier. Wir wollen also Maßnahmen ergreifen, um die Partnersituation zu ändern. Ist es dazu aber deiner Meinung nach unbedingt notwendig, sofort die Beziehung zu Zack abzubrechen?*«

Zur **Schwarzseherin:** »*Ich verspreche dir, sobald es irgendwelche Anzeichen gibt, dass sich das Seelenleid vergrößert, werden sofort Maßnahmen ergriffen. Wir werden dann alles neu überdenken, und du bekommst jede Hilfe, die du benötigst. Könntest du mit diesem Versprechen leben?*«

Zur **Vernünftigen:** »*Ja, es ist so, diese Affäre führt zu nichts, und wir haben erkannt, dass wir aktiv auf die Suche gehen müssen, um sie durch eine zukunftsträchtigere Beziehung zu ersetzen. Aber du musst uns Zeit geben, bis die Maßnahmen erste Früchte tragen.*«

Zur **Romantikerin:** »*Ich verstehe deine Bedürfnisse, und wir versuchen auch, sie dir zu erfüllen. Aber bitte, halt dich anfangs etwas zurück mit deinem Wunsch nach Geborgenheit und Liebe, damit eine etwaige neue Beziehung nicht mit Ansprüchen und Erwartungen überfrachtet wird.*«

Zur **Abenteurerin** *und zur* **Lustvollen:** »*Ja, die Treffen mit Zack sind spannend und sexuell befriedigend, und deswegen dürft ihr weitermachen und sie noch einige Male erleben. Tobt euch noch ein bisschen aus. Sobald es jedoch eine Alternative zu Zack gibt, kann es sein, dass ihr euch ein bisschen zugunsten der anderen Teilnehmerinnen zurückhalten müsst.*«

Marie zog aus ihrer inneren Konferenz folgendes Fazit: Sie war sich im Klaren darüber, dass sie durch ihre Affäre mit Zack ihr Streben nach einer glücklichen Partnerschaft selbst sabotierte, erkannte deutlich, dass sie nach einer Alternative, einem neuen Weg suchen müsste, der nichts mit Zack zu tun hatte. Mit dem Wissen, dass sie sich für die aktive Suche nach einem anderen Mann entschieden hatte, konnte sie nicht nur jede Erwartung, sondern auch jede Hoffnung von Zack abkoppeln. Nach dieser Selbstklärung gestand sie sich jedoch zu, weiterhin hedonistische

Momente mit Zack erleben zu dürfen. Jetzt, ohne Erwartungen und Hoffnungen und mit einem neuen Plan, litt sie kaum noch nach seiner Abreise. Bald erschienen ihr die Treffen mit ihm schal, weil nur noch auf unmittelbaren Spaß reduziert – sie konnte sich wenig später davon lösen und sich mit ganzer Energie ihrem neuen Ziel widmen.

Ich empfehle Ihnen ein wunderschönes Gedicht des österreichischen Lyrikers Erich Fried zu googeln: »Was es ist«. Es drückt auf ebenso einfache wie poetische Weise den Kampf unserer Sub-Persönlichkeiten um das heikle Thema Liebe aus. Mit einer Sub-Persönlichkeit, die man »den Liebenden« nennen könnte, streiten »der Vernünftige«, »der Ängstliche«, »der Einsichtige«, »der Stolze«, der Vorsichtige«, »der Berechnende« und »der Erfahrene«, die in einer Art innerer Teamkonferenz ihre Vorbehalte gegen die Liebe einbringen – alle mit durchaus positiven Absichten. Sie mahnen, begründet offensichtlich auf ihren Vorerfahrungen, wie gefährlich, unsinnig, unglücklich, aussichtslos, lächerlich, leichtsinnig, unmöglich eine neue Liebe sein kann, und versuchen, das Team vor ihr zu schützen. Das Argument der Liebe gegen all diese Vorhaltungen ist von schlichter Weisheit:

»Es ist Was es ist
Sagt die Liebe«

Wie Sie die Sub-Persönlichkeit Erfahrung davon überzeugen, dass die Liebe nicht unmöglich ist, zeigt Ihnen das nächste Kapitel.

12. Geben Sie Ihrer Vergangenheit eine neue Chance

Beispiel:
O-Ton **Shirley** *(33), Ergotherapeutin: »Damals, es war 2000, hatte ich gerade im September eine Beziehung hinter mich gebracht. Mit Kay. Die Beziehung war irgendwie toll und irgendwie auch schlimm. Ich habe mich dann getrennt und meinen Entschluss schon nach zwei Wochen bereut. Er wollte aber dann auch nicht mehr, und ich litt wie ein Tier. Ich bin dann nur feiern und saufen gegangen. Ich erfuhr, dass er Anfang Dezember eine Riesenparty schmeißen wollte, zu der ALLE eingeladen waren. Ich natürlich nicht. An diesem Abend, an dem die Party stattfand, habe ich heulend im Bett meiner Freundin Vanessa gelegen und mich total betrunken. Vanessa musste gegen 22 Uhr arbeiten, also war ich allein. Sturzbesoffen kam ich auf die Idee, zur Party zu fahren … Das tat ich dann auch und habe einen blamablen dreiminütigen Auftritt auf der Party geliefert, an dessen Ende ich von Kays WG-Mitbewohnern … ähm … hinausgebeten wurde. Nach diesem Erlebnis dachte ich, dass ich da nie, aber auch NIEMALS drüber wegkomme. Über ihn, über meine Peinlichkeit, über alles.«*

In keinem Lebensbereich sind Lust und Schmerz so eng miteinander verbunden wie in der Liebe. Fast scheint es, als müsse man für wenige schöne Momente bitter und lange bezahlen. Trennung, Streit, Niedertracht, Eifersucht, das schale Gefühl, belogen zu werden, das noch schalere Gefühl, selber zu lügen, Ungewissheit, Trennung, Einsamkeit, vielleicht sogar Hass und Gewalt: Die Art, wie wir mit schmerzhaften Erlebnissen in unserer Liebes-History umgehen, ist ausschlaggebend für die Ressourcen, die wir in unserer Gegenwart nutzen.

- Emotionale Verletzungen können einen negativen Lernprozess in Gang setzen: Wir wissen, dass Liebe genauso mit Schmerz verbunden sein kann wie eine brennende Herdplatte. Also meiden wir die Herdplatte und vielleicht auch den ganzen Herd. Übersetzt auf die Partnersuche heißt das, dass wir uns aufgrund dieser Erfahrungen oft kontraproduktiv verhalten.
- Wir tragen das Misstrauen in unsere neue Beziehung und machen unseren neuen Partner für Dinge verantwortlich, die einzig in unserer Vergangenheit liegen.
- Unverarbeitete negative Erlebnisse schränken unsere Verhaltensweisen ein, lassen uns kontraproduktive Verhaltensweisen wählen: Wir sind etwa misstrauisch, zänkisch oder hören überstark auf Beziehungsbotschaften in einer Kommunikationssituation, wo gar keine sind.

Beispiel:

- *Eine Frau macht ihrem Mann eine Szene, der ein paar Tage mit Kumpels verreisen will. Aufgrund früherer Verletzungen hört sie daraus folgende Beziehungsbotschaft, die ihr Mann so gar nicht meinte: Ich langweile mich mit dir, ich brauche mehr Freiraum.*
- Sie beeinträchtigen unser Selbstwertgefühl. Shirley etwa glaubte, sich nie wieder irgendwo blicken lassen zu können, nachdem ihr Kurzauftritt auf der Party ihres Ex-Freundes zum Eklat geriet. Selbstachtung ist aber die Grundvoraussetzung dafür, von anderen geachtet zu werden.

Dem Wissen um die Macht der Vergangenheit begegnen wir mit folgender Vorannahme:

6. These: Jede Erfahrung hat eine Struktur, die sich ändern lässt.
Jede Erinnerung, ob positiv oder negativ, ist mit Gefühlen verbunden, mit Bildern, mit Farben, Gerüchen. Denken Sie nur an Ihren

ersten Urlaub ohne Eltern! Sie sehen den Urlaubsort, spüren die Hitze auf der Haut, hören die Lieder, die damals in den Strandbars gespielt wurden. Sie spüren das Versprechen einer flirrenden Nacht, die Mischung aus Erwartung und Verheißung. Das alles ist die Struktur Ihrer Erfahrung!

Doch diese Struktur der Vergangenheit ist nichts Feststehendes, sie kann sich verändern. Die Bestandteile können sich verschieben und sich anders gewichten.

Denken Sie mal an Ihren ersten Liebeskummer. Wenn Sie sich jetzt in Ihrem Kinderzimmer sehen, hat das Gefühl, das für Sie damals das Ende der Welt bedeutete, seinen Schrecken verloren. Sie können darüber lächeln, sehen, wie süß und unschuldig Ihr Weltschmerz war, wie harmlos die Situation und wie kurz von Dauer, und Sie wissen, beseelt von Güte und Verständnis gegenüber der unfertigen Version Ihrer selbst, wie sehr Sie den Jungen schon bald vergessen hatten. Sie wissen auch, dass Sie aus dieser ersten Liebe wichtige Lehren zogen, die Ihnen schon beim nächsten Jungen nutzten, und wenn es allein die Gewissheit war, dass ein Schmerz niemals das Ende bedeutet und mit der Zeit nachlässt.

Nutzen Sie das Wissen, dass sich Erinnerungen verändern – und dass Sie sie verändern können: Auf diese Weise lassen sich als ungut empfundene Erfahrungen neu bewerten und neutralisieren. Manchmal muss man zurückblicken, um nach vorne gehen zu können.

13. Training: Aus Verletzungen lernen

1. Schritt: Denken Sie an eine negative Erfahrung in Ihrer Liebes-Vergangenheit, von der Sie glauben, dass sie bis heute Ihr Verhalten und Ihr Gefühlsleben einschränkt. Die lausige E-Mail zum Beispiel, mit der Sie abserviert wurden, die Erkenntnis, dass ER Sie betrügt, die Beleidigungen, die ER Ihnen an den Kopf knallte: Erleben Sie die schmerzvolle Situation neu, spüren Sie die Gefühle, die Sie damals gespürt haben.

2. Schritt: Wenn Sie den Zustand erreicht haben, heben Sie die linke Hand wie zur Abwehr.

3. Schritt: Lassen Sie die Hand wieder sinken, kehren Sie in die Gegenwart zurück. Schreiben Sie auf, welche Mittel und Möglichkeiten Sie damals gebraucht hätten, um die Situation zu meistern. *Shirley etwa hätte bei ihrem Fiasko die Kraft gebraucht, die Beziehung loszulassen. Den Antrieb, sich selbst einen schönen Abend zu machen, anstatt sich in Alkohol und Katzenjammer zu flüchten, um dann als ungebetener Gast in verlorener Position auf einer Party aufzutauchen. Formulieren Sie positive Sätze: »Heute hätte ich die Kraft, diesen Mann loszulassen.« Oder: »Heute hätte ich mir selbst einen geselligen Abend organisiert, um nicht an seine Party denken zu müssen.« Oder: »Heute bin ich mir meiner Einzigartigkeit und Attraktivität so bewusst, dass mich seine Beleidigungen kaltlassen würden.« Oder: »Heute wäre ich ihm für diese Trennungs-E-Mail dankbar, denn ich weiß, dass jeder weitere Tag mit dieser kränkelnden Seele Zeitverschwendung gewesen wäre.«*

4. Schritt: Lesen Sie sich vor, was Sie aufgeschrieben haben, und ballen Sie dabei die rechte Hand zur Faust.

5. Schritt: Kehren Sie zurück in die negative Erfahrung, während Sie die Faust geballt lassen. Heben Sie nun die linke Hand zur Abwehr. Warten Sie zehn Sekunden.

6. Schritt: Lassen Sie beide Arme wieder sinken und verlassen Sie die Situation, indem Sie an etwas Neutrales denken. Es reicht auch, wenn Sie sich Ihre Adresse aufsagen.

7. Schritt: Gehen Sie in die Problemsituation zurück, prüfen Sie, wie sich Ihre Gefühle verändert haben.

8. Schritt: Stellen Sie sich eine ähnliche Situation in der Zukunft vor. Erleben Sie innerlich, wie Sie nun mit Ihren neuen Kräften ganz anders in dieser Situation reagieren.

Sie haben mit dieser Übung die negative Situation neutralisiert, indem Sie Ihre positiven Kräfte über die geballte »Faust« geankert und in die Problemsituation geleitet haben. Sie können Problemsituationen Ihrer Vergangenheit auch effektiv mittels Ihrer Vorstellungskraft entschärfen.

14. Training: Entschärfen Sie Ihren Ballast!

1. Schritt: Stellen Sie sich vor, Sie erleben die Problemsituation erneut. Spüren Sie mit allen Gefühlen, mit allen Sinnen, was Sie damals gespürt haben.

2. Schritt: Verändern Sie die Farben: Die Situation spielt nun in einem blässlichen Licht, bald in Schwarzweiß. Sie findet nun auf einer Leinwand statt. Die Leinwand verkleinert sich. Sie treten aus ihr heraus, beobachten Ihren eigenen Film von einem Kinosessel aus. Bald wird die Leinwand zu einem alten Schwarzweißfernseher. Sehen Sie sich selbst in der Situation von damals in dem alten Gerät an.

3. Schritt: Unterlegen Sie die Szene mit einer unpassenden Musik, etwa dem Lied der Schlümpfe oder einem Song von DJ Ötzi oder dem Lied eines virtuellen Klingelton-Tierchens wie Schnuffel oder Psycho-Teddy. Sie können ein entsprechendes Lied auch tatsächlich abspielen.

4. Schritt: Lassen Sie das Bild im Schnelldurchlauf vorspulen. Hören Sie, wie dabei die Stimmen, auch Ihre eigene, zu Micky-Maus-Stimmen verfremdet werden.

5. Schritt: Knipsen Sie den Fernseher aus und kehren Sie ganz in die Gegenwart zurück.

6. Schritt: Denken Sie nun an das negative Erlebnis zurück und stellen Sie fest, wie es sich in Ihrer Wahrnehmung verändert hat. Wiederholen Sie die Übung beliebig oft, um bessere Resultate zu erlangen.

Oft sind unsere negativen Erfahrungen nicht nur mit bestimmten Ereignissen verbunden, sondern mit speziellen Personen unserer Vergangenheit. Wenn Sie Wut, Ressentiments oder Bitterkeit gegenüber Menschen spüren, so sind diese Gefühle legitim. Sie schützen Sie vor diesen Personen oder vergleichbaren Menschen. Doch wenn die Gefühle diese Schuldigkeit getan haben, ist es Zeit, sie loszulassen, um Platz zu machen für Einstellungen, die Sie Ihrem Ziel an Ihrem jetzigen Punkt in Ihrem Leben weiterbringen.

15. Training: Verzeihen Sie!

1. Schritt: Denken Sie an drei Personen, die Ihnen bezüglich Ihres Liebeslebens besonders großes Leid angetan haben. Es kann die verräterische beste Freundin sein, die sich von Ihrem fiesen Ex-Freund auf seine schicke Party hat einladen lassen, und Sie erfuhren davon, als Sie zufällig im Internet auf die feuchtfröhlichen Bilder stießen. Es kann der Ex-Partner sein, der Sie immer wieder betrogen hat. Es kann sich um den Schwarm handeln, der sich hinter Ihrem Rücken über Sie und Ihre Avancen lustig gemacht hat.

2. Schritt: Schreiben Sie jedem von ihnen einen Brief, in dem Sie schildern, warum Sie ihnen verzeihen, komplett und ohne Bedingung. Sie müssen die Briefe niemals abschicken. Die Briefe bedeuten nicht, dass Sie mit den Adressaten wieder Kontakt haben wollen. Sie bedeuten nur, dass Sie mit sich selbst und Ihrer Vergangenheit Frieden schließen. Missbrauchen Sie die Briefe nicht, um Vorwürfe zu formulieren. Das haben Sie real oder in inneren Monologen wahrscheinlich wieder und wieder getan. Konzentrieren Sie sich stattdessen darauf, Verständnis zu entwickeln: In seiner damaligen Situation standen dem Menschen offenbar keine anderen Mittel zur Verfügung, als so zu handeln. Denken Sie mit Milde und Güte an die Schwäche der anderen, an ihre damalige Hilflosigkeit, daran, wie eingeschränkt diese Personen offenbar in ihrem Verhalten waren.

3. Schritt: Gehen Sie jeden Brief durch und sagen Sie abschließend: »Der Friede seit mit dir«, oder einen anderen Satz mit ähnlicher Aussage, sollte Ihnen dieser zu religiös besetzt sein. Sie werden sehen, wie Ihr innerer Horizont von Wolken befreit wird.

Sie werden spüren, wie Sie nach dieser Übung bereit sind für eine Zukunft, die Ihnen gehört und in der Sie mehr Wahlmöglichkeiten haben als jemals zuvor in Ihrem Leben. Sie werden sich fragen, warum Sie den Ballast nicht längst über Bord geworfen haben. Sie werden physisch merken, wie erleichtert Sie sind. Ihre Haltung, Ihre Stimme, Ihre Art, zu sprechen und Worte zu wählen, werden sich verändern.
Nutzen Sie die große Kraft des Verzeihens zu Ihrem ganz eigenen Vorteil!
Vielleicht ist Ihnen beim Schreiben der Briefe aufgefallen, wie Sie sogar von den Menschen profitierten, die Ihnen Schmerzen zufügten. Sie machten Sie weiser, stärker, taffer, vorsichtiger, sorgten da-

für, dass sich Ihre Kriterien und Ihre Werte verfeinerten. Genauso können Sie jedes einzelne Ereignis Ihrer Vergangenheit neu bewerten. Egal ob einzelne Personen oder bestimmte Ereignisse, sie alle vermittelten Ihnen in – wenn auch bitteren – Lektionen Wissen, das Sie zu dem Zeitpunkt noch nicht hatten. All diese Lektionen und Erkenntnisse werden Ihnen dabei helfen, eine lebenslange Freundschaft mit sich selbst zu schließen. Dazu dient Ihnen folgendes Training:

16. Training: »Je ne regrette rien« – Bereuen Sie nichts!

Machen Sie eine Liste mit drei negativen Erlebnissen Ihrer Vergangenheit. Halten Sie für jede Erfahrung eine kurze Dankesrede. Sagen Sie ihr, was Sie von ihr gelernt haben, warum sie Sie stark gemacht hat, warum Sie sie trotz all dem Schmerz nicht missen möchten. Sagen Sie Ihr, was Sie durch sie erfahren haben, was Sie bis dahin noch nicht wussten. Sie können auch jedem Ihrer Ex-Freunde eine solche Dankesrede halten. Erkennen Sie, dass Sie zwar heute über die Kräfte verfügen, anders zu reagieren als damals, dass Sie diese Kräfte aber erst durch jene schmerzlichen Lernprozesse gewinnen konnten.

Wozu Sie all diese Übungen verleiten werden? Dazu, nichts zu bereuen! Nichts, was Sie getan haben, und nichts, was Sie damals nicht getan haben. Denn würden Sie nachträglich eine Sache ändern, änderte sich alles. Und manche Dinge in Ihrem Leben sind so, wie sie sein sollen.

PS: *Shirley fand genau sechs Monate nach dem peinlichen Auftritt ihren jetzigen Mann, den Vater ihrer beiden Kinder.*

17. Setzen Sie auf Ihre Stärken!

Ich habe einfach keinen Erfolg bei Männern, seufzen Sie vielleicht. Hinterfragen Sie diesen Satz. Wirklich nie? Hatten Sie überhaupt noch nie Erfolg in Liebesangelegenheiten? Wohl kaum. Nehmen Sie sich Zeit für eine Erfolgsbilanz.

Training: Entdecken Sie Ihr Liebesglücks-Ich

1. Schritt: Erinnern Sie sich an all die Tage, an denen Sie kühn flirteten, Männer um den Finger wickelten, verrückt machten, an aufregende Affären und intime Zweisamkeit. Erinnern Sie sich an all die vielen Gelegenheiten, bei denen Sie schon sehr nahe an dem dran waren, was Sie jetzt ersehnen. Klammern Sie aus, wer wann was wie vermasselte. Fassen Sie all die Glanzpunkte Ihres bisherigen Liebeslebens zu einer strahlenden, wenn auch reduzierten Biografie zusammen. Nennen Sie diese geschönte Vita das Leben Ihres Liebesglücks-Ichs.

2. Schritt: Was hat Ihr Liebesglücks-Ich für Eigenschaften? Notieren Sie diese bitte!

3. Schritt: Untersuchen Sie Ihr Liebesglücks-Ich genauer nach dem Modell der Sub-Persönlichkeiten von Seite 57. Aus welchen einzelnen Unter-Ichs besteht es? Zum Beispiel aus der *Tollkühnen*, aus der *Romantikerin*, aus der *Einfühlsamen*, aus der *Hedonistin*? Wo waren diese Sub-Persönlichkeiten in letzter Zeit, in der es bei der Partnersuche weniger gut geklappt hat? Wurden sie vernachlässigt, nicht mehr angehört? Wurden sie in die Ecke gedrängt? Trauen sie sich nicht mehr richtig hervor? Wurde ihnen eingeredet, sie brächten zu viel Unruhe in Ihr Leben? Welche anderen Sub-Persönlichkeiten Ihres inneren Teams haben Sie mundtot gemacht? Entdecken Sie die in erfolgreicheren Zeiten tonangebenden Sub-Persönlichkeiten neu. Versprechen Sie ihnen jetzt, ihnen bei der nächsten inneren Teamkonferenz wieder mehr Raum zu geben, sie wieder verstärkt anzuhören. Offenbar kennen diese Sub-Persönlichkeiten Mittel und Wege, die Sie jetzt, für Ihr neu definiertes Ziel, einen Partner zu finden, gut gebrauchen können.

4. Schritt: Lassen Sie die Sub-Persönlichkeiten erzählen, welche Maßnahmen sie in erfolgreicheren Liebeszeiten angewendet haben. Notieren Sie diese konkreten Maßnahmen, die früher zum Erfolg geführt haben. Klären Sie folgende beispielhafte Fragen, die ich Ihnen jetzt stelle, mit Ihren Sub-Persönlichkeiten!

- Wie oft waren Sie damals aus?
- Wo sind Sie hingegangen, und wo haben Sie damals jemanden kennengelernt? Waren Sie etwa in wilden Clubnächten eine erfolgreiche Jägerin, oder klappte es besser bei kulturellen Unternehmungen, bei denen es vordergründig gar nicht so sehr ums Flirten geht?
- Mit wem waren Sie damals unterwegs?
- Wie haben Sie sich in Stimmung gebracht?
- Wie haben Sie sich verhalten, welche Initiativen ergriffen?
- Wie haben Sie sich an erfolgreichen Tagen oder Abenden angezogen? Wie war Ihre Figur? Waren Sie runder als jetzt, waren Sie durchtrainierter?
- Wie war Ihr sexuelles Timing bei Dates, die zu Ergebnissen geführt haben? Wann sind Sie wie weit gegangen, und wie ging es danach weiter?
- Welche sonstigen Bedingungen waren damals gegeben? Notieren Sie auch solche, die gar nicht unmittelbar mit der

Partnersuche zu tun haben. Vergleichen Sie sie mit den Bedingungen Ihrer jetzigen Lebenssituation. Hatten Sie damals einen Job, der Sie mehr erfüllte? Hatten Sie damals ein Hobby, das Sie jetzt, warum auch immer, aufgegeben haben? Waren Sie damals mit einem Freundeskreis unterwegs, den Sie später vernachlässigt haben? Fragen Sie Ihre einzelnen damals tonangebenden Sub-Persönlichkeiten, welche der damaligen Bedingungen sie jetzt vermissen. Fragen Sie andere Sub-Persönlichkeiten des inneren Teams, was dagegen spräche, diese Bedingungen wiederherzustellen. Sie werden ihre Argumente haben, sie werden knurren und unken und zetern und warnen. Hören Sie auch da genau hin, aber machen Sie als Teamleiterin deutlich, dass Ihre Entscheidung feststeht, einigen vernachlässigten Abteilungen wieder mehr Einfluss zuzugestehen. Erklären Sie der Opposition, inwiefern auch sie vom Erreichen des angestrebten Ziels profitieren wird.

Diese Übung nutzt die Erkenntnis, dass niemand Sie so gut kennt wie Sie selbst. Sie wissen selbst am besten, was für Sie funktioniert. Sie sind die Spezialistin für Ihr Leben. Vielleicht sind Sie in der Zwischenzeit Wege gegangen, die Sie vom Ziel Partnerschaft entfernten. Sie werden gute Gründe für diese Entscheidungen gehabt haben. Es waren die bestmöglichen Entscheidungen, die Sie zum damaligen Zeitpunkt mit Ihrem damaligen Wissen getroffen haben.

Jetzt gilt es, Entscheidungen Ihrer Vergangenheit abzurufen, die damals zu guten Resultaten führten, und zu prüfen, inwieweit Sie sie auch jetzt anwenden können, um in Zukunft wieder ähnlich gute Resultate zu erzielen.
Besinnen Sie sich auf Ihre Stärken. Sie brauchen nicht erst schlecht zu sein, um besser zu werden!

18. Lernen Sie von »Vorzeigefrauen« – statt neidisch zu sein

Sie erinnern sich an unser Eingangsbeispiel Angelina Jolie, die Frau, die offenbar alles hat? Ich habe Ihnen empfohlen, von Frauen wie Angelina Jolie zu lernen und auf Ihre etwaigen Vorbehalte oder Antipathien zu pfeifen. Suchen Sie sich die Angelina Jolie in Ihrer Umgebung! Die Frau, die Männer um den Finger wickelt und immer wieder fasziniert, die tollkühne Jägerin, die Männer aufreißt, spannende Affären hat, selbstsicher den Raum betritt, alle Blicke an sich reißt, sich mit den anderen anwesenden Frauen vergleicht und findet, dass sie dabei verdammt gut abschneidet. Die Frau, deren einziges Problem ist, wem sie ihren kostbaren Samstagabend widmen soll, weil ihre Optionen so vielfältig sind.

Natürlich ist auch bei Mrs. Wunderbar nicht alles Gold, was glänzt. Was kümmert es Sie? Wir nehmen uns nur das von ihr, was funktioniert, und verzichten auf eine Tiefenanalyse. Vergessen Sie Ihren eigenen Neid, Ihre Vorbehalte, Ihren Starrsinn. Freunden Sie sich mit Mrs. Wunderbar an. Beobachten Sie sie. Und, ja, imitieren Sie sie.

Gehen Sie dorthin, wohin Mrs. Wunderbar geht, orientieren Sie sich an ihrem Kleidungsstil. Eignen Sie sich ihre Art zu laufen, zu sprechen an. Achten Sie genau auf die Themen, die sie wählt. Wie berührt sie Menschen, wann und wie lacht sie, wie schaut sie ihrem Flirtpartner in die Augen? Machen Sie sie zur Lehrmeisterin.

Sprechen Sie ihr offen und aufrichtig Ihre Bewunderung aus! Fragen Sie sie ebenso offen um Rat, bitten Sie um Hilfe, fragen Sie sie, was Sie ihrer Meinung nach probieren oder ändern sollten. Sie wird sich geschmeichelt fühlen und Ihnen wichtige Geheimnisse offenbaren.

Jemanden imitieren, das ist armselig und lächerlich? Irrtum! Es ist das Natürlichste der Welt! Menschen sind mit jämmerlich wenigen Instinkten ausgestattet. Menschen lernen von anderen Menschen. Sie profitieren von einer langen Sozialisation, in der sie dicht mit anderen Menschen zusammenleben, Tag für Tag. Sie erhalten ihr Werkzeug, mit dem sie in ihrer Umwelt überleben, indem sie andere Menschen beobachten und sie nachahmen. In der Steinzeitsippe war das nicht anders als heute in einer Industrienation.

Autonomie und Charakter zählen

Sie sind immer noch nicht überzeugt? Ihr Widerstand ist ein spannender Hinweis auf Ihren Stolz und Ihren Wunsch nach Authentizität. Wer vermittelte Ihnen diese wichtigen Werte? Anzunehmen, dass es Menschen in Ihrer Biografie sind, oftmals Frauen. Zuallererst wohl Ihre Mutter, später vielleicht eine unorthodox lebende Tante, Ihre ebenso gescheite wie verständnisvolle Deutschlehrerin, die angesagte Mädels-Clique vom Schulhof oder die schrille Außenseiterin, Ihre erste gute Freundin, die Sie an Ihrem Studienort kennenlernten, Ihre resolute Vorgesetze beim ersten Job. Aber auch Frauen der Zeitgeschichte haben Sie womöglich Autonomie und Charakter gelehrt, vielleicht Simone de Beauvoir, vielleicht Madonna. Sind Sie deswegen geworden wie Madonna oder Ihre Mutter oder Ihre Deutschlehrerin? Nein, Sie haben nur das, was Ihnen sinnvoll und richtig erschien, in Ihre eigene, unverwechselbare Persönlichkeit integriert. Vielleicht haben Sie eine Zeitlang übertrieben, sich von einigen Bestandteilen, die Sie sich angeeignet haben, wieder getrennt, andere auf Ihre individuelle Weise abgeändert. Doch warum sollten Sie gerade jetzt aufhören, von anderen Frauen zu lernen? Warum gerade auf einem so wichtigen Gebiet wie der Suche nach Liebe?

Natürlich sollen Sie niemanden blind kopieren. Sie können aber auch bei Ihrem jetzigen Anliegen die Kraft spüren, die davon ausgeht, wenn uns andere Menschen inspirieren und wenn wir uns mit Ihnen identifizieren können. Was dabei herauskommt, bleibt jedoch immer: Sie selbst!
Es ist höchst wirksam, wenn Sie ein inspirierendes Modell in Ihrer Umgebung finden. Aber natürlich können Sie sich auch der zahlreichen Mrs. Wunderbars in der Welt der Prominenten bedienen oder der großen Verführerinnen der Geschichte. Lesen Sie Interviews mit Kate Hudson oder Carla Bruni, schmökern Sie in Biografien von Jacqueline Kennedy, Rita Hayworth, Anaïs Nin, Tamara de Lempicka oder George Sand – überall können Sie wertvolle Informationen erhalten.

Doch Achtung! Jene Männer umgarnende Partygranate namens Mrs. Wunderbar hat zwar ständig Flirts, Dates, Affären – aber sie geht womöglich immer wieder über Los, steht immer vor vielversprechenden Anfängen, schafft jedoch den nächsten Schritt nicht. Ihr Liebesleben ist ein ewiges Beginnen. Was, wenn Sie Ihr Ziel als eine langfristige und stabile Partnerschaft definiert haben? Kein Problem: Sobald Sie u. a. dank der Hilfe von Mrs. Wunderbar Ihr Dating-Leben in Schwung gebracht und einen aussichtsreichen Kandidaten an der Angel haben, wechseln Sie Ihr Rollenmodell. Dann ist die gelassene Bekannte mit der vorbildlichen Partnerschaft die bessere Mentorin. Suchen Sie sich für jede Etappe Ihres Weges zum Ziel das Rollenmodell, das Ihnen gerade am geeignetsten erscheint.

Akzeptieren Sie auch Neid, den Sie gegenüber Mrs. Wunderbar hegen. Fragen Sie Ihre Sub-Persönlichkeiten, die Sie als Urheberinnen dieses tabuisierten Gefühls identifizieren, warum Sie so empfinden. Sie werden erfahren, dass Neid und Konkurrenzdenken nur ein Zeichen dafür sind, dass diese Person Dinge besitzt, die Sie erst noch besitzen wollen.

Machen Sie den passiv-aggressiven Teilen in Ihnen klar, dass Sie ihnen dankbar sind für diese Botschaft, und dass Sie dank ihrer Hilfe erkannt haben, dass Sie diese Dinge selbst auch gerne besitzen möchten. Sagen Sie als Leiterin Ihres inneren Teams Ihren Sub-Persönlichkeiten, dass diese Person aufgrund der Gefühle, die Sie in Ihnen hervorruft, offenbar als Rollenmodell die richtige Wahl ist. Überzeugen Sie jene destruktiven Persönlichkeitsteile, dass das Gesamtteam profitieren wird, wenn Sie Neid in Bewunderung umwandeln und Konkurrenz in Kooperation.

19. Glückliche Freunde machen glücklich

Das Glück Ihrer neuen oder neu wertgeschätzten Freundin wird sich auf Sie übertragen! Eine Studie der Universität San Diego (veröffentlicht im Dezember 2008 im British Medical Journey) belegte, dass mit jedem glücklichen Freund unsere Wahrscheinlichkeit, ebenfalls glücklich zu werden, um 15 Prozent steigt: Glück funktioniert als Kettenreaktion!

Leider lässt sich nicht nur Glück erlernen, sondern auch Unglück. Wir imitieren auch das Verhalten derjenigen Personen in unserer Umgebung, die nicht erfolgreich sind. Wie angenehm ist es auch, dem Beispiel der Freundin zu folgen, die sagt, Ausgehen koste nur Zeit und Geld, und die sich daher lieber eine großzügig belegte Pizza und ein paar DVDs gönnt. Wie bequem ist es, negative Einstellungen Männern und der Liebe gegenüber zu übernehmen. Wie verführerisch, sich gegenseitig die Wunden zu lecken, sich in der scheinbaren Aussichtslosigkeit der Lage einzuigeln. Schluss damit! Wenn Sie glücklich werden wollen, meiden Sie die Unglücklichen! Ihre Aura wird auf Sie übergehen wie ein Schnupfen im Großraumbüro. Die Unglückliche wird Sie in allem bestärken, was Sie von Ihrem Ziel abbringt, wird Ihnen Ihre Initiativen als aussichtslos ausreden wollen. Sie muss schließlich verhindern, dass ihre Genossin mutiger, optimistischer, erfolgreicher wird. Sie will doch ihre Mitplanscherin im warmen Bad aus gegenseitigem Mitleid nicht verlieren, ihre Verbündete unter der »Die Welt ist gemein und ungerecht«-Käseglocke.

Fragen Sie sich bei jeder Freundin, was diese hat, was Sie auch haben wollen. Wenn das herzlich wenig ist, werden Sie von dieser Freundin nichts lernen können.

Natürlich sollen Sie für eine Freundin da sein, der es schlechtgeht, ihr Mitgefühl zeigen und ihr helfen wiederaufzustehen. Ihre Unterstützung ist aber verschwendet an diejenigen, die gar nicht aufstehen wollen, weil es sich recht bequem liegt, oder an diejenigen, die mit weniger zufrieden sind als Sie. Übernehmen Sie nicht die bescheidenen Maßstäbe solcher Freundinnen!

20. Training: Von anderen lernen

1. Schritt: Stellen Sie sich schon in Gedanken vor, wie Sie Mrs. Wunderbar imitieren. Nehmen Sie Situationen vorweg, in denen Sie sich wie sie verhalten werden, in einem ähnlichen Modestil aufkreuzen, ihren Duft benutzen, eine ähnliche Stimmlage wählen, auf die gleiche verbindliche Art wie sie Bekannte begrüßen.

2. Schritt: Achten Sie darauf, wie sich Ihre Gefühle jetzt verändern, Ihre Körperhaltung, Ihre Einstellungen. Sie spüren, wie die Veränderung jetzt schon begonnen hat.

3. Schritt: Nach einiger Zeit modifizieren Sie Ihr imitierendes Verhalten. Lassen Sie einige Teile des Verhaltens weg, von denen Sie vermuten, dass sie keine Auswirkungen auf die Partnersuche haben. Probieren Sie aus, ob sich etwas verändert oder ob Sie mit Ihrer Vermutung richtiglagen. So reduzieren Sie Ihre Nachahmung nach und nach auf die Aspekte, die für die Prinzenjagd wirklich wichtig sind und die auch bei Ihnen zu funktionieren scheinen. Die integrieren Sie in die Einzigartigkeit Ihrer eigenen Persönlichkeit. Sie ersetzen nicht sich selbst durch eine andere Person, sondern bereichern sich mit Hilfe eines inspirierenden Vorbilds.

21. Schicken Sie Ihr Super-Ich auf Prinzenjagd

Führen Sie die Erkenntnisse der letzten beiden Tipps – auf die eigene Stärke setzen und Vorbilder nachahmen – nun zusammen und kreieren Sie eine neue Super-Identität, eine Heldinnen-Ausgabe Ihrer selbst. Sie besteht aus dem Besten, was in Ihnen steckt, aus all Ihren Kräften, die Sie tatsächlich besitzen, wie Sie sie an den Glanzpunkten Ihrer Vergangenheit schon bewiesen haben. Diese Kräfte stehen Ihnen aber teuflischerweise nicht immer zur Verfügung stehen. Manche Kräfte verlassen uns gerade dann, wenn wir sie doch am nötigsten brauchen.

In Ihrer Super-Identität bündeln Sie diese Kräfte, machen Sie leichter abrufbar. Statt von der Launenhaftigkeit Ihrer Kräfte abzuhängen, gewinnen Sie mehr Kontrolle über sie und können sie gezielter da einsetzen, wo Sie sie brauchen.

Wie Sie das machen sollen?

Zunächst verschaffen Sie Ihrer Super-Identität einen arg frisierten, reduzierten Lebenslauf. Die Biografie, die nur aus Ihren Highlights besteht! Eine Biografie, in der, wie Sie bei Tipp 12–15 Ihres Liebesglücks-Ichs (siehe Seite 71) gelernt haben, entscheidende Punkte Ihrer ursprünglichen Biografie neu bewertet werden.

Das Super-Ich schleppt keine Kränkung, keinen Schmerz mit sich herum. Es hegt keine Ressentiments. Es hat verziehen, es ist zu stark, um nachzutragen. Das Super-Ich kennt all die Methoden, die sich bewährt haben. Es hat den Mut, Neues auszuprobieren. Es schert sich nicht darum, was alles schiefgehen könnte.

Rüsten Sie das Super-Ich auf mit den Eigenschaften Ihrer Vorbildmodelle von Seite 18. Es kann inspiriert sein von einer Mrs. Wunderbar Ihrer Umgebung oder von mehreren, es kann Eigenschaften von Rollenmodellen aus der Öffentlichkeit oder der Geschichte haben. All das Beste jener starken Frauen, das Sie jetzt gerade gut gebraucht können, verschmilzt in Ihrem Super-Ich. All diese starken, wunderbaren Frauen leihen Ihnen ihre Waffen, und sie tun es gerne und mit einem schwesterlichen Lächeln!
Geben Sie dem Super-Ich einen Namen. Heißen Sie Miriam oder Annette, nennen Sie es einfach Super-Miriam oder Super-Annette. Taufen Sie es mit dem Namen eines Ihrer Rollenmodelle oder verschmelzen Sie mehrere Namen zu einem.

Die richtige Distanz zum Super-Ich aufbauen

Ihr Super-Ich wird jetzt Ihrem inneren Team vorgestellt. Jeder Sub-Persönlichkeit wird zugetragen, dass das Super-Ich als Consulterin und Macherin gleichermaßen das Team bereichern wird. Es sitzt im Meeting direkt rechts neben Ihnen, der Teamleiterin. Es ist Ihr neuer Liebling. Die anderen Teilnehmerinnen werden das Super-Ich misstrauisch beäugen. Sie werden befürchten, dass wegen ihm zu viel neue Arbeit auf sie zukommt, dass sie Routinen verlassen und sich zu sehr umstellen müssen, an Bedeutung verlieren, vernachlässigt werden. Machen Sie jeder einzelnen Teilnehmerin klar, dass tatsächlich auf jede einzelne neue Arbeit zukommt, denn jede einzelne soll das Super-Ich unterstützen. Verdeutlichen Sie aber im Meeting ebenso, dass das Super-Ich gekommen ist, um zu helfen, das gemeinsame Ziel zu verwirklichen, und dass am Ende jede einzelne Teilnehmerin von ihm profitieren wird.

Stellen Sie sich vor, wie sich Ihr Super-Ich verhält, welche Haltung es annimmt, wie es atmet, sich bewegt, den Kopf hält, wie es sich in welcher Situation anzieht, wie es spricht, welche Entscheidungen es trifft. Passen Sie Ihr reales Verhalten dem Bild an, das Sie vom Super-Ich haben. Verschmelzen Sie immer mehr mit Ihrem Super-Ich.

Wenn es schwierig wird, berufen Sie eine innere Teamkonferenz und fragen das Super-Ich, was zu tun ist. Fragen Sie es, wo es beginnen will, wo es gute Jagdreviere wittert. Genehmigen Sie seine Vorhaben, unterschreiben Sie seinen Reiseantrag, geben Sie ihm ein Budget für Spesen, versprechen Sie ihm für konkrete Erfolge eine Prämie. Schicken Sie dann das Super-Ich hinaus in die Welt, dorthin, wo die Männer sind. Dort wird es beweisen, dass es richtiglag. Es wird mit Ergebnissen zu dem Team zurückkehren.

Gerne soll Ihnen Ihr Super-Ich stilisiert und comichaft erscheinen, eine Mischung aus Catwoman und Barbarella, wenn Sie mögen. Der Vorteil, wenn Sie ein Super-Ich beauftragen: Sie erleben Ihre Partnersuche so ein Stück distanzierter – und das durchaus mit einem Augenzwinkern. Die distanzierte Beobachter-Perspektive lässt Sie die Dynamik des Geschehens besser erkennen.

Und noch ein Vorteil: Ein distanzierter, »dissoziierter« (d. h. abgetrennter) Blick macht Sie unverkrampfter: Ihre Person besteht aus weit mehr Teilen als aus dem Super-Ich. Das entspannt und relativiert Ihr Vorhaben.

Sie können das Super-Ich von außen bei seiner Arbeit beobachten. Sie sind nicht mehr mit Haut und Haaren dabei, sondern experimentieren mit einem Teil von sich, der die Arbeit erledigt und dessen Resultate Sie auswerten.
Das entledigt Sie der Verbissenheit und vieler Ängste und lässt Sie Ihre Ziele entspannter und spielerischer verfolgen.

Beispiel:
Miriam *hatte einen harte Zeit. Die Krise hatte sie als kinderlose Frau von 28 Jahren als eine der ersten aus der Film-Promotion-Agentur gespült, in der sie beschäftigt gewesen war. Ihre geplante Mittelamerikareise musste sie wegen einer langwierigen Rückenerkrankung absagen, ihr Freund war zurück nach London gegangen. Jetzt stand die Galerieeröffnung ihrer Freundin an, auf die sie sich eigentlich gefreut hatte, als das Leben noch rosig aussah …*

Miriam: »Wie soll ich da heute hingehen und Spaß haben? Ich bin ein nervliches und körperliches Wrack und arbeitslos und verlassen – das kann ich doch nicht überspielen!«
»Bleib zu Hause«, riet ich ihr. »Und schicke stattdessen Super-Miriam hin. Die mit einem Spitzentypen aus London zusammen war, von dem andere nur träumen, die drei Jahre einen coolen Job gemacht hat und jetzt offen und frei ist für alle Möglichkeiten.«

Ich schlug ihr vor, sich selbst von zu Hause aus in der Galerie zu beobachten, ähnlich wie bei einer dieser bizarren Dating-Shows auf MTV, bei denen ein Kandidat ein Date hat und dessen Freunde das Geschehen über einen Monitor mitverfolgen und über einen Ohrchip sogar Instruktionen geben können.
»Deine Sorgen bleiben zu Hause«, sagte ich zu ihr. »Auf die Galerieeröffnung geht stattdessen ein leichtlebiges Abziehbild deiner selbst. Und das wird flirten, ein paar Typen ansprechen, ein paar Telefon-

nummern tauschen, mal etwas Verbindliches sagen, mal etwas Unmögliches, mal etwas Lächerliches und mal etwas Brillantes. Sie schert sich nicht um gestern und auch nicht übermäßig um morgen. Sie ist eine arg reduzierte Ausgabe von dir, hat nur das von Miriam, was an diesem einen Abend gebraucht wird. Sie reist grundsätzlich nicht mit Gepäck. Beobachte Super-Miriam heute Abend bei ihrer Show.« Sie sollte den Abend als ein Experiment betrachten, das man nicht allzu ernst nehmen darf. Es hat nur bedingt mit dem Rest des Lebens und der Miriam zu Hause zu tun. Was Miriam vergessen hatte: Niemand sieht uns die Sorgen, Zweifel und Unsicherheiten an, wenn die Fassade einigermaßen stimmt – und sie stimmt meistens. Vieles findet nur in unserem Kopf statt. Unsere Selbstwahrnehmung entspricht nicht dem, wie uns andere wahrnehmen. Andere sehen nur eine reduzierte Fassung.

An diesem Abend lernte Miriam einen frisch gefeuerten Banker kennen, der seine Abfindung für das Bild verpfefferte, das auch Miriam am besten gefallen hatte. Im Moment verleben sie einen herrlichen arbeitslosen Sommer in Berlin.

22. Achten Sie auf Ihre Haltung

7. These: Körper und Seele sind Teil eines Systems

Jeder Vorgang im Gefühlsleben macht sich auch körperlich bemerkbar. Für ein soziales Wesen wie den Menschen ist diese Tatsache überlebenswichtig:
Menschen haben eine differenzierte Mimik und Gestik entwickelt, so dass sie unabhängig von der Sprache ablesen können, was im anderen vorgeht – ganz anders als beispielsweise ein einzelgängerisches Säugetier wie der Bär, der nur über sehr wenig Mimik verfügt.

Zwar haben Menschen zusätzlich noch die Sprache entwickelt hat, um sich differenziert mitzuteilen und Reaktionen beim anderen hervorzurufen. Dennoch trauen wir den nonverbalen Signalen mehr als den verbalen. Stellen Sie sich einen trostlosen Tropf mit verheulten Augen vor, der sagt, ihm sei zum Bäumeausreißen zumute. Sie würden ihm nicht glauben. Stellen Sie sich einen Menschen vor, der Ihnen sagt, dass er Sie schrecklich gern mag, und dabei wütend mit den Augen funkelt und die Fäuste ballt: Sie würden ihn für einen Psychopathen halten, und das höchstwahrscheinlich völlig zu Recht.

Doch Gefühlsleben und Körperlichkeit stehen in Wechselwirkung – so wie sich unser Seelenleben in Haltung, Mimik und Gestik niederschlägt, so können wir durch Haltung, Mimik oder Gestik auch unser Gefühlsleben beeinflussen.

Wie sehr hängende Schultern, eine gebückte Haltung und ein gesenkter Kopf mit einer negativen Einstellung assoziiert sind, können Sie einfach feststellen, indem Sie genau so versuchen, an etwas Freudiges zu denken – es wird Ihnen nicht gelingen.

Genauso beeinflussen eine aufrechte Haltung, ein dynamischer Gang, ein gerader fester Blick in die Augen des Gesprächspartners unsere Stimmung, lassen uns selbstbewusster und aktiver fühlen.

Probieren Sie es aus: Wenn Sie sich niedergeschlagen fühlen, disziplinieren Sie sich zu gegenteiligen körperlichen Signalen. Ihre Stimmung wird sich der veränderten Körperlichkeit anpassen. Genau das Gleiche bewirkt ein Lächeln: Lächeln Sie, auch wenn es gerade nicht Ihrer aktuellen Stimmung entspricht. Das Lächeln strahlt nicht nur nach außen, sondern auch nach innen. Ein fröhliches Gesicht deutet nämlich nicht nur auf gute Laune hin – es kann auch gute Laune machen. »Der Gesichtsausdruck beeinflusst direkt die wahrgenommene Emotion«, sagt Fritz Strack, Sozialpsychologe an der Universität Würzburg, in der Süddeutschen Zeitung.

Entspannen Sie Ihre Stirnmuskulatur! Andreas Hennenlotter, Neuropsychologe am Münchner Klinikum rechts der Isar: »Es gibt im Gehirn starke Verbindungen zwischen Bereichen, die Empfindungen aus der Gesichtsmuskulatur abbilden, und Bereichen, die für Gefühle zuständig sind.« Wohl deshalb könne die gefühlte Mimik die entsprechende Emotion auslösen. Spüren Sie, wie ein Lächeln Sie lockert.

Wenn Sie nervös sind, beispielsweise vor einem Date, und sich bewusst langsam, kontrolliert und bedächtig bewegen, werden Sie dadurch ruhiger.

Gleichzeitig sind die positiven Reaktionen Ihrer Umwelt auf Ihre nonverbalen Signale die besten Stimmungsaufheller, die Sie kriegen können.

Ein positives Verhältnis zu Ihrer Körperlichkeit, ein selbstbewusster Gang, geschmeidige Bewegungen – nichts wird Sie erotischer machen, als wenn Sie sich selbst erotisch finden und körperlich voll und ganz annehmen. Und erotische Ausstrahlung ist nicht zu definieren über die engen Maßstäbe der Schönheitsindustrie.

So stellte die Designerin Maria Pinto über Amerikas First Lady Michelle Obama fest: *»Sie hat nicht die Maße eines Fotomodells, aber sie bewegt sich mit der Grazie einer selbstbewussten Frau, die im Leben steht und wirklich stolz auf ihren athletischen, großgewachsenen Körper ist.«*

Und, ganz wichtig: Nichts ist hilfreicher für eine selbstbewusste Körperlichkeit als regelmäßiger Sport. Sie sollen sich nicht Muskeln wie Madonna anschinden oder anstreben, einen Body wie Gisele Bündchen zu bekommen. Ziel soll es sein, ein positiveres Verhältnis zu Ihrer Körperlichkeit zu entwickeln und dafür den richtigen Sport in dem Maß zu betreiben, das zu Ihnen passt.

23. Ein sexy Body braucht Bewegung

Wenn Sie Ihre Figur verbessern möchten, sollten Sie sich zunächst überlegen, welche Maßstäbe Sie setzen. Überlegen Sie, welche inneren Stimmen Ihnen vermittelt haben, dass Sie etwas an Ihrer Figur ändern sollten, und welche realen Personen oder Instanzen hinter diesen Stimmen stecken. Inwieweit möchten Sie auf diese inneren Stimmen hören? Dann sollten Sie Ihre Ziele klar definieren und sich einen Zeitrahmen setzen, bis wann Sie sie erreichen wollen. Wichtig: Setzen Sie sich realistische Ziele, machen Sie sich selbst zum Maßstab und nicht eine von irgendwelchen Medien propagierte Perfektion. Stellen Sie genau fest, was Sie ändern wollen und können und wie viel Anstrengung und Zeit Sie bereit sind, für Ihr Ziel zu investieren. Wenn Ihr Ziel höher ist als Ihr Wille oder Ihre Möglichkeiten, Zeit und Mühe zu investieren, sind Sie zum Scheitern verurteilt. Fixieren Sie schriftlich, welchen Sport genau Sie wie oft und wie lange ausüben wollen. Jede Sporteinheit ist Ihr Teilziel. Stellen Sie auch fest, was Sie nicht oder nur bedingt ändern wollen und können, und lernen Sie, diese körperlichen Gegebenheiten zu akzeptieren. Nehmen Sie sie an und integrieren Sie sie in das einzigartige Ganze Ihrer Person!

Motivationstricks

Wenn Sie gerne mehr Sport betreiben würden als momentan, helfen Ihnen folgende Tricks, sich zu motivieren:

- **Schaffen Sie sich Ihr Fit-Ich, ein Teil Ihres Ichs, das ganz verrückt ist nach Bewegung, Gesundheit und gutem Befinden und dessen Bedürfnissen Sie Rechnung tragen wollen.** Stellen Sie sich vor, wie dieses Fit-Ich mit Spaß an der körperlichen Ertüchtigung schwitzt, stellen Sie sich die Figur vor, die dieses Fit-Ich hat. Stellen Sie sich während des Sports vor, dass Sie mit jeder Muskelfaser dieses sportsüchtige Abbild Ihrer selbst sind, während Sie den Rest Ihrer Persönlichkeit wie eine leere Hülle daheimgelassen haben – Sie brauchen den Rest jetzt gerade nicht.

- **Modellieren Sie dieses Fit-Ich, indem Sie sich sportliche Vorbilder in Ihrer Umgebung suchen.** Engagieren Sie eine Personal-Trainerin, deren Aussehen Sie bewundern, suchen Sie sich eine Trainingspartnerin, die in sportlicher Hinsicht schon da ist, wo Sie erst hinwollen. Fragen Sie Menschen, die Ihnen auf vorbildliche Weise sportlich erscheinen, nach Ihren Trainingsgewohnheiten, nach Ihrer Ernährung, nach Ihren Motivationstechniken. Sammeln Sie alle Informationen, die Sie erhalten können, und probieren Sie das aus, was Ihnen plausibel erscheint und wovon Sie denken, dass es zu Ihnen passt. Schneiden Sie Abbildungen von Menschen mit Figuren aus Zeitschriften, die Ihnen gefallen und von denen Sie denken, dass Sie so ähnlich auch aussehen könnten. Erstellen Sie einen Ordner im Computer, in dem Sie entsprechende Bilder aus dem Internet speichern. Es geht nicht um Supermodel-Figuren. Es geht darum, dass Sie sich darüber im Klaren werden, was Sie persönlich als schön empfinden und mit welcher Figur Sie sich als eine bessere Version Ihrer selbst empfinden würden.
- **Stellen Sie sich vor, welche neuen sexy Kleidungsstücke dieses Fit-Ich trägt, stellen Sie sich Situationen vor, in denen Sie in diesen Kleidungsstücken auftreten und Bewunderung ernten.** Sehen Sie sich die Kleidung in den Geschäften an, die Sie bald tragen werden. Stellen Sie sich eine konkrete Gelegenheit vor, bei der Sie Ihre neue Figur spazieren führen, etwa einen Strandurlaub oder einen Badetag oder eine Poolparty. Stellen Sie sich vor, wie Sie für Ihren nächsten Partner einen Strip hinlegen, sich ohne Hemmungen bei voller Beleuchtung zeigen, vor dem Spiegel Sex haben. Jedes Gedankenspiel ist erlaubt!

- **Verbinden Sie den Sport mit angenehmen Reizen.** Suchen Sie sich einen idyllischen Park und genießen Sie, mit einem fitten Körper durch diese herrliche Umgebung zu joggen. Kaufen Sie sich neue, modische Sportkleidung. Bespielen Sie Ihren iPod mit Ihrer Lieblingsmusik, erstellen Sie sich Playlists, die Sie euphorisch werden lassen und die Sie exklusiv während des Sports hören. Suchen Sie sich ein Sportstudio, dessen Ambiente Sie als ansprechend empfinden und dessen Gäste Sie inspirieren könnten. Belohnen Sie sich mit Sauna oder Jacuzzi nach dem Sport und einem gesunden, schmackhaften und sättigenden Essen, dessen Nährstoffe Ihr frisch trainierter Körper dankbar aufnimmt.
- **Erheben Sie sportliche Disziplin zu einem Ihrer wichtigsten Werte.** Klar, effektiver Sport ist eine gewisse Qual. Sagen Sie sich, wie sehr Sie diese Qual lieben. Spüren Sie die Befriedigung, die in Selbstüberwindung und leichtem Schmerz liegt. Wenn Sie sich beispielsweise dafür entschieden haben, dreimal pro Woche eine Stunde Sport zu treiben, so ist diese Entscheidung einmal gefällt – und wird nicht dreimal pro Woche neu verhandelt. Sprich: Der Sport gehört dann genauso zur Woche wie Ihr Job, Ihre Mahlzeiten, Körperhygiene oder der Gang in den Supermarkt. Er steht nicht mehr zur Debatte. Das gesamte innere Team hat diese einmal gefällt Entscheidung zu akzeptieren und zu unterstützen. Sie können sich regelmäßige Bewegung zur Gewohnheit machen und durch sie andere, unliebsame Gewohnheiten ersetzen. Gewohnheiten lassen sich tatsächlich erlernen.
- **Machen Sie sich bewusst, dass Sie sich nach dem Sport viel angenehmer fühlen, als wenn Sie sich jetzt entscheiden, den Sport sausenzulassen.** Stellen Sie sich vor, wie mies Sie sich fühlen, wenn Sie träge auf der Couch liegen bleiben. Wechseln Sie die Szenerie und antizipieren Sie, wie Sie in guter Form, mit

kräftig durchbluteten Muskeln, stolz und angenehm ermüdet nach Hause kommen in dem Wissen, etwas Gutes für sich und Ihren Körper getan zu haben. Erleben Sie vor dem Sport die Situation nach dem Sport gedanklich so, als wäre sie Gegenwart.

- **Verbinden Sie den Sport mit großen Makro-Effekten:** Sie werden mehr Glück in der Liebe erleben und schärferen Sex, Sie werden mehr Energie bei der Arbeit haben und ein größeres Selbstbewusstsein. Sie werden gesünder sein, weniger oft an lästigen Erkältungen leiden, das Risiko für schwere Erkrankungen sinkt. Und ein besonderer Nebeneffekt: Beim Sport lassen sich unter völlig unverkrampften Bedingungen Männer kennenlernen.
- **Verbinden Sie den Sport aber auch mit Mikro-Effekten:** Die positiven Wirkungen stellen sich nicht erst irgendwann in unbestimmter Ferne ein. Schon während des nächsten Trainings sind positive Effekte auf Atmung und Kreislauf spürbar, während jeder Übung spannen sich Muskeln an, nach dem Training sehen Sie anders aus als vorher, sind anders durchblutet, strafft sich Ihr Körper, baut sich Fett ab. Die positiven Effekte des Sports sind völlig unmittelbar, und sie stellen sich ein, ganz egal, wie Sie sich in Ihrer Vergangenheit verhalten haben. Sie können immer wieder beginnen, Ihrem Körper sofort etwas Gutes zu tun.
- **Gehen Sie Ihr Training im Kopf durch, bevor Sie es antreten.** Empfinden Sie, wie sich Ihre Muskeln dabei anspannen, wie Sie anders atmen, welche Lust Ihnen die Anstrengung verschafft, welche Befriedigung es bedeutet, dem natürlichen Bewegungsbedürfnis nachzukommen. Sagen Sie sich, dass Sie Lust auf den Sport haben und sich darauf freuen, weil er der menschlichen Natur entspricht und Sie Ihrem Ziel, noch gesünder und noch attraktiver zu sein, näherbringt.
- **Sehen Sie sich während des Sports selbst von außen zu:** Betrachten Sie, wie gut Sie aussehen, wenn Sie die schöne Promenade entlangjoggen, in Ihrer neuen Sportkleidung, wie dynamisch

und sexy, wie geschmeidig und athletisch Ihre Bewegungen sind. Dokumentieren Sie Ihre Entwicklung und, wenn Sie wollen, lassen Sie sich regelmäßig im Bikini fotografieren. Diese Dokumentation ist viel aussagekräftiger als schnöde Kilozahlen auf der Waage.

- **Sie haben es einfach nicht gepackt? Keine Sorge, es ist noch so viel Zeit.** Gleich morgen gehen Sie wieder über Los, und wenn Sie morgen eine angenehme Sport-Session hinlegen, ist längst vergessen, dass Sie sich heute nicht aufraffen konnten. Sie dürfen auch mal einen Durchhänger haben. Sie dürfen dadurch nur nicht gleich Ihr ganzes sportliches Wertesystem in Frage stellen. Nur weil es heute nicht hinhaute, ist nicht gleich alles Mist, was Sie sich vorgenommen haben. Sie haben nur einen Tag pausiert. Sie haben jetzt mehr Wissen darüber, was Sie kurzfristig von Ihrem Weg abbringen kann (z. B. sind Sie vielleicht gestern zu spät ins Bett gegangen oder haben sich von Freunden überreden lassen, mit ins Restaurant zu kommen) und was Sie dagegen tun können (ausgeschlafen sein, den Freunden sagen, dass Sie etwas später kommen, oder Sie verkürzen das Training etwas, wenn Sie von dem geselligen Abend nur ungern etwas verpassen möchten). Morgen geht's wieder los!

24. Wie Sie die Figur halten, die zu Ihnen passt

Clara *(34), Lehrerin, war eine dieser Frauen, die alle Diäten versuchte. Eigentlich hatte sie ihre Kurven immer gemocht, aber nachdem sie mit dem Rauchen aufgehört und ihr erstes Kind bekommen hatte, rief sie ihren Kurven zu: »Okay, verstanden, es reicht.« Doch sie hörten nicht auf, immer kurviger zu werden. Warum sie ihre Figur überhaupt verändern wollte? »Um einen Mann zu kriegen, verdammt! Natürlich* *erhöht sich mein Marktwert, wenn ich geil aussehe, davor kann ich doch meine Augen nicht verschließen.« Und warum hatte es mit den Diäten nie geklappt? »Weil ich dachte, eine Diät bedeutet, zu verzichten, sich etwas wegzunehmen, sich zu disziplinieren. Gegen sich zu kämpfen. Streng zu sich zu sein. Wie das schon klingt, als müsste ich in ein Camp für Schwererziehbare, furchtbar! Kein Wunder, dass ich mich davor drückte!« Warum es dann doch klappte? »Ich strich das Wort ›Diät‹ aus meinem aktiven Wortschatz. Stattdessen kreierte ich einen ganz neuen Lifestyle für mich. Ich machte Yoga, wanderte, begann zum ersten Mal in meinem Leben, richtig zu kochen, lud Leute nach Hause ein, statt um die Häuser zu ziehen und am nächsten Morgen verkatert irgendeinen Mist zu schlemmen. Ich entdeckte neue Lebensmittel, ging erstmals in Asia-Shops und Bioläden. Plötzlich nahm ich ab, und dabei hatte ich mein Leben bereichert, ihm etwas hinzugefügt, statt ihm etwas wegzunehmen. Wenn ich jetzt eine Hungerattacke habe, stelle ich mir einfach vor, wie ich mich nach einer gesunden Mahlzeit fühlen werde und wie nach einer ungesunden, und vergleiche beide Gefühle. Die Entscheidung fällt mir nicht schwer. Mit Verzicht hat sie nichts zu tun.« Ob sie ihren neuen Freund der neuen Figur zu verdanken hat? »Nein«, sagt Clara. »Ich habe ihn nicht wegen verlorener Kilos kennengelernt, sondern weil ich öfter für andere gekocht hatte und ein Freund ihn eines Abends mit zu mir brachte. Allerdings hatte ich durch die neue Figur mehr Selbstbewusstsein und einfach das Gefühl, mehr Möglichkeiten zu haben.«*

Clara hatte ihr neues Ernährungsverhalten in ein stimmiges Gesamtkonzept von sich selbst eingearbeitet und dieses Konzept um seiner selbst willen entworfen, nicht, um irgendjemanden zu beeindrucken. Genau das gelingt Ihnen jetzt mit Ihrem Fit-Ich – für den Fall, dass Sie bisher Ihre Figur nur unter Mühen gehalten haben oder nicht die Figur haben, die Sie gerne hätten und von der Sie glauben, dass Sie sie haben könnten.

Sie werden feststellen: Je mehr Ihr Fit-Ich Raum in Ihrem Leben eingenommen hat, desto weniger will es sich auf die dreimal Sport pro Woche beschränken. Es will jetzt immer häufiger Einfluss nehmen, wo es doch so große Erfolge fürs ganze Team erarbeiten konnte. Konkret: Es weigert sich, nachdem es für so gute Gefühle beim Training und danach gesorgt hat, das Abendessen bei McDonald‘s einzunehmen – das hat es nicht verdient! Das Fit-Ich verlangt stimmiges Essverhalten. Dabei brauchen Sie keine bestimmte Diät zu machen. Welche Nahrungsmittel gut für uns sind, ist hinlänglich bekannt: Gemüse, Obst, Salat, Fisch, Geflügel, mal ein Stück Rindfleisch, nicht zu fetthaltige Milchprodukte. Kohlenhydrate hauptsächlich in Form von Vollkorn. Fett hauptsächlich in Form von Speiseölen. Frittiertes und Gezuckertes nur hin und wieder. Wenn Sie sich ungefähr an die Ernährungspyramide halten und regelmäßig Sport machen, sind Sie auf der sicheren Seite. Trotzdem kann eine bestimmte Diät für Sie sinnvoll sein, weil Sie ein konkretes Gerüst darstellt und motiviert: Schon der Kauf eines Diätbuches macht Spaß und ist von bedeutender Signalwirkung. Auch das Lesen ist ein sinnliches Vergnügen, wenn das Buch ansprechend gestaltet ist. Wissen aufnehmen, neue Informationen erarbeiten, Lernen durch Rollenmodelle, wie sie im Diätbuch beschrieben werden, neue Rezepte ausprobieren: All das wirkt stimulierend.

25. Motivationstricks für eine gesunde Ernährung

Hier ein paar Tricks, wie Sie sich außerdem zu einer gesunden Ernährung motivieren können.

- **Sie halluzinieren bei knurrendem Magen immer nur von Burgern, nie von Brokkoli?** Völlig natürlich und begründet in einer Zeit, in der die Wahl der fettigen Option Überlebenschancen sicherte. Die Lust auf gesunde Nahrungsmittel lässt sich jedoch wie alles erlernen. Erweitern Sie Ihr Spektrum an Möglichkeiten, indem Sie Teile der Speisekarte studieren, die Sie bisher überschlagen haben, und neugierig neue Salatvarianten oder Sushi-Menüs probieren. Besorgen Sie sich Rezepte für gesunde Gerichte, die Sie mit Stil und sinnlicher Optik nachkochen. Laden Sie Freunde dazu ein!

- **Versagen Sie sich den Burger nicht!** Bei einem Verzicht kreisen alle Gedanken nur um den Gegenstand des Verzichts. Sagen Sie sich, dass es völlig in Ordnung ist, einen Burger zu essen, aber dass es ja noch so viele andere Sachen gibt, auf die Sie Lust haben und die Sie probieren könnten. Schaffen Sie sich Alternativen: Ein Gemüseauflauf oder ein Thunfischsteak können tatsächlich schmackhaft und befriedigend sein. Ein frischer bunter Obstsalat bedeutet Luxus, Fülle, Exotik und ist sicherlich mehr als ein fader Ersatz für einen abgepackten, industriell überzuckerten Schokoriegel: Der Obstsalat ist auch in Sachen Geschmack und Erlebnis einfach die bessere Wahl. Und wenn Sie allen Alternativen zum Trotz doch den ganzen Tag an einen Burger denken, essen Sie den Burger. Sie werden merken, dass er gut ist, aber auch nicht so viel besser als andere, gesündere Speisen. Er ist so viel Aufregung gar nicht wert. Allein deswegen sollten Sie ihn hin und wieder genießen. Um festzustellen, dass Sie nicht viel verpassen. Sie können Kompromisse eingehen und sich dazu einen Salat bestellen. Sie können sich aber auch gerne mal richtig gehenlassen und dazu noch eine Extra-Pommes bestellen und danach noch einen süßen Milchshake. Was soll's – Sie kennen so viele gesunde und köstliche Alternativen, auf die Sie morgen wieder zugreifen können, was kümmert da diese eine Schlemmerei?
- **Bewerten Sie Ihr Hungergefühl neu.** Sie sind hungrig, und das macht Sie übellaunig? Hunger ist kein Defizit, das sofort behoben werden muss. Hunger ist in der Natur ganz normal und

eingeplant. Hunger hat viele Vorteile: Er macht wach, scharfsinnig, energiereich, intitiativestark. Genießen Sie den Hunger, betrachten Sie ihn als reine Vorfreude, die einer befriedigenden genussreichen Mahlzeit vorausgeht. Das eine wäre nicht so schön ohne das andere.

- **Die Macht der Sprache ist immens: Welche Wörter wir für eine Sache wählen, bestimmt, wie wir über sie denken.** Sprechen Sie von den fetttriefenden Pommes, die wie ein Meteorit im Magen liegen und Sie träge und bräsig werden lassen. Reden Sie sich Junk Food mies: die zuckersüße, klebrige Schokolade, die Ihnen die Gedärme verkleistert. Die ekelhaft künstlich gelbe Limonade, die so schmeckt, wie sie aussieht, und beim besten Willen nicht als Nahrungsmittel durchgeht. Die stinkende Bratwurst, die womöglich aus dem Rest vom Pferdehintern besteht.
- **Sie belohnen oder trösten sich mit Essen?** Finden Sie Alternativen, die den Job von Chips und Schokolade übernehmen. Shoppen Sie ein sexy Kleidungsstück, gönnen Sie sich eine Massage, einen überteuerten Coffee-to-go, einen Gang ins Solarium oder eine Stunde sinnlosen Fernsehkonsum.
- **Sie sind, was Sie essen:** Sagen Sie sich diesen Spruch immer wieder auf, verinnerlichen Sie seine Bedeutung. Betrachten Sie die sorgfältige, lustvolle Auswahl Ihrer Speisen als Selbstliebe, als Respekt gegenüber dem Leben und Ihrem Körper.
- **Betrachten Sie die Fettzeug in sich hineinmampfenden Menschen in den Innenstädten, ihre hohlen Gesichtsausdrücke, ihre dumpfe Hingabe an den allerersten Triebimpuls.** Sehen Sie sich an, wie lieblos und stümperhaft viele Speisen zubereitet werden. Freuen Sie sich, dass Sie sorgfältiger leben, sich Besseres gönnen, nicht so sind wie die Masse mit ihren unappetitlichen Erkrankungen, dass Sie mehr wissen über gesunde und befriedigende Alternativen, dass Sie einfach mehr Möglichkeiten haben als diese Menschen. Wollen Sie sich wirklich ernähren wie picke-

lige Teenager in den zugigen Abfütterungs-Einrichtungen der Shopping-Malls? Freuen Sie sich über Ihre distinguierte Genussfähigkeit. Ihre Auswahl ist größer und verfeinerter als beim Durchschnitt!

26. Der Teufel trägt auch Zara: Finden Sie Ihren Stil!

Silkes *Laune war nicht gut. »1800 Euro habe ich beim Sales in London für neue Klamotten ausgegeben!«, zeterte sie in der Redaktion, unzufrieden mit ihren männlichen Kollegen. »Hallo, bitte hersehen, das hier ist Eley Kishimoto, eine angesagte Marke, das trägt Kate Moss. Der Rock hätte 600 Euro gekostet, hätte ich ihn nicht so viel billiger bekommen. Kann mir bitte mal jemand ein Kompliment machen?« Die Reaktion: ein diffuses Grunzen.*

Leider sind teure, topmodische Outfits manchmal Perlen, die man vor die Säue wirft. Männer betrachten den Stil von Frauen ganz anders als andere Frauen. Sie klatschen nicht verzückt Beifall, weil Handtasche und Schuhe so irre gut zusammenpassen. Und tun sie es doch, machen sie sich sehr verdächtig. Heterosexuellen Männern fallen meist keine Einzelheiten auf, die sie sofort einem Designer zuordnen können. Ihnen fällt aber auf, wenn eine Frau etwas trägt, was zu ihr passt, worin sie sich gut fühlt, und das auch ausstrahlt. Und wenn Sie an einem Frühlingssonntag in Ihrem Lieblings-Leibchen über die Straße bummeln und wirklich niemanden beeindrucken wollen, bekommen Sie vielleicht plötzlich ein saftiges Kompliment … Das ist auch der Grund, warum fast niemand außer David Beckham seine Frau Victoria anziehend findet. Fashion-Victims verunsichern Männer. Sie vermuten bei ihnen innere Leere und unberechenbare Shopping-Anfälle. Lassen Sie ruhig mal einen Trend aus. Worauf es ankommt: Ihren persönlichen Stil zu finden, in dem Sie sich wohl fühlen und der zu Ihrem Lebenskonzept passt.

Wenn Sie Ihren Stil weiter optimieren wollen, helfen Ihnen vielleicht folgende Tipps.

- **Bilden Sie sich als Erstes Ihre Meinung über Ihren Stil.** Dann holen Sie sich zwei andere Meinungen ein. Empfehlenswert: Sie fragen eine gute Freundin und eine Person, zu der Sie ein etwas distanzierteres Verhältnis haben. Bitten Sie beide um offene Kritik. Nehmen Sie die Kritik dann auch sachlich und nicht persönlich. Wägen Sie alle drei Meinungen gegeneinander ab.
- **Alles, was nicht Ihrem Stil entspricht, entrümpeln Sie besser heute als morgen!** Es ist eine wahre Katharsis, den Kleiderschrank auszumisten. Es macht frei für Ihr neues Leben.
- **Welche Prominenten und welche Frauen in Ihrer Umgebung haben einen Stil, der Ihnen gefällt?** Suchen Sie sich Rollenmodelle, die Ihnen in Bezug auf Lifestyle, Figur, Alter, Typ so nah kommen wie möglich. Studieren Sie diese Rollenmodelle genau: Was kombinieren sie, wo kaufen sie, welche Farbe wählen sie, wie variieren sie den Anlässen entsprechend? Sie können sich direkt in der Ankleide fragen, ob sich Ihr persönliches Fashion-Vorbild wohl für das ins Visier genommene Teil entscheiden würde.
- **Schauen Sie sich alte und neue Fotos von sich an:** Welcher Stil gefällt Ihnen nach wie vor, welche Kleidung empfinden Sie heute als unpassend, vielleicht sogar als lächerlich? Rufen Sie die Situation ab, in der Sie sich damals befanden: Wie haben Sie sich zum Zeitpunkt der Aufnahme gefühlt? Welchen Beitrag hatte die Kleidung daran? Suchen Sie den gemeinsamen Nenner all jener Aufnahmen, die Ihnen gefallen. Ziehen Sie daraus Schlüsse. So finden Sie zu Ihrem von schnellen Trends unab-

hängigen, ganz persönlichen Stil. Den variieren Sie zwar immer wieder, aber er bleibt Ihr Geländer im Dickicht der Mode.

- **Bunte Prints, Raubkatzenmuster, Riesen-Karos: Manche Trends sind zu schön, um sie zu ignorieren.** Allerdings halten sie meist nur eine Saison. Und auffällige Teile kann man nur sehr selten tragen. Also besorgen Sie sie sich so günstig wie möglich. H&M oder Zara haben Kopien von Laufsteg-Trends in ihren Filialen, noch während sich der Couture-Designer von seinen Models und seinem Publikum beklatschen lässt. Anderes lässt sich in Second-Hand-Läden oder bei eBay schießen. Für zeitlose, Ihrem eigenen Stil entsprechende Basics dagegen räumen Sie Ihr maximales Budget ein. Kombinieren Sie die edlen Basics mit günstigeren, flippigen Teilen – fertig ist Ihr Look!
- **Investieren Sie so viel, wie es Ihnen möglich ist, in ein Paar Schuhe.** Lieber ein edles Paar als drei, die Sie gar nicht mit Leib und Seele tragen. Billig aussehende Schuhe machen jedes Outfit kaputt, edle Schuhe werten jedes Outfit auf. Während Billigklamotten richtig kombiniert ganz fabelhaft aussehen können, sind Schuhe das Kleidungsstück, dem man Qualität und Preissegment am ehesten ansieht.
- **Kaufen Sie nur, was wirklich zu Ihnen passt – hören Sie auf Ihren inneren Kritiker!** Für enge Minikleider brauchen Sie sehr schlanke Beine; wenn Sie blasse Haut haben, sind Pastelltöne die falsche Wahl. Ein Schulmädchen-Look ist nur bis 30 Jahre möglich. Sie haben ein paar Lieblingsstücke? Kaufen Sie sie gleich noch mal, vielleicht in einer anderen Farbe, oder schlagen Sie bei ganz ähnlichen Stücken zu! Never change a winning style!
- **Vorsicht bei Spontankäufen im Urlaub.** Atmen Sie tief durch, bevor Sie zur Kasse gehen, auch wenn Sie das Teil noch so witzig finden, auch wenn es noch so günstig ist! Bunte Hippie-Tuniken aus Ibiza etwa kommen im Belgischen Viertel von Köln einfach nicht richtig rüber.

- **In der Umkleidekabine stellen Sie sich konkret Situationen vor, in denen Sie das neue Outfit tragen.** Fallen Ihnen genügend Situationen ein? Wie fühlen Sie sich? Wie beeinflusst die Garderobe Ihre Körperhaltung, wie Ihren Gang? Wie Ihr Selbstbewusstsein, wie Ihre Stimme? Wie sind die Farben Ihres inneren Films? Sind sie leuchtend, hören Sie deutlich die Geräusche Ihrer Umgebung, oder erscheint Ihre Vorstellung eher blässlich, leise, unklar, verwackelt? Kaufen Sie nur, wenn die vorgestellte Zukunft mit diesem Kleidungsstück kräftig ausfällt und angenehme Gefühle in Ihnen auslöst.
- **Identifizieren Sie beim Shopping die zweifelnden inneren Stimmen:** Welche Sub-Persönlichkeit spricht, und was hat sie gegen den Kauf vorzubringen? Es kann die *innere Trainerin* sein, die sagt, Sie seien noch nicht in Form für das heiße Teil. Es kann die *Sittenwächterin* sein, die sagt, das Oberteil sei zu sexy. Es wird schwer für Sie werden, sich in dem Kleidungsstück sexy zu fühlen, solange die *Sittenwächterin* Bedenken anmeldet. Genauso verhält es sich mit der Stimme der *inneren Angepassten*, die womöglich einwirft, das Teil passe nicht zu Ihnen und Ihrem Leben. Ein Outfit macht nur dann Spaß, wenn alle Teammitglieder einer Meinung sind, sich durch das Kleidungsstück bereichert fühlen und dem Kauf daher zustimmen – oder aber wenn kritische Teammitglieder von anderen überzeugt werden können. Übergangene Teammitglieder aber werden sich rächen, und zwar dann, wenn Sie das Outfit das erste Mal tragen. Sie werden sich nörgelnd oder spottend oder schimpfend zu Wort melden und Ihnen den Spaß vermiesen. Deswegen: Kaufen Sie nur Kleidung, die über jeden Zweifel erhaben ist! Die einzige Instanz, die Sie auch mal übergehen dürfen: die *innere Finanzministerin*. Ist der Kauf einmal getätigt, wird sie sich zurückziehen und sich neuen Sparmaßnahmen zuwenden: Was weg ist, ist weg, und die *Finanzministerin* will aus Eigeninteresse, dass

Sie Ihren neuen Erwerb auch tragen. Denn sonst hat sich die kostspielige Anschaffung nicht mal gelohnt, und Sie verlangen ihr womöglich neues Budget für einen Ersatz ab.

- **Vorsicht bei Schnäppchen!** Überhören Sie niemals zweifelnde innere Stimmen und lassen sich nie zu einem Kauf hinreißen, einzig weil die Ware reduziert ist. Eine Schrankleiche ist immer herausgeworfenes Geld. Stellen Sie sich Situationen vor, in denen Sie das Teil tragen, und spüren Sie, wie Sie sich dann fühlen. Stellt sich kein positives Gefühl ein, waren Sie nur in den Gedanken verliebt, sich endlich mal ein Kleid von Miu Miu zu leisten, ohne diesen Entwurf wirklich tragen zu wollen.

27. Nicht Schönheit verführt, sondern Persönlichkeit

Schönheit liegt im Auge des Betrachters. Schönheit ist vergänglich. Schönheit ist nicht alles. Durchgekaute Phrasen zwar, denen dennoch Weisheit innewohnt. »Scarlett war nicht eigentlich schön zu nennen«, lautet der erste Satz des Liebes-Epos »Vom Winde verweht« über eine Frau mit einer Persönlichkeit, die es schaffte, jeden Leser über Hunderte von Seiten zu fesseln. Denn ein Blick auf die großen weiblichen Figuren mit großen Liebesgeschichten, ob real oder fiktiv, zeigt: Frauen, die unvergesslich bleiben, im Kopf eines Mannes oder in der Menschheitsgeschichte, waren oft keine klassischen Schönheiten, und waren sie es doch, verließen sie sich niemals darauf.

Die Vorstellungen über die Harems des Orient sind projizierte Wunschträume der Männer aus der christlichen Kultur: eine sinnliche Welt voll schwerer Düfte, in der sich die schönsten Frauen lümmeln. Die haben den ganzen Tag nichts weiter zu tun haben, als sich um ihre

Schönheit zu kümmern und dem Sultan sexuell verfügbar zu sein. Die Realität in den orientalischen Palästen sah anders aus: Haremsdamen erhielten oft eine harte, aber hervorragende Ausbildung. Ihre Lehrerinnen brachten ihnen Lesen und Schreiben bei, darüber hinaus Gesang und Tanz. Sie beherrschten Musikinstrumente und kunstvolle Handarbeiten und, da oft von weither verschleppt oder eingekauft, Fremdsprachen wie Arabisch oder Persisch. Auch verfassten sie Gedichte. So auch **Roxelana**, *die im 16. Jahrhundert als Sklavin aus Osteuropa nach Konstantinopel verschleppt wurde und zur Lieblingsharemsdame des legendären Sultans Süleyman aufstieg. Ihr gelang sogar das Meisterstück, ihn als freie Frau zu heiraten – in einem der prunkvollsten Feste, die der Orient je gesehen hatte. Ein solcher Werdegang war noch keiner Sklavin zuvor vergönnt. Wie schaffte Roxelana es, derart bevorzugt behandelt zu werden und den Sultan, der jede Frau haben konnte und von dem man auch erwartete, sich jede schöne Frau zu nehmen, sogar zu einem monogamen Mann zu machen? Wie gelang es ihr, nicht nur den kompletten Harem auszustechen, sondern auch die bisherige Hauptfrau des Sultans, Mahidevran, Mutter seines erstgeborenen Sohnes Mustafa, von ihrem Platz zu verdrängen? Roxelana galt nicht als außergewöhnlich attraktiv. Venezianische Gesandte beschrieben sie als eher »sportlich« und »herb«: »Obwohl sie über Grazie verfügt und von schlanker, knabenhafter Gestalt ist, kann man sie beim besten Willen nicht schön nennen«, heißt es in einer Überlieferung. Sie beeindruckte den Sultan jedoch durch ihren scharfen Verstand, beriet ihn später sogar in politischen Fragen. Sie war eine durch und durch starke Frau. Im Harem stach sie durch eine besondere Eigenschaft hervor: Humor. Sie verzauberte das langatmige, normierte Leben im Palast durch ihre Gabe zu unterhalten. Sie verstieß auf kokette Weise immer mal wieder gegen eine starre Regel – etwa indem sie scheinbar ahnungslos eine Flasche Parfüm trank, um das Alkoholverbot zu unterwandern. »Roxelanas Komik ist das Unterpfand für ihren Aufstieg«, fasst es Yuri Winterberg in seinem Buch »Mätressen« zusammen.*

Auch andere berühmte Verführerinnen der Geschichte waren stark, humorvoll, kultiviert und unterhaltsam – und das, wo aus heutiger Sicht offenbar in früheren Zeiten nur Passivität von einer Frau verlangt wurde.

»Heitern Sinnes, froh und helle / Lebend in der Anmuth hin, / Schlank und zart wie die Gazelle / Ist die Andalusierin.«
Diese Zeilen schrieb Bayern-König Ludwig für seine skandalumwitterte Geliebte, die Tänzerin **Lola Montez**. *Auch Alexandre Dumas der Ältere und Alexandre Dumas der Jüngere sowie Franz Liszt gehörten zu ihren Liebhabern aus der A-Liga. Das irische Mittelschichtskind, das sich überzeugend als rassige Spanierin verkaufte, schaffte es zur Mätresse des Königs, und wie Roxelana gab auch sie ihren Senf zu politischen Entscheidungen. Sie fesselte die Männer mit ihrem Charakter, einem Hauch von Skandal und ihrer Lust an der Normüberschreitung, mit ihrer Kühnheit und ihrem Wagemut.*

Zur heimlichen Regierungschefin brachte es auch **Madame de Pompadour**, *die offizielle langjährige Mätresse von König Ludwig XV. Sie stammte aus einfachen Verhältnissen. Doch der König adelte sie, und bald war sie in Frankreich tonangebend in Sachen Mode, Kultur und Geschmack. Aber auch Politik war ihr Geschäft, und sie bekleidete so etwas wie ein inoffizielles Ministeramt. Sie zog und hielt den König in ihren Bann, indem sie ihn fortwährend amüsierte. Sie organisierte Theateraufführungen und Jagdgesellschaften und luxuriöse Feste, förderte Künstler und Intellektuelle.*

Schon der Urgroßvater von Ludwig XIV., des legendären Sonnenkönigs Ludwig, besaß eine Mätresse, **Athénais de Montespan**, *die weit mehr zu bieten hatte als ihre Schönheit. Ihr Charme war legendär, ihre Konversationskunst galt als geistreich, raffiniert, ironisch. Zeitgenossen beschrieben sie als temperamentvoll und unberechenbar. Ihre Parodien* *auf die Hofgesellschaft waren ebenso beliebt wie gefürchtet. Sie verstand es, jede Tischgesellschaft zu unterhalten und, am wichtigsten, den König zum Lachen zu bringen. Dabei besaß der König nicht nur eine Ehefrau, sondern dazu bereits eine offizielle Mätresse – die fade und unbeholfene Louise de la Valière, die ständig fürchtete, ihren Geliebten zu langweilen und genau das tat.*

Was Sie von den großen Verführerinnen lernen können? Keine Angst, Sie brauchen keine große raffinierte Dame zu sein, die eine Hofgesellschaft à la Versailles schmeißt, um einen Mann zu kriegen. Aber Sie können trotzdem eine Lektion von den Besten der Geschichte lernen: Sie alle waren nicht unbedingt klassische Schönheiten. Aber sie hatten es gar nicht nötig, sich auf Äußerlichkeiten zu verlassen. Sie waren unterhaltsam, kultiviert, gebildet, führten ein interessantes Leben und sorgten so für Aufmerksamkeit, wo immer sie auftauchten. Durchschnittliche Männer fürchten sich vielleicht vor einer kultivierten Frau, ziehen ein Zuckerpüppchen vor, das sich hauptsächlich um sein Aussehen kümmert. Aber wollen Sie einen durchschnittlichen Mann?

Kümmern Sie sich nicht übertrieben um Ihr Aussehen. Arbeiten Sie dafür an anderen Bereichen in Ihrem Leben. Je mehr Sie wissen, über je mehr Themen Sie mitreden können, umso mehr Interessen Sie haben, umso vielfältiger Sie Ihr Leben gestalten, desto größer sind Ihre Chancen. Und umso Ungewöhnlicheres Sie unternehmen, umso mehr haben Sie zu erzählen.

Entwickeln Sie Ihre Persönlichkeit auf der Grundlage von Bildung, Hobbys, Fertigkeiten und Interessen. Die Schönheit einer Frau gibt nicht lange etwas her, wenn sich dahinter eine Persönlichkeit verbirgt, die so interessant ist wie eine Postleitzahl in Sachsen-Anhalt.

28. Was Sie zur Persönlichkeit macht

Natürlich brauchen Sie auf die Frage, was Sie den ganzen Tag gemacht haben, nicht Folgendes zu antworten, um als interessanter Mensch durchzugehen: *»Och, ich hab ein Mittel gegen Aids gefunden, die Begum rief mich wegen dieser Charity-Sache an, und dann hab ich mit dem Dalai Lama und Gorbatschow zu Mittag gegessen, und gleich drehe ich mit meiner Cessna eine kleine Runde über die Alpen.«* Eine interessante Persönlichkeit besteht aus vielen kleinen Bausteinen, die jeder setzen kann. Ich kann Ihnen nicht sagen, was Sie zu tun haben. Ich kenne Sie nicht persönlich, und auch wenn ich Sie kennen würde, könnte ich es Ihnen nicht sagen. Sie allein sind die Spezialistin für Ihr Leben! Ich kann Ihnen nur helfen, herauszufinden, was für Sie richtig ist, was für Sie funktioniert, und Ihnen Impulse geben.

Zweck der folgenden Vorschläge ist es nicht, einen Mann zu erbeuten. Vielmehr sollen Sie dazu dienen, dass Sie der Realität Ihres Lebens näher kommen und eine maximal interessante Person werden, von der jeder sich angezogen fühlt. Dann brauchen Sie gar nicht lange zu suchen, denn dann erhöhen Sie die Wahrscheinlichkeit immens, gefunden zu werden! Picken Sie sich einfach die Vorschläge heraus, die spontan einen positiven Impuls bei Ihnen auslösen. Assoziieren Sie frei und schauen Sie auf diese Weise, was Ihnen selbst einfällt – Ihre eigenen Ideen sind die wichtigsten.

- **Lesen Sie!** Suchen Sie sich in Ihrem Regal noch ungelesene Bücher aus und legen Sie die drei interessantesten auf Ihren Nachttisch. Informieren Sie sich über Bestseller-Listen: Über welche Bücher spricht man gerade? Sorgen Sie dafür, dass Sie mitreden können.
- **Bilden Sie sich!** Geistige Enthaltsamkeit törnt Männer ab. Bildung bedeutet innerer Reichtum, und Verstand ist sexy! Schaffen Sie sich eine gute Grundlage in Allgemeinbildung (z.B.

durch das Buch »Bildung« von Dietrich Schwanitz), aber verfeinern Sie auch Ihr Wissen auf Fachgebieten, die Sie interessieren.

- **Planen Sie noch heute etwas, was Sie noch nie getan haben:** Gehen Sie mit offenen Augen durch die Stadt, schreiben Sie in Ihr Notebook Termine von Plakaten, die Sie ansprechen. Informieren Sie sich in Stadtmagazinen. Leben Sie »wild und gefährlich« und probieren Sie etwas Neues – auch wenn es nur ein neues Gericht auf der Speisekarte ist.
- **Gehen Sie auch ungeladen auf Vernissagen** oder Events – niemand wird Ihnen den Eintritt verweigern, auch wenn Sie gar nicht eingeladen sind, solange Sie freundlich auftreten und sich nett anziehen. Schmuggeln Sie sich einfach in einer Gruppe in eine VIP-Veranstaltung hinein, den Kopf hoch! Lächeln Sie das Einlasspersonal breit an! Guter Trick auf geschlossenen Veranstaltungen: schnellen Schrittes telefonierend am Personal vorbeistolzieren. Wenn es klappt, freuen Sie sich, wenn nicht, begackern Sie Ihren Mut, es versucht zu haben. Auch ein Trick: Schauen Sie, wo die Sanitäter sind, und nutzen Sie ein dortiges Schlupfloch. Oder haken Sie sich einfach bei einem Gentleman ohne weibliche Begleitung ein, der gerade mit gezückter Einladungskarte auf den Eingang zugeht. Wer weiß, was sich daraus noch ergibt. Bei Ereignissen wie Filmpremieren bilden sich vor den Gästecountern Warteschlangen. Gute Gelegenheit, auf die Gästelisten zu schielen und sich einen Namen eines Gastes zu merken, als den Sie sich dann ausgeben.
- **Lernen Sie eine Sprache oder Instrumente,** überlegen Sie, welche früheren Interessen, Talente, Hobbys Sie aufgegeben haben und ob Sie dort wieder anknüpfen können. Entwickeln oder verfeinern Sie Fertigkeiten, ob Malen, Kochen, Blumenbinden, Origami, Dichten, Handwerk oder Autotechnik – ganz egal.
- **Informieren Sie sich täglich über das Weltgeschehen:** Ein kurzer Blick auf bild.de, spiegel.de oder welt.de oder in die

Sonntagszeitung verschafft Ihnen Überblick über die Lage des Planeten, auf dem wir wohnen und auf dem wir alle in mannigfaltiger Weise miteinander verbunden sind und alle unsere Handlungen einander bedingen. Scheuen Sie Boulevard-Themen nicht: Es sind die Themen, die emotional berühren und über die man spricht, überall. Wenn Sie wissen, warum England gerade sauer auf seinen wilden Prinzen Harry ist, wie Boris Becker seine Gespielin abservierte und dass Amy Winehouse im Urlaub auf allen vieren um die Tische anderer Hotelgäste kroch und um Drinks bettelte – wunderbar! Klatsch ist von jeher ein großes Thema, unter antiken Gelehrten genauso wie an barocken Königshöfen, in Washington genauso wie im Vatikan. Klatsch ist nur ein anderes Wort für natürliches Interesse an anderen (oder, wie es das Fachblatt »Bunte« ebenso clever wie richtig umformuliert, »Leidenschaft für Menschen«) und ist – süffisant dargeboten – unglaublich unterhaltsam und ein hervorragender Anknüpfungspunkt! Und auch wenn die Fußball-Europameisterschaft Sie langweilt, sollten Sie wissen, wie weit Deutschland ist und welches Team für eine Überraschung sorgte. Sie sollten jedem Thema eine Chance geben und überall ein bisschen mitreden oder eine gescheite Frage stellen können.

- **Notieren Sie in Blackberry, Notebook oder einer altmodischen Kladde** alles, was Sie hören oder lesen und was Sie in irgendeiner Hinsicht interessiert: gute Witze, schlagfertige Antworten, Bonmots, Sprüche, Weisheiten. Wenn Sie auf diese Weise Ihr Arsenal in Konversationen vergrößern, hervorragend!
- **Schlagen Sie alles im Internet nach, was Sie aufschnappen und Sie interessiert:** Googeln Sie, nutzen Sie Wikipedia! Wenn Sie mit gezücktem Bleistift fernsehen und hinterher einige Stichpunkte im Internet vertiefen, wird auch diese sonst so passive Tätigkeit zu einer Chance zur Weiterentwicklung.

- **Ein Verein, Engagement für eine soziale Einrichtung, eine Partei, ein Ehrenamt:** Je aktiver Sie an der Gesellschaft teilnehmen, desto mehr haben Sie zu erzählen.
- **Sie wollten immer schon mal nach Bratislava, Leeds oder Göteborg?** Nein? Probieren Sie es trotzdem aus! Schauen Sie bei Billigfluggesellschaften, welche Städte gerade im Angebot sind, buchen Sie einen 40-Euro-Flug übers Wochenende. Sie werden mit tollen Geschichten zurückkommen und etwas über Orte berichten können, über die kaum jemand Bescheid weiß. Aber wenn Ihr Gesprächspartner zufällig zwei Semester in Leeds studiert hat, haben Sie direkt ein tolles Thema.

29. Erweitern Sie Ihren Radius!

Unternehmen Sie einmal pro Woche eine Sache zum ersten Mal: Gehen Sie zum Beispiel ins Salzwasser-Bad, machen Sie eine Schwerelosigkeits-Erfahrung. Gehen Sie in einen Film, den Sie nur nach dem Filmplakat aussuchen, in die Jeff-Koons-Ausstellung, auch wenn Sie gar nicht so genau wissen, was der überhaupt macht. Hinterher wissen Sie es, und Sie werden eine Meinung dazu haben. Gehen Sie in den Botanischen Garten oder in den Zoo, lesen Sie auf den Schildern über die seltsamen Eigenschaften der Tiere: Wussten Sie, dass das Okapi die einzige lebende Verwandte der Giraffe ist und sechs Jahre ihr Junges großzieht? Dass Nacktmulle unterirdisch lebende Nagetiere sind, die wie Bienen in einem Staat leben, was ganz und gar ungewöhnlich ist für Säugetiere? Dass Bonobo-Affenmännchen mit erigierten Penissen gegeneinander kämpfen? Gehen Sie in die Kirche einer Religion, der Sie gar nicht angehören und auch gar nicht angehören wollen – nur aus Interesse! Waren Sie schon einmal bei einem Basketballspiel? Sie wissen nicht einmal, wie das Spiel funktioniert? Macht nichts, tauchen Sie in eine sonderbare Welt ein, bewundern Sie die in Vereinsfarben herausgeputzten Fans und lassen Sie sich von der tosenden Stimmung mitreißen. Es gibt bestimmt später eine Gelegenheit, bei der Sie sich das Spiel von einem Herrn erklären lassen – oder es später selber erklären. Genauso empfehlenswert: American-Football-Spiele oder Eishockey – alles reine Herrenüberschusspartys. Und Männer lieben Frauen, die sich für Sport begeistern können.

Setzen Sie sich als Zuschauer in eine Fernsehsendung (aber nur Shows, die im Abendprogramm laufen, alles andere ist live noch unerträglicher als im TV), gehen Sie zu einer Lesung, zu einer Autogrammstunde und stellen Sie dem Prominenten dort eine ungewöhnliche Frage.

Unternehmen Sie Ausflüge in die Umgebung – Ihre Tipps will jeder hören, denn immer planen Stadtbewohner Ausflüge in die Umgebung, auch wenn sie sie so gut wie nie realisieren – und deswegen auf Tipps von anderen angewiesen sind. Nehmen Sie die S-Bahn oder den Regionalzug in Ihrer Stadt und fahren Sie bis zu einer Ihnen bisher unbekannten (End)station. Aber nur, wenn Sie wissen, dass es keine gefährliche Gegend ist! Manche Teile von Stadtgürteln sind schließlich ungemütlicher als das Nachtleben in Kongo City. Fragen Sie Menschen dort, was es zu besichtigen gibt und wo Sie gut essen können. Vielleicht erkunden Sie so ein romantisches Eckchen am Rande Ihrer Stadt, vielleicht wird es schrecklich trostlos und Sie fühlen sich wie in einem Edward-Hopper-Gemälde, vielleicht wird es einfach nur skurril.

Auf jeden Fall haben Sie eine gute Geschichte auf der nächsten Party, die Sie abenteuerlustig, neugierig und ein bisschen verrückt erscheinen lässt. Alles, was Sie erleben, wird Sie entweder in Ihren Überzeugungen bestätigen oder Ihre Überzeugungen in Frage stellen – beides höchst wirksame Prozesse zur Stärkung Ihrer Persönlichkeit.

Das Gute: Wenn Sie mit konkreten Vorschlägen zu konkreten Terminen an Ihre Freunde herantreten, werden Sie bessere Resonanz erzielen, als wenn Sie beschließen, irgendwann einmal wieder einen Kaffee trinken zu gehen, oder Ihre Freunde nur fragen, was denn so los ist. Dabei geht es bei diesen Unternehmungen noch gar nicht darum, gezielt Männer kennenzulernen. In dieser Phase ist es Ihr einziges Vorhaben, viel von der Welt in sich aufzusaugen, um eine noch interessantere und vielseitigere Person und Gesprächspartnerin zu sein.

Sie kennen wohl alle entmutigende Sätze wie den, dass es wahrscheinlicher wäre, von dem Propeller eines abstürzendes Helikopters enthauptet zu werden, als einen gescheiten Mann kennenzulernen. Das ist es nicht! Sie haben es in der Hand, die Wahrscheinlichkeiten in Ihrem Leben beträchtlich zu erhöhen!

30. Sie sind einzigartig und etwas Besonderes!

Wir haben inzwischen ein Stück des Weges hinter uns. Sie sind jetzt eine Frau, die sich über ihre Werte und Ziele im Klaren ist. Eine Frau, die weiß, dass sie alles besitzt, was sie braucht, um glücklich zu werden. Die sich ihrer unendlichen Ressourcen bewusst ist. Die auch erkennt, dass sie ihre Situation in der Hand hat. Eine Frau, die sich motivieren kann. Die sich ihrer Stärken bewusst ist und ohne Verbitterung und Anklage auf ihre Vergangenheit blickt. Eine Frau, die verzeihen kann. Eine Frau, die entscheidende Selbstklärungen vorgenommen hat und weiß, dass ihre Einzigartigkeit aus vielen Teilen besteht, die sich auch widersprechen können und sogar sollen. Die sich in angemessener und vernünftiger Weise ernährt und Sport betreibt, nicht, um dem Ideal der Modewelt hinterherzujagen, die von zickgen Chefredakteurinnen und bornierten Designern regiert wird, sondern um als stimmige Einheit mit ihrem Körper zu leben. Eine Frau, die weiß, dass Charme, Bildung, Humor und Geist wichtiger sind, um Männer zu beeindrucken und aus der Masse hervorzustechen, als Model-Schönheit. Sie haben den Stil gefunden, der zu Ihnen passt, und wissen, dass eine aufrechte Körperhaltung positive Effekte nach innen und außen bewirkt. Kurz: Sie sind zu einer fabelhaften Frau geworden. Sie sind auf einzigartige Weise attraktiv.

Zeit, dass Sie sich so benehmen. Nicht so, als wären Sie einigermaßen okay. Nein, Sie sind etwas ganz Besonderes, all Ihre Fähigkeiten und Erkenntnisse und Fertigkeiten machen Sie zu der attraktivsten Frau weit und breit.

Sagen Sie es sich, spüren Sie es, atmen Sie es ein. Sie sind die fabelhafteste Frau der Welt. Schreiben Sie es in Ihr Tagebuch und an Ihren Spiegel!

Ein perfektes **Beispiel:**

Sylvia: *Obwohl es schon zehn Jahre her ist, dass sie meine Projektmanagerin in der Internetfirma war, in der ich arbeitete, und ich sie nie wiedergesehen habe, habe ich sie doch nie vergessen. Mit 35 war sie damals schon etwas älter als die meisten durchgestylten und zu allem bereiten Küken, die sonst in dem Backsteinfabrik-Schuppen an einer unklaren, aber wohlklingenden Aufgabe arbeiteten. Sylvia war keine Naturschönheit. Das Haar dünn, die Haut immer etwas fahl, die Lippen schmal, Kinn und Nase spitz. Aber Sylvia war die Königin der Firma! Wie sie sich kleidete! Jedes Kleidungsstück wirkte auf unaufdringliche, elegante Weise sinnlich, schien sorgfältig, aber ohne Hysterie ausgesucht. Niemals wechselte sie ihren roten Lippenstift. Sie wusste, das war ihre Farbe, und daran gab es nichts zu ändern. Und niemand konnte auf High Heels durch den Raum schreiten wie sie! Die*

Küken waren vor Ehrfurcht still, und alle Männer mussten an ihren Bildschirmen vorbei auf sie schielen. Ein Raum hielt den Atem an. Sie besaß die Geschmeidigkeit einer Raubkatze, wirkte anarchisch, animalisch, völlig ungebunden. Sie nahm sich die natürlichen Rechte ihres Frauseins heraus, jenseits von Maß, Anbiederung und Norm. Eine japanische Delegation, die sie für irgendeine abstruse Internet-Idee interessieren sollte? Sylvia führte die Verhandlungen – das Ding war verkauft. Jeder erlag ihrer fesselnden Ausstrahlung, ihrer freundlichen, leisen, in sich ruhenden Stimme. Wandte sie sich einem zu, fühlte derjenige sich geehrt, geradezu auserwählt – doch verteilte sie ihre Aufmerksamkeit besonnen, überlegt, wohldosiert, sich ihres Wertes bewusst, ohne jemals arrogant zu wirken.

Ein anderes, diesmal sinnbildliches **Beispiel:**
Andrea *ist Lehrerin und berichtete, wie sie mit einer Klasse von Kindern um die zehn Jahre auf Klassenfahrt war. Für eine Wanderung galt es, feste Wanderschuhe anzuziehen, die für alle gestellt wurden. Das Theater war riesig: Niemand wollte seine schicken Turnschühchen gegen die rustikalen Wanderschuhe eintauschen. Da erklärte Andrea den Kindern, dies seien ganz besondere Schuhe, und es sei ein Privileg, sie anziehen zu dürfen. Nicht jeder sei so weit, mit ihnen laufen zu dürfen, die anderen müssten die Wanderung in ihren eigenen Schuhen bestreiten. Dann pickte sie zwei Kinder heraus, sagte, sie hätte den Eindruck, diese beiden seien reif genug, die Wanderschuhe jetzt schon anzuziehen. Bei den anderen müsse sie erst beobachten, wie sie sich aufführen und wie gut sie sich beim Wandern anstellten. Erst dann würde sie entscheiden, wer noch in den Genuss der Schuhe käme.*

Sie können sich vorstellen, dass sich plötzlich alle Kinder um die Wanderschuhe rissen – Andrea hatte ihnen eine neue Bedeutung gegeben, sie von einer Pflicht zum Privileg erhoben. Verfahren Sie genauso mit Ihrer Gunst!

Ihre Zeit, Ihre Aufmerksamkeit, ein Date mit Ihnen, das ist nichts, was andere Ihnen gewähren. Es ist ein Privileg, dass Sie gezielt einigen Auserwählten anbieten. Sie entscheiden, wer die Kriterien erfüllt und wer nicht. Und wenn die Auserwählten Ihre Gunst gar nicht wollen? Umso besser, dann haben Sie jetzt die Gewissheit, dass diese Männer doch nicht gut und reif genug für Sie sind, wenn sie das besondere Privileg dahinter nicht einschätzen können. Es hilft Ihnen, Ihre Gunst noch gezielter einzusetzen.

Frauen wie Sylvia vermitteln ihrer Umwelt, dass ihre Aufmerksamkeit eine begehrenswerte Rarität ist, mit der sie nur wenige beglücken können.
Seien auch Sie stolz auf sich und Ihre umwerfende Wirkung, ohne groß über sie nachzudenken – betrachten Sie sie einfach als etwas Gottgebenes, ohne arrogant zu wirken. Denn wer wirklich selbstsicher ist, ist niemals arrogant. Ohne irgendwelche besonderen physiologischen Vorteile vorweisen zu können, nehmen sich Frauen wie Sylvia mit einem völligen Selbstverständnis, was sie wollen. Sie verbringen nicht allzu viel Zeit damit, sich mit anderen Frauen zu vergleichen, da sie wissen, dass sie im Vergleich sowieso gut abschneiden. Sylvia hatte sich den Habitus einer Königin angeeignet – und jeder betrachtete und behandelte sie wie eine Königin.

Jetzt sind Sie die Königin in Ihrem eigenen Film! Gehen Sie hinaus und erobern Sie das Reich, das Ihnen zusteht! Die Jagd auf Ihren Prinzen beginnt! Und was immer passiert und welche Schlachten Sie auch schlagen, eines verspreche ich Ihnen: Es wird keine Sekunde langweilig!

KAPITEL 2:
Auf zur Prinzenjagd!

Das komplizierteste Stück des Weges ist geschafft! Dabei lag dieses Stück Ihres Weges nur innerhalb Ihrer Ich-Grenzen! Jetzt gilt es, sichtbare Änderungen in Ihrem Leben herbeizuführen. Doch diese Änderungen hängen nicht nur von Ihnen, sondern auch von schwer beeinflussbaren Faktoren Ihres Umfelds ab.
Allerdings haben Sie die Wahrscheinlichkeiten erhöht, dass diese Umfeldfaktoren zu Ihren Gunsten ausfallen, und Sie Ihrem Ziel, der Liebe, näher kommen. Sie haben die Wahrscheinlichkeiten erhöht, indem Sie bei sich selbst ansetzten, sich selbst änderten und sich neue innere Ressourcen erschlossen.

Derart ausgerüstet sind Sie bereit für die Jagd. Was wann und wie genau passiert, ist nicht vorhersehbar und hängt von vielen korrelierenden Faktoren ab, von Gegebenheiten Ihrer Umwelt, von Glück und Zufall. Und ja, es kommt sowieso anders als geplant. Aber es wird etwas passieren. Und wie immer das aussehen mag, Sie sind gewappnet. Sie besitzen alles, was Sie benötigen, um Ihren Weg vom Ist-Zustand zum Soll-Zustand zu beschreiten und die Indikatoren herzustellen, an denen Sie Ihren Erfolg messen.
Ergreifen Sie nun konkrete Maßnahmen, mit denen Sie auf die Umwelt einwirken und den Abstand von Ist zu Soll Stück für Stück verringern.
Freuen Sie sich auf wertvolle, vergnügsame, aufschlussreiche Erfahrungen und Erkenntnisse. In einer Art Rückkopplung werden diese Erfahrungen und Erkenntnisse dafür sorgen, dass Sie Ihr Rüstzeug immer wieder überarbeiten, verbessern, auffrischen, anpassen.

Breit gestreut starten – Wirkung analysieren – gezielter vorgehen

Anfangs sollten Sie *breit streuen*, verschiedene Jagdreviere aufsuchen, verschiedene Jagdmethoden ausprobieren und möglichst viel Zeit investieren. Durch dieses quantitative Vorgehen erhöhen Sie Wahrscheinlichkeiten. Erstellen Sie einen realistischen Zeitplan, welche Aktivitäten Sie wann unternehmen wollen, und halten Sie sich daran.

Später können Sie *analysieren*, welche Versuche sich als besonders erfolgsversprechend erwiesen, welche sich als weniger lohnenswert herausstellten.

Sie *lassen weg*, was weniger erfolgreich war und *intensivieren* Ihre Bemühungen in den Revieren und mit den Methoden, die besser funktionierten. Das ist der Zeitpunkt, an dem Sie auch die in die Jagd investierte Zeit drosseln und mehr auf Qualität setzen.

31. Definieren Sie Ihre Zielgruppe!

Was sind Ihre potenziellen Kriterien auf der Prinzenjagd? Ihr Dilemma: Haben Sie zu enge Kriterien, müssen Sie sich spezialisieren, können nur in ausgesuchten Biotopen jagen. Die Wahrscheinlichkeit eines Jagderfolgs ist größer, wenn Sie einen größeren Pool an Beutetieren zur Verfügung haben. Entwickeln Sie sich aber zur »Allesfresserin«, laufen Sie Gefahr, in einem faulen Kompromiss zu enden. Sie hätten dann zwar Ihr Ziel erreicht, einen Mann an Ihrer Seite zu haben, hätten aber gegen zu viele Ihrer

Wertvorstellungen verstoßen, um glücklich zu sein. Übergangene Sub-Persönlichkeiten würden in diesem Fall nicht aufhören, dagegen zu ätzen. Die Kunst liegt also darin, sich im Spannungsfeld zwischen zwei Wertepaaren zu positionieren: Anspruch und Realismus auf der einen Seite, Über-Anspruch und Wahllosigkeit als negative Überhöhung der beiden Pole des ersten Wertepaares auf der anderen Seite.
Damit Sie sich positionieren können, vergegenwärtigen Sie sich wieder besonders Ihrer für Sie wichtigen Werte, die Sie aus der Auswahl von Seite 33 ermittelt haben. Zwei der dort von mir aufgeführten Werte möchte ich mit Ihnen besonders betrachten, weil sie nach wissenschaftlichen Erkenntnissen als besondere »Währung« bei der Partnersuche gelten – auch wenn Sie persönlich nicht zu Ihren wichtigen Werten gehören sollten.

Status als Währung

Sein Abschluss, sein Job, sein Haus? Den Status explizit bei der Partnersuche zu berücksichtigen stößt bei vielen Frauen auf Widerstand – was diese Frauen ehrt. Auch meine Lektorin machte kritische Anmerkungen: »Das klingt für mich nach Berechnung. Es ist doch nichts abtörnender, als wenn man den anderen abcheckt, nach dem Motto: ›Was hast du gelernt, was verdienst du?‹ Wichtiger als alle Bildung ist doch die Herzensbildung. So kann eine Professorin sich in einen Gärtner verlieben oder ein Arzt mit einer Erzieherin glücklich werden.«

Warum sollte der Status wichtig sein? Gerade heutzutage haben Frauen es meist nicht mehr nötig, ihren eigenen Status durch eine Heirat »nach oben« zu verbessern. Warum aber gibt es dennoch viele Professorinnen, die mit einem Professor verheiratet sind, und so wenige, die ihren Gärtner geheiratet haben? Zunächst: Der Status meint weit mehr als Einkommen oder Vermögen. Ein steinreicher Discotheken-Besitzer mag so viel verdienen wie eine Bestseller-Autorin, dennoch besitzt er einen unterschiedlichen Status. Denn der Status ist verknüpft mit dem Habitus, wie der französische Soziologe Pierre Bourdieu untersuchte.

Der Habitus steht für das Denken, Fühlen, Handeln eines Menschen, seine Bildung, seinen familiären Hintergrund, seine Werte, seine Gewohnheiten, seinen Lebensstil, seine Sprache, seine Kleidung, seinen Geschmack. Wenn eine unabhängige Frau also einen Partner mit ähnlichem Status sucht, geht es ihr weniger um Berechnung oder Euro oder Boote oder Pelze als vielmehr um die Gewissheit, mit dem Partner anregende Gesprächsthemen, einen ähnlichen Geschmack und gemeinsame Interessen zu haben. Die Wahrscheinlichkeit ist dann auch größer, dass die Frau sich problemlos in Familie und Freundeskreis des Mannes einfügt und umgekehrt.

Muss man dazu sein Date kühl abchecken und sich am besten einen Kontoauszug oder einen Uniabschluss mitbringen lassen? Nein, der Habitus eines Menschen lässt sich erstaunlich schnell ablesen und legt sich schon nach wenigen Augenblicken anhand optischer Signale und in den ersten Minuten eines Gesprächs offen. Tatsächlich zeigten meine Erkundigungen, dass es KEIN einziges erstes Date gab, bei dem die Teilnehmer ihren Beruf NICHT offenbart hatten. Eine nicht näher bekannte Person nach seinem Job zu fragen gilt in unserer Gesellschaft als völlig legitim, während wir das tatsächliche Gehalt nicht einmal unserer engsten Freunde kennen.

Was soll ich daraus lernen? Visieren Sie vorwiegend Männer mit einem ähnlichen Status an. Jagen Sie dazu in Revieren, die Ihrer Lebenswelt entsprechen und in denen Sie sich wohl fühlen. Suchen Sie vorwiegend im erweiterten Umfeld Ihres Bekanntenkreises, etwa auf Partys, Abendessen, Unternehmungen, oder lassen Sie sich von Freunden oder Kollegen Männer vorstellen. Das ist erfolgsversprechender, als krampfhaft zu neuen Ufern aufzubrechen. Im Internet, im Urlaub oder auf speziellen Dating- oder Single-Veranstaltungen werden Sie Männer mit einem ganz anderen Status als dem Ihren begegnen. Deswegen: Legen Sie hier eine Übereinstimmung in Ihrer Lebenswelt bewusst als Auswahl- und Ausschluss-Kriterium an. Wenn Sie all dies berücksichtigen, erhöhen Sie die Chance, eine Beziehung zu führen, die viele Ihrer Werte verwirklicht und somit erfüllt und von Dauer ist. Auch wenn der Status für Sie kein primärer Wert war, beeinflusst er also dennoch, inwiefern die für Sie wichtigen Werte – beispielsweise Kultur, Ästhetik, Geselligkeit, Spaß, Unabhängigkeit – in einer Beziehung verwirklicht werden können.

Aber meine vermögende und kultivierte Cousine in Los Angeles hat eine wahnsinnig intensive Affäre mit ihrem Poolboy! Gut für sie! Sollte sich auch bei Ihnen ein »Salz auf deiner Haut«-Märchen anbahnen, feuern Sie diesen Ratgeber erst einmal in die Ecke und reißen Sie sich die Klamotten vom Leib! Diese ungeplanten, völlig verrückten und manchmal wenig erfolgsversprechenden Ereignisse sind die Würze in unserem Leben. Solche Dinge können passieren, und es gibt keinen Grund, sich davor zu verschließen – solange die Erwartungen nicht übergroß sind.

Hier in diesem Buch geht es jedoch darum, den Weg zu finden, der die meisten Chancen, die höchsten Wahrscheinlichkeiten und die besten Aussichten auf dauerhaften Erfolg bietet.

Attraktivität als Währung

Die Attraktivität gilt neben dem Status als zweite harte Währung bei der Partnersuche, und ihr wird mit genauso viel Argwohn begegnet. Das Thema gilt genauso als oberflächlich und ist vielleicht noch heikler, weil mit noch mehr Unsicherheiten und Verletzungsgefahren verbunden. Und doch ahnen wir, dass die Macht der Attraktivität größer ist, als offen ausgesprochen wird.

Warum sollte Attraktivität wichtig sein?

Eine Studie von Dr. Regina Maiworm vom Fachbereich Psychologie der Universität Münster wies nach: Unbeteiligte Versuchspersonen sind in der Lage, in einer Gruppe von Menschen anhand äußerlicher Kriterien Paare zu erkennen – mit einer Trefferquote, die größer als der Zufall ist. Fazit der Versuche: Menschen mit ähnlichem Aussehen und Attraktivitätsniveau finden sich häufiger.

Wenn Sie Ihre Zielgruppe definieren, schießen Sie nicht über das Ziel hinaus. Sie erhöhen Ihre Wahrscheinlichkeit, glücklich zu werden, wenn Sie Ihre Attraktivität realistisch einschätzen und hauptsächlich Männer auf ungefähr Ihrem Attraktivitätsniveau ins Visier nehmen.

Wie soll ich wissen, was mein Attraktivitätsniveau ist?

Natürlich liegt Attraktivität glücklicherweise immer im Auge des Betrachters, und jeder Mensch ist auf seine einzigartige Weise schön und besonders. Schließlich geht es immer auch um Typen. Manch ein Mann mag eben lieber füllig, der andere schlank, einer blond, der andere dunkel, einer findet zurückhaltende Frauen anziehend, der andere dominante. Wenn Sie sich jedoch eine Essenz ziehen aus dem Aussehen Ihrer bisherigen Lebenspartner, Affären, One-Night-Stands und Flirts, können Sie einen gemeinsamen

Nenner überschlagen und ermitteln so die Schnittmenge zwischen denjenigen Männern, die für Sie in Frage kommen, und denjenigen, denen Sie gefallen. Sie kommen dann auf das Niveau, das Ihnen als Basis dienen kann. Dieser Pool aus potenziellen Partnern sollte wieder so eng sein wie nötig und so breit abgesteckt wie Ihnen möglich. Wenn Sie also das Schöne und Besondere in einem Menschen sehen, der bei einer groß angelegten Attraktivitätsumfrage nicht so gut abschneiden würde wie der Beau, nach dem sich alle umdrehen, haben Sie weniger Konkurrenz und langfristig mehr Erfüllung und mehr Aussicht auf Treue und Beständigkeit.

Auch bei diesem Punkt sollten Sie wieder genau hinschauen, wie Sie Ihre Werte setzen und was Ihnen persönlich wichtig ist.
Wenn Sie sich beispielweise dafür entschieden haben, lieber genussvoll zu speisen, statt sich in einem Fitnessstudio zu schinden, wunderbar! Suchen Sie einen ähnlich gelagerten Mann! Sich in diesem Fall in einen Sport-Freak zu verlieben, dessen Muskelspiel Sie anziehend finden, ist verhängnisvoll.
Wenn Sie einen Sechser im Lotto der Schönheits-Gene landeten und auf eine Weise attraktiv sind, die dem allgemeinen zeitgenössischen Ideal entspricht, werden Sie wahrscheinlich Ihre Probleme haben mit einem unscheinbaren Mann, und er mit Ihnen.

Status und Attraktivität als Währungen im Tausch

SIE hat das Aussehen, ER das Geld

Als Dieter Bohlen sich bei »Deutschland sucht den Superstar« durch den Gesang eines fragwürdig frisierten Friseurs gestört fühlte und ihn abwatschte, versuchte der Gescholtene, zurückzuschlagen. Alt und faltig sei er, der Bohlen, und seine jungen Freundinnen würde er ja nur abkriegen, weil er Geld hätte.

»Na und«, entgegnete Bohlen gelassen. »Die Falten habe ich, weil ich hart gearbeitet habe.« Und sein so erarbeitetes Vermögen sei schließlich ein Teil von ihm und nichts Außenstehendes, insofern könne man es nicht trennen, ob das Mädchen nun ihn oder das Geld attraktiv fände. Er sei sein Geld. Tatsächlich steht Vermögen ja nicht nur für eine Zahl auf dem Konto, sondern, falls nicht geerbt oder gewonnen, für gewisse Alphatier-Eigenschaften wie Fleiß und Durchsetzungskraft, die einen Mann attraktiv machen.

Sehr erfolgreiche Männer pfeifen also auf jedwede Homogenitäts-Kriterien bei der Partnerwahl, sprich die Gleichheit von Status und Attraktivität. Sie haben kein Problem damit, sich eine wesentlich jüngere, mehr oder weniger mittellose Freundin zu nehmen – sie dient ihnen als ein weiteres Statussymbol. Wir lernen: Ein

Fußnote: Wie fatal für den älteren oder unattraktiven Mann die Verbindung zu seiner jungen und schönen Frau sein kann, beschreibt Thomas Mann in seiner Mini-Erzählung »Anekdote«: Die hinreißende Angela Becker ist, obwohl selber vermögend, mit dem unscheinbaren Bankdirektor Ernst Becker verheiratet. Als ihm bei einer Abendgesellschaften wieder alle anwesenden Herren zu seiner entzückenden Gattin gratulieren, platzt es aus ihm heraus: Sie verwandle sich nur des Abends in das Geschöpf, für das sie alle halten, in Wahrheit aber sei sie verwahrlost, betrüge ihn mit Bettlern und Dienstboten, quäle ihre Katze, »Ja, sie wäscht sich nicht einmal.« Die Beckers verlassen nach diesem Abend die Stadt. In der Mann-Erzählung »Luischen« gar stellt die sinnliche Amra ihren hässlichen Gatten bloß, indem sie ihn in einem rosa Babykleid tanzen lässt, dass dieser vor Scham und Erkenntnis stirbt.

Attraktivitätsgefälle kann durch ein Statusgefälle wieder ausgeglichen werden. Der Erfolg dieses Beziehungsmodells wird gerne evolutionspsychologisch erklärt: Männer suchen demnach eine gesunde Mutter für ihre Kinder. Frauen suchen einen Mann, der sie in der Zeit der Aufzucht optimal versorgen kann. Je attraktiver die Frau, desto eher kann sie sich einen erfolgreichen Mann als Vater ihres Nachwuchses schnappen.

SIE hat den Status, ER die Schönheit

Die Zeiten ändern sich: Immer mehr Frauen sind ökonomisch unabhängig, und/oder sie wollen entweder keinen Nachwuchs mehr oder sind zu alt, um (weitere) Kinder zu bekommen – aber wollen dennoch einen Mann. Je ökonomisch unabhängiger die Frau selber ist, desto eher legt sie »männliche« Kriterien zur Partnerwahl an, sucht sich also auch ihren Partner nach Jugend und Attraktivität. Frauen wie Madonna, Ivana Trump, Kim Cattrall, Sharon Stone, die sich mit jüngeren Gespielen umgeben, sind die berühmten Beispiele. Und schließlich ist manch eine 50-jährige Frau darüber hinaus noch so attraktiv wie zwei 25-Jährige zusammen.

Status und Attraktivität sind also zwei Währungen bei der Partnersuche, die miteinander getauscht werden können, aber nicht mehr unbedingt vom Geschlecht abhängen. Wenn Sie also einen schillernden Status besitzen, spricht nichts gegen einen blutjungen Lover – wesentliche Werte verwirklichen Sie dann wahrscheinlich bereits in sonstigen Bereichen Ihres interessanten Lebens, so dass Sie diese Aufgaben nicht einer Beziehung auferlegen. Wenn Sie sehr schön sind, haben Sie gute Chancen, auch mit einem weniger attraktiven Mann glücklich zu werden, der das Attraktivitäts- oder Altersgefälle durch einen besonderen Status wieder ausgleicht.

Weiche Währungen

Eine relative Ausgewogenheit in Sachen Habitus und Attraktivität ist der Schlüssel zum Glück? Ist das wirklich so eindimensional? Nein, ist es nicht. Glücklicherweise nicht. Zunächst: Versuchen Sie, Ihre Kriterien für das, was Sie als attraktiv empfinden, zu erweitern. Individualisieren Sie Ihren Geschmack, und Sie erhöhen Ihre Chancen. Und dann: Lassen Sie sich nicht von protzigen Gen-Pools täuschen. Das beste, beständigste Männer-Material ist nicht das, was mit den üppigsten Pfauenfedern auftrumpft. Viele Qualitäten bilden sich nicht phänotypisch aus, sind also nicht gleich auf den ersten Blick zu sehen – dazu gehören Tugenden und Werte wie Ausdauer, Charakter, Zielstrebigkeit, Widerstandsfähigkeit, Verlässlichkeit und Loyalität.

Gehen Sie Ihre Werte-Rangliste von Seite 33 noch einmal durch: Diese Kriterien sind diejenigen, die Sie auch bei Ihrer Partnersuche nicht aus den Augen verlassen sollten, denn Sie sind Ihr Schlüssel zum Glück. Sie werden sehen, dass Ihre Kriterien weitaus differenzierter sind, als es die Status-Attraktivitäts-Währung der Evolutionspsychologie vermuten lässt. Auch die erwähnten Versuchspersonen in Münster, die mit einem ähnlich attraktiven Partner Paare bildeten, nannten bei ihren Partnerpräferenzen nicht Aussehen und Bildung als wichtigste Kriterien. Die Rangliste wurde vielmehr angeführt von »weichen Währungen« wie Treue, Humor, Toleranz, Verlässlichkeit. Hier zogen die Forscher zwar in Betracht, dass die Versuchspersonen sozial erwünschte Antworten gaben. Doch auch bei diesen Merkmalen, welche die Versuchspersonen sich selbst und ihrem Partner zuschreiben sollten, ergaben sich Übereinstimmungen: Eine sich selbst als humorvoll einschätzende Frau schätzte auch ihren Partner überdurchschnittlich oft als humorvoll ein. Mit einem Mann, der zwar aussieht wie der gemeinsame Sohn von Hugh Jackman und Matthew

McConaughey und vielleicht dann noch einen Top-Job hat, aber Ihren Humor nicht versteht und Sie nur hölzern anblickt, verschwenden Sie Ihre Ressourcen.
Wir fassen zusammen:

Sie allein bestimmen, wer ein Prinz ist! Es gilt, Ihre Zielgruppe so weit wie möglich, aber so eng wie nötig abzustecken. Fixieren Sie sich auf keinen Typus, aber sehen Sie immer zu, dass Ihre wichtigsten Werte durch den potenziellen Partner verwirklicht werden könnten. Bleiben Sie realistisch, greifen Sie nicht nach den Sternen. Denn so könnte Ihnen Gutes entgehen, was nur eine Armlänge entfernt in Ihrer Nähe steht.

32. Versuchen Sie es mit Männern aus der Heimat!

Forschungen ergaben, dass sich überdurchschnittlich häufig Partner fanden, deren Heimatorte im Umkreis von 40 Kilometern lagen – auch wenn die betreffenden Personen längst ihre Heimat verlassen hatten. Der Mann aus Tübingen, der in New York City arbeitet, trifft in einer Bar in Downtown Manhattan ausgerechnet eine Touristin aus Stuttgart und verliebt sich in sie – ein Erfolgsmodell.
Was spricht dagegen, das Wissen um das unsichtbare Band zu nutzen, das eine gemeinsame Herkunft schafft?

Katharina *(33) hatte ihre kleine Stadt vor 15 Jahren verlassen und genauso lange auch ihren acht Jahre jüngeren Großcousin nicht gesehen. Als er zufällig in Köln war, meldete er sich, traf sich mit ihr. Aus dem Kind von einst ist inzwischen ein Düsenjetpilot geworden – gerade stecken sie in einer wilden Liebesbeziehung mit dem Touch des Verbotenen.*

Bei Portalen wie StayFriends können Sie gezielt nach Leuten aus ihrer Jugendzeit fahnden. Wer weiß, vielleicht ist aus dem pickeligen großmäuligen Fußballhelden von früher ein schnieker Kerl geworden? Besuchen Sie Klassentreffen und Feiern Ihrer alten Schule! Empfehlenswert: im alten Heimatort am Tag vor Weihnachten ausgehen – dann versammeln sich die ganzen Heimkehrer, und mit Menschen, die man früher einmal kannte, entsteht meist schnell wieder eine unvergleichliche Herzenswärme.

33. Wie Sie die richtigen Jagdreviere aussuchen

Erinnern Sie sich an den Tipp: »Witz und Charme zählen mehr als Schönheit«? Ich empfahl Ihnen, Ihr Leben so interessant und vielfältig wie möglich zu gestalten, um sich finden zu lassen. Prüfen Sie jetzt, welche Ihrer neuen oder wiederbelebten Unternehmungen bessere Flirtchancen boten als andere. Verstärken Sie diejenigen Aktivitäten, die Ihnen erfolgsversprechend erschienen.

Prüfen Sie auch altbekannte Reviere Ihres bisherigen Lebens auf ihre Effektivität. Bei dem Tipp »Setzen Sie auf Ihre Stärken« haben Sie untersucht, welche Eigenschaften Ihnen in der Vergangenheit zu Erfolg bei Männern verhalfen. Gehen Sie nun ähnlich vor: Wo hatten Sie die Männer, die in Ihrem Leben eine Rolle spielten, getroffen? Wo hatte es weniger geklappt? Ergänzen Sie Ihre neuen Jagdreviere um diejenigen, in denen Sie bereits Erfolg hatten, und suchen Sie sie erneut oder verstärkt auf.

Suchen Sie sich Reviere, die speziell und manchmal auch ausgefallen sind.

Natürlich können Sie in den neuesten In-Club gehen. Dort treffen Sie garantiert ein paar eitle Selbstdarsteller, aber, schlimmer noch, ganze Heerscharen aufgekratzter Konkurrentinnen, die genau dasselbe wollen wie Sie. Sie haben mehr davon, wenn Sie sich interessante Nischen suchen, als wenn Sie dahin gehen, wo alle hingehen. Denken Sie daran: Sie wollen ja nicht alle Männer erbeuten, Sie wollen erst einmal einen Mann erbeuten. Vielleicht finden Sie ein paar Inspirationen, wenn Sie zurückblättern zu Seite 107.

34. Konzentrieren Sie sich nicht nur auf Männersuche

Wählen Sie nur Reviere, von denen Sie auf vielfältige Art profitieren, wenn also durch die Unternehmung verschiedene Ihrer persönlichen Werte verwirklicht werden. Wenn Sie Freunde treffen, mit Ihnen Spaß haben, sich fortbilden, sich kulturell bereichern, ein schönes Essen genießen, die Natur erleben oder Ihre Stadt neu entdecken – phantastisch.

Unternehmungen, die einzig dem Zweck dienen, einen Mann zu finden, lassen Sie verkrampfen und bergen ein hohes Frustpotenzial. Wenn Sie niemanden kennengelernt haben, werden Sie die aufgewendete Zeit und das investierte Geld als vergeudet verfluchen. Die gängige Infrastruktur zum Kennenlernen kann natürlich hilfreich sein. Wenn Sie aber nicht der Typ sind, der sonst durch Clubs zieht oder gerne in Bars steht, tun Sie es auch nicht, nur weil Sie einen Mann aufreißen wollen. Der Schuss wird nach hinten losgehen.

Martina *(35) beispielsweise hatte eine Phase, in der sie jeden Abend, an dem sie aus war, hinterher bereute: Eigentlich hatte sie zu dem Zeitpunkt andere Werte und Ziele, wollte gesund leben, sich auf den Marathon vorbereiten, Französisch lernen und fit sein für ihren anspruchsvollen Job. Sie erlegte sich die Streifzüge durchs Nachtleben einzig und allein auf, um einen Mann kennenzulernen. Während es früher für sie* *in Clubs bestens lief, weil sie einfach Spaß am Feiern hatte, war sie jetzt an einem Punkt, an dem sie andere Prioritäten im Leben setzte. Jede Nacht, in der sie jetzt ausging, stand ihren Werten entgegen. Sie bereute schon währenddessen die vergeudete Zeit, die ganzen Drinks, die ihr den Kopf schwer machten bei der Arbeit, den wenigen Schlaf, das Geld, das sie eigentlich gerne anders verwendet hätte. Erst als sie sich auf Unternehmungen konzentrierte, die mehr ihrem derzeitigen Leben entsprachen, hatte sie wieder Erfolg. Ihren heutigen Freund lernte sie bei einer Sprachreise nach Montpellier kennen.*

Machen Sie das Gelingen einer Unternehmung davon unabhängig, ob Sie Ihrem Ziel näherkommen. Deswegen sind Single-Partys ein zweischneidiges Schwert: Gehen Sie nur dorthin, wenn Sie auch als liierte Frau aus Jux und zur Unterstützung Ihrer Single-Freundinnen mitgehen würden. Überlegen Sie sich vorher gut, ob Sie den Abend auch als erfolgreich bewerten würden, wenn Sie niemanden kennenlernen. Solche Veranstaltungen werden oft mit einer hohen zielgerichteten Erwartung aufgesucht, die sich selten erfüllt – alles, was Sie dann hatten, sind vergeudete Stunden in einer zugigen Mehrzweckhalle zu schlimmer 90er-Jahre-Musik.

35. Ergreifen Sie Initiative – wo immer sie sich bietet

Ein Traummann mit einem tollen Job, zwei phantastische Kinder, ein großes schönes Haus, in dem die Kinder sogar freiwillig ihre großen tollen Kinderzimmer aufräumen – Eckdaten aus dem Leben von **Julia** *(31). Wie sie das gemacht hat? Hat sie lange und hart darauf hingearbeitet? Hat sie nicht. Sie hat lediglich in zwei entscheidenden Situationen Initiative gezeigt. Julia war damals Praktikantin bei einer Hamburger Tageszeitung, schwärmte für ihren Chefredakteur. Das* *sechsmonatige Praktikum war um, passiert war nichts. Er hielt sie, wie er später zugab, für eine arrogante Münchener Zicke. Sie war einfach nur unsicher und wusste nicht was tun. Letzte Gelegenheit: das Beurteilungsgespräch am Ende der Praktikumszeit. Julia nutzte die letzte Chance, fragte ihren Chef, ob er das Gespräch bei einem Bier fortsetzen wolle. Er wollte. Aus dem Bier wurden sechs oder sieben. Julia sagte, sie könne nun nicht mehr fahren, fragte, ob sie bei ihm übernachten dürfe. Sie durfte.*

Was hatte sie an diesem letzten Tag als Praktikantin zu verlieren gehabt? Nichts. Hätte ihr Chef es abgelehnt, mit ihr einen Drink zu nehmen, hätte sie wenigstens gewusst, was Sache ist, und wäre mit ihrem Praktikumszeugnis aus dem Laden marschiert, ohne dass sich jemals quälende Konjunktive wie »hätte«, »würde«, »wenn ich doch nur« durch den Kopf gehämmert hätten. Es ist das Wesen der Initiative: Sie führt immer zu einem Ergebnis, wenn auch nicht immer zu dem erhofften. Sie bringt uns immer weiter.

Jede Handlung verringert die Distanz zwischen Ist-Zustand und Soll-Zustand. Sie macht uns immer schlauer als zuvor. Sie löst Spekulationen mit Wissen ab.

36. Lassen Sie sich nicht beirren

Natürlich gibt es sachliche innere Stimmen, die sich zu Recht gegen eine Initiative aussprechen: Wenn Sie etwa erwägen, Ihren Internet-Flirt spontan in Houston, Texas, zu besuchen, hebt vielleicht die *innere Finanzministerin* den Finger, verweist auf Ihr auch so schon lädiertes Konto. Wenn Sie dienstags tanzen gehen wollen, weil die Chancen gut stehen, in dem Laden Ihren Schwarm zu sehen, nörgeln vielleicht die *innere Karrieristin* (du musst morgen fit im Job sein) und die *innere Ärztin* (zu wenig Schlaf ist nicht gut für dich). Sie sollten natürlich niemals den interessanten, aber undurchsichtigen Typen fragen, ob er Sie im Auto mitnehmen kann, wenn die *innere Warnerin* Unbehagen vermeldet. Das alles sind sachliche Stimmen mit guten Argumenten, die Sie anhören sollten, um abzuwägen.

Die meisten inneren Stimmen, die uns von Initiativen abhalten, argumentieren jedoch nicht sachlich, sondern machen Aussagen über Sie. Sie versuchen auf emotionaler Ebene, Ihr Selbstbild negativ zu beeinflussen. *»Der steht doch niemals auf dich«,* sagen sie, oder: *»Was soll das bringen?«,* oder: *»Es kann alles mögliche Peinliche passieren«,* oder: *»Am Ende wirst du eh nur enttäuscht.«* Oft vermitteln die inneren Stimmen einschränkende Glaubenssätze wie: *»Du bist nicht hübsch genug«, »Du vermasselst doch immer alles«, »Du hast einfach kein Glück mit Männern«, »Du bist eine Versagerin«, »Du bist einfach zu blöd, eine Beziehung zu führen.«*
Manchmal sind sie noch schroffer, noch beleidigender: *»Du bist doch gerade viel zu fett für ein Date!«,* sagen sie, oder: *»Was soll er denn mit einer Langweilerin wie dir?«* Manchmal werten sie auch andere Personen ab: *»Auf diesen Trottel fährst du wirklich ab?«,* oder: *»Guck dir doch mal sein schütteres Haar an und wie der geht, nein, der ist nichts.«*
Manchmal werden die einschränkenden Glaubenssätze so verallgemeinert, dass die inneren Stimmen nicht mehr über Sie sprechen, sondern über die Welt an sich, was zu Generalisierungen führt: *»Man kann niemandem trauen«, »Immer geht alles schief«, »Beziehungen zu führen ist heutzutage unmöglich«,* oder: *»Männer sind scheiße.«* Diese Konstrukte, mit denen Sie sich Ihre eigene Realität gebastelt haben, reduzieren jedoch Ihre Möglichkeiten, zu denken und zu handeln. Manchmal fragen wir uns mehr, was das Leben für uns tun sollte, als was wir für unser Leben tun können.

Manchmal konzentrieren wir uns mehr auf angenommene Einschränkungen als auf die vielen Möglichkeiten.
Die folgende Übung zeigt Ihnen einen konstruktiven Umgang mit diesen inneren Stimmen, die Sie von einer Initiative abhalten wollen.

37. Training: Initiative zum richtigen Zeitpunkt

1. Schritt: Denken Sie an eine Situation, in der innere Stimmen Sie davon abhielten, Initiative bei Männern zu ergreifen. Hören Sie die inneren Stimmen und ordnen Sie ihnen Sub-Persönlichkeiten zu. Oft haben die Sub-Persönlichkeiten Ähnlichkeiten mit Menschen, die wir aus der Kindheit kennen, mit einem Elternteil, mit einem Lehrer, mit Schulkameraden, die uns früher schlecht behandelt haben. Manchmal haben sie die Stimme eines Ex-Freundes.

2. Schritt: Lokalisieren Sie die inneren Stimmen. Sie sitzen oft nicht in der Kehle, dort, wo die akustischen Worte entstehen. Sitzen Sie in Ihrem Kopf, in Ihrem Brustkorb, in der Magengegend?

3. Schritt: Verschieben Sie die Stimme vom Körper in den Bereich Ihrer Kehle, dort, wo Ihre akustisch wahrnehmbaren Worte ihren Ursprung haben. Oft werden sie jetzt schon milder, weicher.

4. Schritt: Setzen Sie die positive Absicht der kritischen Stimmen voraus. Verdeutlichen Sie den für sie verantwortlichen Sub-Persönlichkeiten, dass Sie an diese positive Absicht glauben. Sagen Sie aber, dass es Ihnen leichter fallen würde, Nützliches daraus zu ziehen, wenn sie ihre Beiträge anders formulieren würden.

Bitten Sie die Sub-Persönlichkeiten, ihre Beiträge in der 1. Person zu sprechen, also mit **»Ich«** zu beginnen, denn meist treffen die Stimmen Aussagen in der 2. Person wie: »Du Idiotin …« Die 1. Person sorgt dafür, dass wir uns stimmig fühlen mit dem, was wir sagen, dass wir uns als machtvoll empfinden und fähig. Du-Aussagen dagegen wirken als von außen kommend, mahnend, bewertend, sie sind daher mit negativen Gefühlen assoziiert. Sie werden merken, dass ein »Ich Idiotin« schon einen viel milderen, verständnisvolleren Beiklang hat.

5. Schritt: Bitten Sie die Sub-Persönlichkeiten, ihre Vorwürfe, Beleidigungen und Nörgeleien in Ideen, Fakten und Vorschläge umzuwandeln und so einen konstruktiven Beitrag für das Gesamt-Team zur Verfügung zu stellen. Auch diese Umformulierungen sollen mit einem »Ich« starten. Folgende Beispiele dienen zur Veranschaulichung:

- Verwandeln Sie den Satz: *»Wenn du jetzt Mist redest, versemmelst du das ganze Date«,* in: *»Ich bin noch etwas nervös und sollte so lange, bis ich mich in der Situation etwas wohler fühle, ihm die Gesprächsführung überlassen. Ich muss nichts sagen um des Sagens willen.«*
- Aus: *»Du aufdringliche Kuh, wenn du jetzt schon wieder eine Message schreibst, hält er dich für eine Psychopathin!«,* wird besser: *»Ich glaube, es dient meiner Sache eher, noch einmal zwei Tage zu warten, ob er sich meldet. Dann kann ich ihn immer noch einmal anschreiben und Klärung erhoffen.«*
- Oder: *»Du bist gerade nicht in Form, um ein Date zu haben! Guck dich doch an.«* Daraus wird: *»Ich möchte gerne drei Tage mein Aussehen mit Sport, Wellness, Körperpflege und Kosmetik nach vorne bringen und erst dann einem Date zustimmen, weil ich mich dann selbstbewusster fühle.«*

Eine Alternative zu Schritt 5 wäre folgende: Bitten Sie eine andere Sub-Persönlichkeit, die innere Optimistin, negative Aussagen umzuformulieren:

- Aus: *»Der wird dir eine richtige Abfuhr geben«*, formuliert sie: *»Ich bin gespannt, wie er reagieren wird.«*
- Aus: *»Er findet dich bestimmt richtig blöd«*, formuliert die innere Optimistin: *»Was ihm wohl am besten an mir gefällt?«* Auch die innere Optimistin nutzt immer die Ich-Form.

6. Schritt: Stellen Sie sich zukünftige Situationen vor, in denen Sie dieses Verfahren anwenden wollen.
Beispiel: Sie wollen an der Supermarktschlange einen Mann ansprechen. Versetzen Sie sich in die Situation und stellen Sie sich vor, wie Sie dort Ihre inneren Stimmen zu hilfreichen Umformulierungen bewegen.

Ihre Initiative ist eine Sache des Timings. Bleiben Sie geduldig, verlieren Sie nie die Gewissheit, dass sich letztendlich alles so fügen wird, wie es sich fügen soll. Hastige, überstürzte Handlungen gehen nach hinten los. Warten Sie auf den richtigen Moment. Er wird kommen. So lange lehnen Sie sich entspannt zurück. Lassen Sie die Zeit zu Ihren Gunsten spielen.

38. Setzen Sie auf Ihren Verstand, nicht auf Aktionismus

Wie aber erkennen Sie den richtigen Moment? Hier brauchen Sie eine sensible Sub-Persönlichkeit, die Sie ein bisschen hätscheln und hofieren müssen, damit sie gute Ergebnisse erzielt: die *Feinsinnige.*

Scharf kritisierende innere Stimmen verschrecken dieses sensible Geschöpf. Deswegen haben wir in der vorigen Übung gelernt, sie in positive Ratschläge umzuwandeln. Ohne diese Kritiker kann die *Feinsinnige* mit ihrem Gespür für andere Menschen, Situationen, Signale und Atmosphäre viel besser arbeiten.

Die *Feinsinnige* wird Ihnen sagen, wann der Zeitpunkt gekommen ist, jemanden anzusprechen. Sie wird Ihnen ein Signal geben, wenn Sie nach der Telefonnummer fragen oder wann Sie jemanden anrufen. Sie versteht sich gar nicht gut mit der *Ehrgeizigen*, die schnelle Ergebnisse will.

Vorsicht auch vor der *Eitlen*, die schnelle Bestätigung braucht und einschnappt, wenn die Reaktionen nicht so sind, wie sie es für angemessen hält. Sie sollten die *Feinsinnige* auch nicht von der kühlen *Rechnerin* bedrängen lassen, die stoisch festlegt: Wenn ich in zwei Tagen nichts von ihm höre, rufe ich an. Es gibt keine mechanischen, verbindlichen Regeln für derartige Kommunikation, da die Bedingungen immer variieren und die Abläufe so völlig unterschiedlich sein können.

Die *Feinsinnige* wird sie aber davor bewahren, aufdringlich zu erscheinen. Denn ja, es stimmt, nichts, außer vielleicht Achselhaare und der Roman von Charlotte Roche, verschreckt Männer mehr als Aufdringlichkeit. Männer schätzen initiativestarke, selbstbewusste Frauen. Sie werden nervös bei Aufdringlichkeit. Die Feinsinnige wird Sie davor bewahren, die Grenze zu überschreiten. Sie weiß auch, wann Sie mit Ihren Bemühungen auf dem Holzweg sind. Vertrauen Sie ihr!

39. Wie Sie gezielt das Internet nutzen

Schöne neue Internet-Welt – der ganze Globus ist mit wenigen Klicks erreichbar. Sie können sich vor dem Rom-Trip schon ein

Date mit einem Ragazzo organisieren oder bei StayFriends den alten Schwarm Ihrer Schule aufspüren und checken, ob er immer noch heiß ist. Wir sparen Ressourcen wie Zeit und Geld, weil wir nicht mehr ständig vor die Tür müssen, um jemanden kennenzulernen. Wir können unseren Jagdradius erweitern, kommen in Kontakt mit Menschen, die wir nach der Wahrscheinlichkeitsrechnung nie getroffen hätten.

Gleichzeitig scheinen sich viele Initiativen in den so unendlichen Möglichkeiten aufzuheben und aufzulösen – wir denken, wir sind nur einen Klick von dem großen Glück entfernt, und landen doch wieder alleine im Bett, wenn der Computer heruntergefahren ist.

Das Internet ist auch der Ort der Faker und Lügner, der leeren Versprechungen, hohen Erwartungen und des unberechenbaren Konsumverhaltens. Viel versandet ganz einfach in den endlosen Weiten. Sie sollten das Internet für Ihre Zwecke nutzen, aber Ihre Erwartungen nie zu hoch schrauben.

Vergessen Sie nie: Die virtuelle Welt ist eine andere als die reale. So schnell und unbegrenzt das Internet auch ist, bleibt doch die reale Welt immer noch der Ort tatsächlicher Liebe. Und die Realität funktioniert weiter nach ihren so viel langsameren, zäheren und mühseligeren Gesetzen.

Es wird virtuell schnell heiß gekocht, aber bis zum gemeinsamen Essen in der wirklichen Welt ist es immer noch ein entscheidender Schritt.

Im Folgenden verrate ich Ihnen die wichtigsten *Dos and Don'ts* für ein erfolgreiches Chatten in Partneragenturen:

- **Erstellen Sie ein Profil mit Bild und kommunizieren Sie nur mit Männern, deren Bild Sie bekommen.** Andernfalls laufen Sie Gefahr, jede Menge Zeit mit einer Katze im Sack zu verschwenden.

- **Bevor Sie Ihr Profil erstellen, überlegen Sie sich genau, welche Zielgruppe Sie ansprechen wollen.** Versetzen Sie sich in einen dieser Männer und überlegen Sie, was an Ihnen ihn ansprechen könnte.
- **Bleiben Sie beim Erstellen des Steckbriefs ehrlich und ganz bei sich,** geben Sie aber nie zu viel preis.
- **Setzen Sie positive Botschaften:** »Keine Spinner, keine Faker«: Immer wieder listen Suchende in ihrem Profil ihre Angstphantasien auf. Glauben Sie, der Spinner sieht ein Profil und sagt sich: »Och Mensch, die sucht ja gar keine Spinner, jetzt schreib ich der eben nicht …«? Führen Sie auch nicht auf, was Sie alles ablehnen. Bleiben Sie in Ihren Formulierungen ausschließlich positiv: Schreiben Sie, was Sie suchen, sich wünschen, sich vorstellen. Werden Sie in Ihren Kriterien nicht zu einschränkend.
- **Wenn Sie jemanden anschreiben, gehen Sie immer auf das Profil des anderen ein.** Nichts ist grässlicher als vorgefertigt und austauschbar wirkende Formulierungen.
- **Taktik: Sie sollten genauso viel fragen, wie Sie von sich erzählen.** Wenn Sie etwas fragen, verbinden Sie das am besten mit einer Selbstpreisgabe. Beispiel: »Ich entspanne mich am besten bei einer Bergwanderung, wenn es mir im Job zu stressig wird. Und was tust du, um runterzukommen?« Haken Sie nach, stellen Sie offene Anschlussfragen mit Fragewörtern (warum, wie, wann usw.), folgen Sie den Fährten, die er legt. »Warum genau bist du aufgeregt? Was gefällt dir daran? Du liebst Italien, wo warst du denn da schon überall?«
- **Persönliches nur persönlich!** In Chats neigt man dazu, mehr preiszugeben, als man normalerweise tun würde. Diese virtuelle Intimität lässt sich nie ins reale Leben übertragen. Sie beginnen beim ersten realen Treffen wieder bei null. Das gestaltet sich dann häufig als verkrampft, weil die Situation des ersten Dates in Widerspruch steht zu dem ganzen Vorwissen voneinander

und der scheinbaren Intimität, die man online aufbaute. Während man im Netz gegenseitig sein Leben offenlegte und gar nicht schnell genug tippen konnte, hat man sich plötzlich nichts mehr zu sagen! Deswegen: Chatten Sie nie zu lange. Der Chat ist ein Anbahnungsinstrument, kein Selbstzweck, und kann kein Face-to Face-Gespräch ersetzen. Verraten Sie nie zu viel von sich, bleiben Sie vorwiegend bei unverbindlichen Themen und beim spielerischen Flirten.

- **Weniger ist mehr:** Konzentrieren Sie sich auf einige wenige Chat-Partner. Setzen Sie nicht auf Masse, gehen Sie lieber sorgfältig mit einigen wenigen, Ihnen vielversprechend erscheinenden Profilen um. Niemals den Überblick verlieren!
- **Initiative ergreifen:** Nach dem dritten oder vierten oder fünften Chat keine Aussicht auf ein Date? Der Schritt von der virtuellen in die reale Welt ist der schwierigste und heikelste. Ergreifen Sie die Initiative, machen Sie als Erste den Vorschlag, sich einmal zu treffen. Ein Chat ist ein Balanceakt, besteht aus vorsichtigem Beschnüffeln. Man darf weder zu schnell mit der Tür ins Haus fallen noch zu lange unverbindlich herumeiern. Der Moment, in dem der eine zu forsch ist, ist der, in dem der andere sich oft zurückzieht. Wie bei jedem Flirt ist hier das richtige Timing entscheidend! Wann aber ist der richtige Zeitpunkt, um zu zeigen, dass Sie den Flirt jetzt von der virtuellen in die reale Welt verlagern wollen? Es gibt keine mechanische Regel. Derartige Signale sendet jeder Mensch anders, und sie sind in jeder Flirtsituation anders. Achten Sie genau auf Ihre inneren Signale, die Ihr Chat-Partner bei Ihnen auslöst. Hören Sie auf Sub-Persönlichkeiten wie die *Feinsinnige*, der Teil in Ihnen, der ein sensibles Gespür für andere Menschen, deren Emotionen und Schwingungen besitzt. Die *Feinsinnige* wird Ihnen sagen, wann der richtige Zeitpunkt gekommen ist. Das Zeitgefühl der *Feinsinnigen* misst sich nicht in Tagen oder Wochen. Es eilt nicht!

- **Das erste Treffen: Halten Sie Ihre Initiative vage und offen, so dass sie viele Wahlmöglichkeiten lässt.** Statt: *Möchtest du Montag mit mir im Gartenviertel einen Kaffee trinken?,* schlagen Sie vor, sich doch demnächst einmal zu treffen, ohne nähere Angaben zu machen. Sollte er gar nicht darauf eingehen, verhalten Sie sich in darauffolgenden Chats knapp. Entweder ist er nicht interessiert, oder er wird jetzt mit einem Vorschlag an Sie herantreten. Behalten Sie den Vorschlag eine Weile im Auge, ohne konkret zu werden. Der Schritt von einem unverbindlichen Chat in den eigenen vier Wänden dahin, sich wirklich draußen mit jemandem zu treffen, ist auf beiden Seiten mit vielen Ängsten, Hemmungen und Unsicherheiten verbunden. Beide Seiten können sich erst einmal mit dem Gedanken eines Treffens anfreunden und sich noch ein wenig weiter kennenlernen.
- **Richtiges Timing:** Nageln Sie niemals jemanden auf ein Date fest! Wenn der vage Vorschlag, sich demnächst einmal zu treffen, auf positive Resonanz stieß und Sie merken, dass jetzt der richtige Zeitpunkt ist, ergreifen Sie ruhig (wieder) die Initiative, machen Sie zwei konkrete Vorschläge zu zwei Terminen – so entscheidet er zwischen zwei positiven Optionen und nicht zwischen Treffen und Nicht-Treffen! Wenn er dennoch ausweicht, halten Sie sich fortan mit Chats zurück, so lange, bis er einen konkreten Vorschlag macht.
- **Immer freundlich bleiben!** Man neigt dazu, im Internet schroffer zu werden als in Wirklichkeit, wenn eine Kommunikation unangenehme Reaktionen in uns auslöst. Grund: Die körperliche Anwesenheit und das Gesicht des anderen wirken aggressionsmildernd. Die Abwesenheit eines Gegenübers aus Fleisch und Blut kann dagegen zu Auswüchsen bei sonst friedfertigen Menschen führen. Lesen Sie nur einmal in den Diskussionsforen von Online-Artikeln oder in Blogs, wie grob und teilweise verroht der Umgang dort ist! Man will diesen keifenden Leu-

ten nicht begegnen – obwohl sie bei einer Begegnung bestimmt meerschweinchenzahm wären. Machen Sie nicht denselben Fehler. Klicken Sie sich aus einer Unterhaltung einfach aus, die Ihnen unangenehm wird. Sie haben es nicht nötig, unfreundlich zu werden. Ein einmal angeschlagener härterer Ton könnte Ihren Ton auch anderswo ungünstig beeinflussen.

- **Absage: Sagen Sie ab, wenn Sie kein Interesse (mehr) haben – freundlich, aber bestimmt.** Wenn Sie aus Höflichkeit weiterhin knapp antworten, könnte Ihr Chat-Partner Ihre Antwort so auslegen, wie er möchte – und fälschlich schlussfolgern, dass Sie doch interessiert sind. Offensive Frauen laufen am wenigsten Gefahr, von Nervensägen gestalkt zu werden. Keine Antwort mehr? Es ist okay, einmal freundlich nachzufragen. Dann nicht mehr. Jede Nicht-Antwort ist auch eine Antwort.
- **Spinner gibt es überall:** Seien Sie sich bewusst, dass sich im Netz noch mehr Neurotiker und Freaks tummeln als anderswo bzw. die Mechanismen wegfallen, die im realen Leben neurotisches Verhalten zügeln. Betrachten Sie es einfach als gegeben, dass Sie dort immer mal wieder kurzzeitig mit seltsamen, wirren oder unangenehmen Menschen in Kontakt treten werden. Das Gute: Mit einmal Wegklicken sind Sie erlöst!

40. Bitten Sie offen und direkt um Unterstützung

»Die meisten Leute trauen sich nicht zu sagen, was sie wollen. Darum kriegen sie nicht, was sie wollen.« Der Satz stammt von einer Frau, die alles wollte – und alles bekam: Madonna. Trauen auch Sie sich, zu wollen und das auch zu formulieren. Sie werden überrascht sein, aus welchen Ecken Sie Unterstützung bekommen!

Artikulieren Sie, dass Sie Single sind und diesen Zustand in naher Zukunft ändern möchten. Freundinnen, Kolleginnen und Bekannte werden nützliche Tipps für Sie haben. Sie werden Ihnen verraten, wie sie einen Mann gefunden haben oder dass sie selber suchen – schon haben Sie Mitstreiterinnen für die Jagd. Sie werden Neues erfahren über neue ertragreiche Jagdreviere und neue Möglichkeiten. Bitten Sie offen und direkt um Unterstützung!

Eine angenehme und vielversprechende Art, neue Männer kennenzulernen, ist bei uns noch ein wenig verpönt, während man beispielsweise in Amerika völlig unbefangen damit umgeht: Lassen Sie sich verkuppeln! Fragen Sie Menschen, die Ihnen begegnen, ob Sie jemanden kennen, der zu Ihnen passen könnte. Sie werden erstaunt sein, wie gerne Menschen helfen, auch diejenigen, die Sie gar nicht so gut kennen.

Jeder kuppelt gerne – es zeigt, dass man positiv auf die Welt einwirkt, Liebesgeschichten inszenieren kann. Der Kuppler wertet sich auf, weil es ihm gelang, aus seinem Bekanntenkreis zwei zueinanderpassende Personen zu mobilisieren und ein bisschen Schicksal zu spielen. Der Kuppler ist eine Amélie, die sich ihre fabelhafte Welt kreiert. Durch ein neues Paar bereichert der Kuppler seinen Bekanntenkreis, mit beiden ist er fortan positiv verknüpft. Die Verkupplung ist also eine Situation, von der alle profitieren, und wenn es nur ein geselliger Abend ist. Probieren Sie es aus und maximieren Sie so Ihre Chancen!

41. Abfuhren erleichtern das Finden!

»So«, sagte meine Freundin **Carola**, *nachdem sie endlich einmal wieder ein Date hatte, aber der Typ sich als unerträgliche Knalltüte herausstellte. »Der erste Schritt ist gemacht! Und ich habe nicht gesagt, dass es ein Schritt nach vorne sein muss, also nagele mich nicht darauf fest.«*

Tatsächlich bieten gerade Ihre ersten Schritte dem Leben die Möglichkeit, sich von der ganzen Angebotspalette an Widrigkeiten zu bedienen. Der Traumtyp ruft nicht an, lässt Sie links liegen, sagt etwas Unpassendes, will nicht mit Ihnen ausgehen. Der Typ, mit dem sie schäkerten, flirtet den Rest des Abends wie wild mit einer anderen. Das Date erwies sich als Alptraum. Oder Sie waren jetzt mehrfach aus, es ist aber einfach gar nichts passiert. Jede Initiative birgt die Möglichkeit einer ungewünschten Reaktion oder eines unbefriedigenden Ergebnisses. An dieser Stelle würde Carola mich anschnauzen: *»Wenn du jetzt noch sagst, ich soll es positiv sehen, kotze ich!«*

Sie müssen sich nicht schönreden, was offensichtlich unangenehme Gefühle bei Ihnen auslöst. Diese Gefühle sind da, und sie verdienen es, beachtet zu werden. Sie wollen Ihnen etwas sagen. Und dennoch:

Gratulieren Sie sich zur sogenannten Abfuhr, auch wenn sie noch so unangenehm war! Denn sie ist ein Zeichen dafür, dass Sie etwas gewagt haben, dass Sie gehandelt haben und dass Sie damit schon einmal auf dem richtigen Weg sind.

Abfuhren gehören ganz einfach zum Spiel. Sie dürfen uns verunsichern, aber sie sollten uns nicht davon abhalten weiterzuspielen. Die Kolumnistin Mary Schmich sieht es in ihrer legendären »Sunscreen Speech« aus der Chicago Herald Tribune von 1997 so: »Manchmal bist du weiter vorne, manchmal weiter hinten. Aber das Rennen ist noch lang, und am Ende ist es nur gegen dich selbst.«

Lernen Sie von dem, was Sie bisher als Fehlschlag interpretierten. In Wahrheit ist das, was Sie einen Fehlschlag nannten, unser Wegweiser zum Glück – wenn wir lernen, ihn zu lesen. Er korrigiert unseren Weg in Richtung Ziel. Er zeigt uns, dass bisher eingeschlagene Wege variiert oder modifiziert werden müssen. So wie Carola nach ihrem verpatzten Date etwas genauer auswählte, mit wem sie ausging, und einen verfeinerten Kriterienkatalog entwerfen konnte. Erinnern wir uns an die Macht der Worte: Oft ist es nicht das Bezeichnete, das Gefühle in uns auslöst, sondern erst die Bezeichnung. Als Erstes verbannen wir Wörter wie Abfuhr, Korb, Fehlschlag, Scheitern, Ablosen, Pleite, Pech, Panne aus dem Wortschatz.

Was wir erleben, sind Rückmeldungen. Sie sind wertvoll und wichtig und verdienen es, gewürdigt zu werden.

8. These: Es gibt kein Scheitern, es gibt nur Rückmeldungen

Wenn Sie sich vor Rückmeldungen fürchten, laufen Sie Gefahr, ein Leben auf Heimschauplätzen zu führen.

Menschen, die immer in einem Beruf bleiben, immer in derselben Partnerschaft, im selben Ort, fürchten sich vielleicht vor dem Scheitern – dabei erscheinen sie uns oft stark und selbstbewusst, weil sie so gut sind in dem, was sie tun. Aber: Wer nur tut, was er kann, der bleibt, was er ist. Jede Rückmeldung ist ein Zeichen dafür, dass Sie Ihr inneres Heimatdorf verlassen haben. Seien Sie stolz darauf!

Aber wie umgehen mit der Rückmeldung, wenn sie doch unangenehme Gefühle verursacht, die ich gar nicht wegreden kann oder will? Zunächst: Erinnern Sie sich an die distanzierte Beobachterperspektive, mit der Sie bzw. Ihr Super-Ich für Sie auf die Jagd geht. (siehe Seite 79) Das Super-Ich kommt mit Ergebnissen zurück, die nicht so sind wie gewünscht. Ihr Super-Ich kann Ihnen berichten, woran es seiner Meinung nach gelegen hat. Es kann Ihnen nun genauer sagen, welche Bedingungen geschaffen oder verbessert werden müssen, damit die nächsten Ergebnisse Sie Ihrem Ziel näher bringen. Sie als Teamleiterin können andere

Sub-Persönlichkeiten beauftragen, an der Verbesserung dieser Faktoren zu arbeiten und so dem Super-Ich seinen Job zu erleichtern.

Was aber mit dem unangenehmen Gefühl? Zunächst: Das Super-Ich handelt nicht nach Gefühlen, es handelt nach Aufträgen und sucht den bestmöglichen Weg, ihn zu erfüllen. Identifizieren Sie die Sub-Persönlichkeiten, die für das Gefühl zuständig sind. Was wollen diese Sub-Persönlichkeiten Ihnen mitteilen? Finden Sie die positive Absicht des schmerzhaften Gefühls. Schmerz schützt uns.

Inwieweit ist die aktuelle Rückmeldung Ursache für das Gefühl, inwiefern sind es Erfahrungen aus der Vergangenheit, die durch die Rückmeldung wieder an die Oberfläche geraten? Wenn Sie spüren, dass das Gefühl gerade Raum braucht, leben Sie es aus. Schwitzen Sie es aus wie eine Grippe durch Fieber. Gehen Sie vielleicht sogar zu der Stelle Ihrer inneren Landkarte, in der es am meisten schmerzt. Schauen Sie, ob aus dieser Stelle etwas Gutes erwachsen kann. Neues Licht entsteht oft an den dunkelsten Orten. Licht und Schatten bedingen einander.

Loslassen …

Wenn Sie merken, dass es Zeit ist für das Gefühl zu gehen, lassen Sie es los. Und denken Sie immer daran: Ein Gefühl ist zunächst nur ein Gefühl. Es ist ein Teil des Ganzen, aber eben nur ein Teil. Das Gefühl bildet nicht Ihre ganze Persönlichkeit ab, noch viel weniger bildet es die Situation ab, in der Sie sich befinden.

Betrachten Sie sich aus der Vogelperspektive. Suchen Sie vielleicht tatsächlich Ihr Haus über Google-Earth. Da sind Sie mit Ihrem Gefühl, rundherum weitere Häuser mit weiteren Menschen und ihren eigenen Gefühlen. In diesem großen System mit ständigen Wechselwirkungen können Sie durch Ihre Handlungen den für Sie optimalen Platz finden. Ihr Gefühl ist in diesem sich ständig verändernden Gefüge nur eine isolierte, vorübergehende Erscheinung.

Nutzen Sie das Feedback, um Informationen zu erhalten, wie Sie Ihr Ziel besser erreichen. Stellen Sie dem Feedback bzw. Ihrem Super-Ich folgende Fragen:

- Was habe ich bisher erreicht?
- Was lerne ich von dir?
- Welche Bedingungen brauchst du, wie kann ich dir helfen?
- Was werde ich mit dem neuen Wissen, das ich durch dich erlange, in Zukunft anders machen?
- An welchem Feedback erkenne ich dann, dass ich erfolgreich war?

42. Nehmen Sie es nicht (zu) persönlich!

Reaktionen der Umwelt nicht persönlich zu nehmen ist eine schwierige, aber lohnenswerte Übung.

Fernanda *(27), Flugbegleiterin: Das zweite Date mit Martin fand im Freiluftkino statt. Sie hatten sich mit Popcorn gefüttert, waren danach über die Straße gebummelt, Vollmond, warme Sommernacht, das ganze Programm. Jetzt oder nie, sagte sich Fernanda. An einer Straßenecke blieb sie stehen, umarmte Martin, wollte ihn küssen … »Och, nee, das geht mir jetzt aber zu schnell«, sagte Martin. Der Abend war ge-*

laufen. Es kam noch schlimmer. Freitagnacht um eins schellte das Telefon, Fernanda schlief schon. Martin war am Apparat, Musik im Hintergrund, die Stimme leicht lallend. Er machte ihr eine sexuelle Offerte. Fernanda: »Ich fühlte mich schrecklich. Was dachte er über mich? Dass ich mich ihm an den Hals geworfen hatte und so heiß auf ihn bin und so billig, dass man bei mir mal eben besoffen nach einer Party vorbeifahren darf?«

Ich schlug Fernanda vor, zunächst zu untersuchen, was ihr dieses Feedback wirklich über sie selbst aussagte. Sie kam zu dem Entschluss, dass sie bei dem verunglückten Kuss vielleicht zu impulsiv war und demnächst genauer auf ihre Wahrnehmung achten möchte, um festzustellen, ob die Situation wirklich eine Kuss-Initiative zulässt. Und was verriet ihr das Feedback über Martin? Fernanda: *»Dass er zu verklemmt war, mich nüchtern zu küssen, ich ihm aber wohl doch nicht aus dem Kopf ging. Und dass er erst angetrunken die Eier hatte, mich zu kontaktieren, dafür aber nur eine plumpe und unbeholfene Methode zur Verfügung hatte. Eigentlich hat ER eine gewisse Armseligkeit offenbart.«* Und dabei hatte Fernanda aus Martins Verhalten zunächst eine negative Aussage über ihre Person gezogen!

Jede negative Rückmeldung, die Sie erhalten, hat viel mehr mit dem Absender zu tun als mit Ihnen, der Adressatin!

Sie sehen immer nur einen Ausschnitt des anderen, so wie er nur einen Ausschnitt von Ihnen sieht. Nehmen wir an, er will nichts von Ihnen, gut. Er hat, ganz typisch in der ersten Dating-Phase, nicht gesagt, was los ist, den Kontakt einfach eingestellt. Sie können sich das Gehirn zermartern, woran es liegen könnte. Sie können ihn fragen. Derartige »Metakommunikation« kann eine interessante Möglichkeit sein, mehr zu erfahren, aber seine Antwort muss nicht seine innere Realität abbilden. Vielleicht gibt er eine höfliche Antwort, vielleicht eine bequeme, mit der er möglichst schnell aus der Situation hinauskommt, vielleicht eine, die ihm selber in den Kram passt und seine Selbstdefinition bestätigt. Sie wissen nicht, in welchem Zustand der Selbstklärung sich der andere befindet, ob er also überhaupt fähig ist, eine wahrhaftige Auskunft zu erteilen.

Kurz: Der andere bleibt eine Blackbox, ob Sie ihn fragen oder nicht. Und Sie wollen sich durch Ihre Spekulationen und Interpretationen Ihr Selbstwertgefühl beschädigen lassen?

Vielleicht steht er nur auf sehr alte oder sehr junge Frauen, vielleicht auf Dominas oder devote Mäuschen, vielleicht ist er asexuell oder verklemmt schwul, vielleicht erinnern Sie ihn an eine Ex-Freundin, vielleicht ist er neurotisch oder in jemand anders verliebt oder gerade einfach nicht offen. Vielleicht taugt er einfach zu nichts. Sie werden es nie genau erfahren und müssen es auch nicht.

Wichtig ist nur: Er kennt nur einen kleinen Ausschnitt von Ihnen. Sie dürfen sein Feedback daher nie als Ablehnung der einzigartigen Gesamtheit Ihrer Person missverstehen, sondern nur als Reaktion innerhalb eines bestimmten Kontextes, in dem Sie beide sich für eine bestimmte Zeit befanden.

43. Mehrere Prinzen sind besser als nur einer …

Sie haben einen Prinzen im Visier! Gut so! Aber immer sollten Sie im Augenwinkel zwei oder drei weitere Exemplare behalten. Denken Sie an unsere 4. These »Die beste Schatzkarte zu Ihrem Glück ist die, die mehrere Wege bereithält (S. 29). Können Sie den einen Prinzen nicht bekommen, klappt es mit dem zweiten oder mit dem dritten. Genauso sollten Sie auf mehrere Jagdreviere zurückgreifen und mehrere Methoden: Am Samstag gehen Sie vielleicht mit Freundinnen aus, am Montag machen Sie einen Sportkurs, an dem auch Männer teilnehmen, am Donnerstag gehen Sie mit einer Kollegin essen, die Ihnen ihren Cousin vorstellen will. Am Sonntag chatten Sie gemütlich daheim. Jede Alternative erhöht die Chancen.

Die Gefahr: Sie verlieren sich in der Vielfalt der Möglichkeiten. Konzentrieren Sie Ihre Kräfte. Nach einem breitgestreuten Start schauen Sie immer wieder, was funktioniert hat oder was wenigstens schon einmal vielversprechende Ansätze bereithielt, und verstärken Ihre Bemühungen in diesen Bereichen. Probieren Sie nie wahllos alles gleichzeitig.

KAPITEL 3:
»Prinz in Sicht!«

Es ist so weit: Sie haben ein Date. Tausend Gedanken jagen einander im Kopf. Werde ich ihm gefallen? Wird er mir überhaupt gefallen? Wohin gehen, worüber reden und – vor allem – was anziehen? Plötzlich sind alle Mitglieder Ihres inneren Teams aufgescheucht, drängen sich mit ihren Anliegen, Befürchtungen und Bedürfnissen in den Vordergrund. Die *Romantische* inszeniert schon gleich eine weichgezeichnete Hochzeitsphantasie, die *Wilde* freut sich auf feurig-lüsterne Nächte, die *Verletzliche* zetert, ob nicht alles zu schnell geht, und erinnert an vergangene Enttäuschungen. Die *Ehrgeizige* mahnt, dass diesmal bitte alles perfekt laufen muss. Bringen Sie als Teamleiterin Ruhe und Gelassenheit in den Hühnerhaufen, bleiben Sie entspannt und sagen Sie sich vor allem eines: Egal, wie es ausgeht, es wird weitergehen. Die Möglichkeiten sind auch nach einem total versemmelten Date immer noch unendlich.

Für jedes Date gilt die Bedeutung von These Nr. 8 (S. 140): Egal, was passiert, Sie tragen auf jeden Fall eine wertvolle Erfahrung für Ihr Lebensbuch mit heim!

Ein erster Tipp: Wenn Sie etwas aus der Übung sind, beruhigen Sie sich. Dates sind erlernbar und eine Sache der Routine, wie alles im Leben. Nach dem dritten oder sechsten Date werden Sie sich schon wesentlich selbstsicherer fühlen, genauer wissen, was zu tun ist, und die Sache fokussierter angehen. Warum nicht einfach Dates üben? Schnappen Sie sich ein Exemplar Mann, das eigentlich noch keine besonderen Gefühle bei ihnen auslöst, und üben Sie mit ihm!

Starten Sie eine Date-Generalprobe! Man muss sich nicht nur mit Männern treffen, die einem den Puls nach oben treiben. Vielleicht ergibt sich ja doch mehr als nur eine Übung: Manche besondere Romanze beginnt ohne großes Kribbeln, manchmal ergibt sich eine interessante Freundschaft.

44. Treffpunkt Restaurant oder Café?

Überlassen Sie das erste Mal ihm die Führung! Er soll entscheiden, wo es hingeht. Die meisten Männer mögen es, den Eröffnungsschachzug zu machen und eine Entscheidung zu treffen. Warum sollten Sie ihm das Vergnügen nicht gönnen? Wichtig: Legen Sie vorher fest, welcher Art das Treffen sein soll. Je weniger Sie den Mann kennen, desto zwangloser muss es sein, so dass Sie das Treffen bei ungünstigem Verlauf direkt wieder beenden können: Für Blind-Dates oder Internetdates ist eine Kaffee-Verabredung optimal. Wenn Sie sich schon ein wenig kennen und ein gutes Gefühl haben, kann es ein Lokal sein, in dem man einen kleinen Happen essen kann. Feine Lokale, in denen man mehrere Gänge zu sich nimmt, sind generell fürs erste Date ungeeignet. Wenn Sie die Art der Verabredung (Kaffee, Lunch, einen Happen essen) festgelegt haben, nehmen Sie seine Entscheidung für ein entsprechendes Lokal an, ohne zu murren. Sollten Sie bestimmte Einschränkungen haben, etwa gegen Zutaten beim Asiaten allergisch sein oder nur vegetarisch essen, sagen Sie es vorher, nicht erst, wenn er einen Vorschlag gemacht hat. Wenn Sie an der Reihe sind, ein Lokal auszuwählen, beachten Sie Folgendes:

- **Nehmen Sie keines, das in Ihrem Ausgehrevier liegt.** Sie wollen, ja müssen ungestört sein. Wenn Sie tausend Bekannte treffen und wüst durch die Gegend busserln, wird es ihn nerven oder verunsichern, oder Sie wirken, als wollten Sie ihm zeigen, wie beliebt und großartig Sie sind.

- **Wählen Sie dennoch ein Lokal, das Sie kennen,** in dem Sie sich sicher fühlen, von dem Sie wissen, dass man dort mit genügend Abstand zu anderen Gästen sitzt und der Lärmpegel eine angenehme Unterhaltung zulässt. Auch landen Sie in einem Ihnen bekannten Lokal nicht verdattert in der Küche, wenn Sie eigentlich zu den Toiletten wollten. Wenn Ihnen kein Lokal einfällt, gehen Sie mit einer Freundin zur Generalprobe in ein Restaurant. Sie werden sich beim Date wohler fühlen, wenn Sie den Schauplatz kennen.
- **Wählen Sie niemals ein zu teures Lokal.** Sie machen sonst den Eindruck einer verwöhnten Zicke oder einer Golddiggerin.

45. Sich uninszeniert inszenieren – Ihr Stil fürs Date

Was, ja was sollen Sie anziehen? Glauben Sie, selbst wenn Ihr Kleiderschrank so groß wäre, dass er eine eigene Postleitzahl bekäme, wären Sie immer noch ratlos. Eine allgemeingültige Antwort gibt es nicht. Ein paar Regeln aber doch!

- **Typgerechtes Outfit:** Wählen Sie ein Outfit, das Ihrem Typ entspricht und das zu Ihrer sonstigen Garderobe passt. Das erste Date ist der falscheste Zeitpunkt für Experimente, Neuerfindungen und Typveränderungen! Mein Freund Kai: »Ich will ja sehen, wie sie sich normalerweise kleidet, ob ihr Stil mir gefällt und zu meinem passt. Nichts ist schlimmer als eine Frau, die sich für ein Date verkleidet. Man sieht es ihr an, dass sie sich unsicher im neuen Look fühlt, und man fühlt sich getäuscht, wenn ihr Dress gar nicht ihrem eigentlichen Stil entspricht.« Sie steigen gern bei auffälligen Modetrends ein? Zügeln Sie sich bei den ersten Dates. Männer durchschauen sofort, dass Sie Modezeitschriften ein bisschen zu ernst genommen haben, und Ugg Boots oder Pluderhosen findet kein Kerl wirklich schön. Sehen Sie niemals so aus, als hielten Sie »Sex and the City« für ein Lehrprogramm. Zu trendige Klamotten entlarven eine gewisse Hilflosigkeit. Sie sind nicht Kate Moss oder Sienna Miller. Bleiben Sie lieber bei Ihrem ganz eigenen Stil und ziehen Sie Basics und Klassiker, getragen mit einer Spur Lässigkeit, dem neuesten Mode-Hype vor.

- **Lieblingskleid:** Wählen Sie stattdessen ein Outfit, das Sie schon einmal trugen und in dem Sie sich wohl fühlten, ein Outfit, das Sie mit einem gelungenen Abend assoziieren. Stellen Sie sich beim Anziehen Ihres bewährten Gewinner-Outfits die vergangene Situation vor, in der Sie es bereits anhatten, und rufen Sie die Gefühle von damals wieder auf. Stellen Sie sich vor, wie Sie mit demselben Outfit bei dem zukünftigen Date sitzen. Ihr Kleidungsstück wird so zu einem wichtigen Anker positiver Gefühle – Ihr Kampfanzug, der Ihnen Superkräfte verleiht, so wie Uma Thurmans gelber Overall in »Kill Bill«!
- **Nicht übertreiben:** Sie dürfen sich niemals so anziehen, als hätten Sie sich zu lange Gedanken über das Outfit gemacht. Schuhe etwa, die farblich genau mit dem Gürtel und der Handtasche abgestimmt sind, wirken überinszeniert. Bringen Sie einen Hauch von Zufall ins Outfit! Ein lässiger Undone-Style strahlt mehr Gelassenheit aus als detailversessenes Aufmotzen und sorgt für eine stressfreiere Atmosphäre.
- **Preis und Qualität:** Ziehen Sie Schuhe von Qualität an! Ansonsten meiden Sie Klamotten, die zu teuer aussehen. Er wird Sie für anspruchsvoll und verwöhnt halten und sieht schon seine Kreditkarte verglühen, falls mehr aus Ihnen beiden wird. Denken Sie daran: Er spielt genauso eine gemeinsame Zukunft

durch, wie Sie es tun! Großes Tabu: sichtbare Labels, auffällige It-Bags und Portemonnaies von Louis Vuitton, alles von Ed Hardy. Gewisse Accessoires sollten Sie Fußballergattinnen, Fergie von den Black Eyed Peas oder aufgemotzten Russinnen überlassen.

- **Sonnenbrille:** Tragen Sie eine Sonnenbrille nur, wenn es wirklich sonnig ist. Die »Ich bin so cool wie ein Superstar«-Attitüde gehört ins Jahr 2000. Eine akute Paris-Hiltonitis verschreckt Männer, die eher auf Warmherzigkeit als auf Coolness anspringen. Tragen Sie aber eine Brille etwa für ein Treffen in der sonnendurchfluteten Strandbar, wählen Sie ein edel oder auch klassisch aussehendes Modell, welches nicht billig wirken darf.
- **Handtasche:** Vielleicht sind diese Saison wieder XXL-Taschen angesagt, in die man bei einem Umzug seine gesamte Inneneinrichtung verstauen könnte. Vielleicht verkauft ein Magazin eine Handtasche mit Goldkettchen und Lederfransen als *die* It-Bag. Seien Sie skeptisch. Verzichten Sie auf Bling-Bling! Für ein Date wählen Sie besser ein schlichtes, zeitloses Modell mit dezentem Label.
- **Schmuck und Bräune:** Viele Frauen sind der Ansicht, man kann nie zu braun und nie zu sehr mit Schmuck behangen sein. Bei beiden Ansichten lohnt es sich, sie zu überdenken. Tragen Sie so wenig Schmuck wie möglich. Sieht er irgendwas Kostspieliges blitzen, sieht er sich mit Ihnen schon früher oder später in einem Laden, umzingelt von Juwelieren, die zischeln wie eine Kobra. Er will ein Abendessen mit Ihnen, kein Frühstück bei Tiffany's! Und zum Thema Bräune: hier gilt die goldene Mitte. Ein blässlicher Teint liegt im Trend und passt zu artifiziellen Geschöpfen wie Dita Von Teese, Gwyneth Paltrow oder Tilda Swanton. Männer bevorzugen jedoch gesunde Hautfarben. Wenn Sie allerdings aussehen, als hätten Sie die Nacht in der Mikrowelle verbracht, stellen Sie sich selbst in Abrede.

- **Make-up** gehört so sparsam aufgetragen wie möglich. Männer lieben es zu erzählen, dass Ihre Freundin ja gar kein Make-up braucht – die meisten halten ein dezent und farbneutral geschminktes Gesicht tatsächlich für komplett ungeschminkt! Zurückhaltung ist auch bei der Farbe des Lippenstifts angeraten, ist sie zu knallig, ist die erotische Symbolik zu offensiv. Tabu: Pink oder Glitzer!
- **Nägel:** Perfekt manikürte Nägel verraten Stil, Klasse und einen Sinn für Körperpflege – eben bis in die Fingerspitzen. Zurückhalten sollten Sie sich mit aufgeklebten Fingernägeln oder blutroten Farben. Eine dezente, farblose Maniküre ist beim ersten Date sinnvoller. Alternative, wenn es Ihnen gefällt und zu Ihnen passt: die French Maniküre.
- **Dessous:** Tragen Sie IMMER erotische, qualitativ hochwertige Unterwäsche, auch wenn er sie noch längst nicht zu sehen bekommt. Sie werden sich so sinnlicher fühlen und sich sinnlicher benehmen.
- **Ganz wichtig: der Duft!** Der Geruchssinn ist von all unseren Sinnen der archaischste, der animalischste und der, der die meisten Beziehungen zum Unbewussten besitzt. Wählen Sie auch hier einen bewährten Duft. Sorgen Sie dafür, dass er ihn wahrnimmt, etwa indem Sie ihn immer wieder streifen. Ihm Einlass in Ihre Geruchsatmosphäre zu geben wirkt auf betörende Weise intim und einladend, ist aber gleichzeitig dezent. Ihr Geruch ist ein wichtiger Anker, der für ihn fest mit Ihrer Person verbunden bleibt und Gefühle auslöst. Parfüm muss immer so sparsam aufgetragen werden, dass es Ihren subtilen Eigengeruch nicht überdeckt. Er darf nur wahrgenommen werden, wenn man Ihnen nahekommt. Niemals direkt vor dem Date auftragen! Wechseln Sie Ihr Parfüm in den ersten Monaten einer Romanze daher nicht. Entscheiden Sie sich für einen Duft, der selten ist. Ihr Geruch ist persönlich und individuell.

- **Erotik:** Ihre Stilettos und kniehohen Stiefel mögen mördersexy sein. Auf jeden Fall sind sie zu sexy für die ersten Dates! Männer fühlen sich durch Domina-Outfits schnell eingeschüchtert. Holen Sie diese erotischen Asse erst aus dem Ärmel, wenn eine Vertrauensbasis da ist. Tiefe Dekolletés überlassen Sie britischen Glamourmodels à la Katie Price, »Superstar«-Kandidatinnen oder meinetwegen auch der Bundeskanzlerin, wenn sie finnische Opernhäuser besucht. Für die ersten Dates gilt ganz klar: Sex-Appeal wird eher unterschwellig und immer dezent gestreut.
- **Für Fortgeschrittene:** Eine besondere Verbindung auf unbewusster Ebene schaffen Sie, wenn Sie seinen Stil spiegeln. Klappt natürlich nur, wenn Sie ihn schon ein paar Mal gesehen haben. Merken Sie sich genau, wie sein Stil funktioniert. Kleidet er sich klassisch, sportlich, in Vintage? Ein Hauch von britischem Dandy oder amerikanischem Hip-Hop? Französischer Bohemien oder Pete-Doherty-Style? Trendy oder basic? Helle Farben, Muster, gedeckte Töne? Welche Labels? Entwickeln Sie das weibliche Gegenstück zu seinem Outfit, tragen Sie identische Marken, identische Farbtöne, setzen Sie Ihr Gesamtoutfit am selben Grad zwischen schlampig und geschniegelt an. Die Wirkung ist verblüffend – auf diese Weise stellen Sie auf unbewusster Ebene schnell Intimität zueinander her.

46. Machen Sie sich schlau, was ihm gefällt

Wenn Sie an Ihr Leben zurückdenken, werden Sie feststellen: Es hat meistens dann etwas gut geklappt, wenn Sie gut vorbereitet waren. Das Abitur, die Führerscheinprüfung, der Tauchkurs, die Aufnahmeprüfung fürs Austauschprogramm, das Vorstellungsgespräch – überall da hat die Vorbereitung Ihnen geholfen, nicht nur durch Ihr Wissen und Ihre Fertigkeit an sich, sondern auch dadurch, dass Sie sich sicher und gewappnet fühlten. Warum aber stolpern die meisten Frauen unvorbereitet in ein Date? Regelmäßig zu atmen und sich total tolle Löckchen zu drehen reicht nicht, wenn man einen Mann trifft – nicht für moderne Männer mit einem gewissen Anspruch.

Was wissen Sie über Ihren Date-Partner? Bestimmt haben Sie vorab am Telefon, im Chatraum oder am Ort des Kennenlernens über Hobbys gesprochen, über ein Land, das er immer wieder bereist, über seinen Job. Machen Sie sich Stichpunkte – und jetzt an die Arbeit! Wenn Sie dafür in die Bibliothek wollen – sehr gerne, Bibliotheken sind ohnehin schöne altmodische Orte, um Männer kennenzulernen. Es reicht aber schon eine funktionierende Internetleitung. Wikipedia und Google sind Ihre schlauen besten Freundinnen. Er ist Halb-Argentinier? Wer regiert Argentinien gerade, wie ist die wirtschaftliche Stimmung dort, wer ist argentinischer Popstar Nr. 1? Er liebt Huskys? Welche Informationen bekommen Sie über diese Hunderasse? Er arbeitet bei Siemens? Informieren Sie sich über die derzeitige Situation in dem Unternehmen und darüber, auf welchen Märkten es tätig ist! Er spielt Kricket? Was genau ist das überhaupt? Wie sind die Regeln? Wer ist der derzeit berühmteste Kricket-Spieler? Er liebt Filme von Tim Burton? Was hat der noch mal gedreht? Vielleicht schauen Sie sich einen Film sogar an, den Ihr Dating-Partner Ihnen empfohlen hat. Hören Sie bei YouTube in Musik von Hot Chip (Elektropop) oder den Klaxons (Psychodelik) rein, wenn das seine Lieblingsbands sind, Sie sich aber seit der Café-del-Mar-Compilation von 1999 keine neue Musik zugelegt haben und daher wenig auf dem Gebiet zu sagen haben. Es ist nicht schwer, all das herauszufinden und noch ein bisschen mehr. Sie werden staunen, welche Wirkung es hat, wenn Sie hier und da ein bisschen Halbwissen einstreuen.

Vorsicht: Sie dürfen nie belehrend wirken oder etwas besser wissen. Ihr Wissen sollte eher dazu dienen, gescheite Fragen zu stellen oder Themenkreise zu eröffnen – souverän, zurückhaltend und mit freundlicher, unvoreingenommener Neugier.

Außerdem lohnt ein kurzer Blick in eine Zeitung oder auf ein Nachrichtenportal im Internet. Vielleicht schneidet er eine der Schlagzeilen an, und dann ist es von Vorteil, wenn Sie wissen, um was es geht.

47. Bringen Sie sich in Stimmung!

»Ich bin langweilig, ich bin verdammt langweilig«, hämmerte es **Karla** *durch den Kopf, als er ihr Weißwein nachschüttete. Die Zunge schwer, die Antworten einsilbig, erschienen ihr ihre eigenen gequälten Worte verzerrt und wie von weit her, nicht zugehörig zu ihr selbst. Das Gespräch? Zäh. Zumindest von ihrer Seite. Er dagegen gab spannende Anstöße, war locker, humorvoll. Sie jedoch empfand sich als unfähig, die ihr zugespielten Bälle aufzufangen.*

»Warum war Schlagfertigkeit an diesem Abend das, was mir auf dem Weg nach Hause einfiel?«, schimpfte Karla hinterher bei mir. »Warum kam ich mir die ganze Zeit vor wie eine verklemmte Langweilerin?« Dabei war die ganze Woche grandios verlaufen. Sie hatte bei der Arbeit eine Präsentation geschmissen, die ein schnödes Atemspray wie ein lifestyliges Must-have wirken ließ, ohne das sich ab jetzt nur noch Hinterwäldler aus dem Haus trauen. Beim Abendessen mit Freunden hatte sie den ganzen Tisch und schließlich auch noch den benachbarten Tisch mit locker parlierten Anekdoten unterhalten. Und so war sie doch auch: witzig, gut drauf, selbstbewusst, schnell und scharf! »Und dann sitze ich da gegenüber von diesem heißen

Typen und komme mir vor wie ein trostloser Backfisch!« Dabei hatte sie sich so vorgenommen, amüsant zu sein, geistreich. Karla: »Plötzlich war ich eine dieser Frauen, die nur mit den Augen klimpern, sich Löckchen drehen und nicht viel mehr beisteuern als ein ewiges ›Wirkliiich‹?«

Allerdings: Damit lag Karla vermutlich gar nicht so schlecht im Rennen – und tatsächlich rief »der heiße Typ« wieder an, schlug ein zweites Date vor. Denn eine Ladykracherin, die die ganze Zeit nur ein Witz-Feuerwerk von sich gibt, ist einem Mann eher unheimlich. Besser drauf zu sein als er – das schüchtert ihn ein. Ein Quasselhuhn wird ihm schnell auf die Nerven fallen. Schrauben Sie also Ihre Erwartungen an sich selbst zurück: Es wird viel weniger verlangt, als Sie denken.

Während Sie sich als stocksteife Langweilerin fühlen, befindet er sich wahrscheinlich gerade in einem anregenden Gespräch mit Ihnen. Und bei einem Date geht es zum Glück auch nicht darum, ein Atemspray anzupreisen.

Trotzdem wollen wir uns natürlich gut fühlen während eines Treffens, locker sein, reaktionsschnell und offen, um es genießen zu können, und uns nicht verkrampft ans Weinglas klammern. Warum verlassen uns Lockerheit und Gelassenheit manchmal genau dann, wenn wir sie am meisten brauchen?

Sich auf ein Date vorzubereiten, dazu gehört nicht nur, die Ankle Boots mit dem Rest des Outfits abzustimmen. Wappnen Sie sich mit der richtigen mentalen Vorbereitung. Sie können sich Ihre positive Grundstimmung in einer kleinen Übung vorab modellieren. Stimmungen sind nicht etwas, was uns passiert. Sie sind nicht wie das Wetter, das wir nicht verändern können. Entscheiden Sie selbst, wie Sie sich fühlen wollen, und ergreifen Sie die Initiative!

Wohlfühltraining: »Die Kraft des Lichtes«

1. Schritt: Benutzen Sie dazu die Magie Ihrer Erinnerungen: Rufen Sie eine Situation Ihrer Vergangenheit in Ihrem Gedächtnis ab, in der alles so war, wie es sein sollte. Das perfekte Date, an dem Ihr Selbstbild schön, stark und selbstsicher war. Ein Date, an dem es rundum gut lief. An dem Sie die Macht spürten, ihn um den Finger zu wickeln. An dem Sie sich aufregend, verführerisch und unwiderstehlich fühlten, weil Sie aufregend, verführerisch und unwiderstehlich waren. Es spielt keine Rolle, wie die Geschichte weiterverlaufen ist. Es spielt keine Rolle, ob es zehn Jahre oder eine Woche her ist. Denken Sie nur an die Gefühle bei diesem einen Date, in der eine Hochform-Version von Ihnen in den Dating-Kampf ging.

2. Schritt: Hören Sie den Geräuschpegel von damals wieder, das Klirren des Geschirrs, das abgeräumt wurde. Sehen Sie die Farben des Lokals, schmecken Sie Ihre Speise und den Espresso danach, nehmen Sie den Geruch von damals wahr, erinnern Sie sich daran, was Sie an jenem Abend für Kleidung trugen. Machen Sie die sinnlichen Eindrücke intensiver, kräftiger, so, als wenn Sie an den Reglern Ihrer Hi-Fi-Anlage drehen oder am Equalizer Ihres Fernsehers. Atmen Sie gleichmäßig in aufrechter Position ein und aus und saugen Sie das positive Lebensgefühl dieses Abends mit jedem Zug in sich ein.

3. Schritt: Stellen Sie sich nun einen Lichtkegel um sich herum vor. In welchem Umfang dieser Lichtkegel Sie umgibt, bleibt Ihnen überlassen. Wählen Sie eine Farbe und Helligkeit, die Ihnen intuitiv erscheinen, wenn Sie an sich selbst in Hochform denken. Vielleicht glitzert der Kegel, vielleicht wirft er Strahlen, vielleicht bewegt er sich, vielleicht schimmert er wie ein Polarlicht. Wie auch immer der Lichtkegel beschaffen ist, er drückt das Beste von Ihnen aus: Ihre ganze Kraft, Ihre Einzigartigkeit, Ihre Fabelhaftigkeit.

4. Schritt: Treten Sie nun aus dem Lichtkegel hinaus und blicken Sie auf ihn zurück.

5. Schritt: Jetzt denken Sie an das bevorstehende Date. Stellen Sie sich vor, wie Sie Ihren Wagen vor dem Lokal parken, das Sie für die Verabredung ausgewählt haben, wie Sie den Wagen verschließen, wie Sie auf die Restauranttür zugehen.

6. Schritt: Wählen Sie nun einen Startknopf, der zeitlich unmittelbar vor der Begegnung mit Ihrem Date steht. Es kann das Gefühl sein, mit der Hand den Türgriff des Lokals zu berühren. Es kann der Moment sein, in dem der Kellner Ihnen aus dem Mantel hilft. Es kann aber auch erst der Begrüßungs-Wangenkuss mit Ihrer Verabredung sein, die am Tisch auf Sie wartet. Dieses Signal ist Ihr geheimer und ganz privater »Anker«. Erleben Sie diesen Moment mit allen Sinnen, spüren Sie die Kühle der Klinke auf Ihrer Haut oder die murmelnde Geräuschkulisse des Restaurants, wenn Sie begrüßt werden.

7. Schritt: Dann treten Sie in Ihren Lichtkegel zurück, genießen das Selbstvertrauen, das Sie in diesem Lichtkegel erleben. Spielen Sie nun erneut die zukünftige Situation durch und stellen Sie sich vor, wie Sie die Kraft Ihres Lichtkegels beim Berühren der Türklinke erfasst.

8. Schritt: Verlassen Sie den Kegel jetzt wieder, lassen Sie Ihre Selbstsicherheit darin zurück. Denken Sie an das künftige Date, denken Sie daran, wie Sie an die Türklinke greifen, denken Sie daran, wie das Licht Sie erfasst. Denken Sie daran, wie die Situation nun mit Ihren gesamten wachgerufenen Ressourcen weiter verläuft, wie Sie sich zu ihm an den Tisch setzen und sich einfach nur exzellent fühlen. Wenn das Ereignis dann tatsächlich eintritt, Sie real die Klinke berühren oder der Kellner Sie begrüßt, kurz, das von Ihnen gewählte Startsignal eintritt, werden Ihre Ressourcen frei und Sie werden sich besser fühlen – weil Sie sich dazu entschieden haben, sich gut zu fühlen!

48. »Love Is In The Air«: Nutzen Sie die Macht der Musik

Kennen Sie das? Sie hören einen Song, den Sie lange nicht gehört haben, einen Song, der Sie an einen längst vergangenen Sommer erinnert? Plötzlich fühlen Sie wieder, wie Sie damals gefühlt haben, eine Stimmung, die von einzelnen Wörtern gar nicht reflektiert werden kann, weil sie Gefühle auslöst, die wir hatten, bevor wir Worte für sie fanden. Eine Mischung aus Sinneseindrücken und innerem Erleben. Sie spüren die Hitze wieder, den Schweiß auf der Haut, den Geruch des Wassers am Badesee und den von Sonnenöl, den Geschmack leicht geschmolzener Sahne auf den Erdbeeren, die sich mit dem Fruchtsaft vermischt. Der Transport dieser Gefühle durch einen »Sommerhit« funktioniert über Jahrzehnte.

»Dreams Are My Reality« aus dem Film »La Boum« versetzt meine Generation immer noch augenblicklich in eine Mischung aus Gefühlen wie Unschuld und Aufregung, erinnert an den Geruch von Achselschweiß und Patschuli, den Geschmack von Erdnussflips und Blue Curaçao auf einer Partykeller-Teenager-Fete in den 80ern. Musik ist ein kraftvoller Anker. Musik transportiert Stimmungen wie kaum ein anderes Medium.

Denken Sie jetzt wieder an ein rundum gelungenes Date Ihrer Vergangenheit. Gab es einen Song, den Sie mit dieser Situation in Verbindung brachten? Vielleicht lief er an jenem gelungenen Abend, vielleicht spielte er zu dieser Zeit einfach dauernd im Radio, vielleicht verbinden Sie ihn aus irgendeinem anderen Grund mit diesem Tag, mit jener Ära. Wenn Ihnen kein Song einfällt, überlegen Sie sich einen, der zu dieser Situation gepasst hätte.
Versetzen Sie sich wieder in die Situation des früheren Dates und unterlegen Sie Ihren inneren Film jetzt mit ebenjenem Lied. Denken Sie nun an andere gelungene Dates oder erfolgreiche Momente mit Männern. Spielen Sie auch dabei dieses Lied in Ihrem Kopf. Es ist Ihr persönliches »Ich habe Glück bei Männern«-Lied, das Ihnen hilfreich zur Seite stehen wird.
Denken Sie nun an die Date-Situation, die Ihnen bevorsteht, erleben Sie sie jetzt schon, als wären Sie mitten in ihr, und unterlegen Sie diese Situation mit Ihrem ganz eigenen Soundtrack.

Sie werden merken, wie magisch sich Ihre guten Gefühle der Vergangenheit in diese geistige Vorwegnahme transportieren. Das von positiven Gefühlen begleitete Durchspielen der künftigen Situation hat die Macht, die gewünschten Ressourcen tatsächlich freizusetzen, wenn es so weit ist.

Spüren Sie trotzdem Zeichen von Angst, Beklemmung, Unsicherheit während Ihres Dates? Summen Sie leise die Melodie des Liedes mit der Gewissheit, dass Sie alles in sich haben, was Sie für ein erfolgreiches Treffen brauchen, und dass Sie wissen, wie Sie Ihre Bestform erreichen können.

Ihr Date war erfolgreich? Verstärken Sie die Kraft Ihres Glück-Liedes und hören Sie es real, wenn Sie nach Hause kommen, dann, wenn Sie noch flirren von den aufregenden Erlebnissen des Abends und Ihrem selbstsicheren Gefühl. Denken Sie dabei wohlwollend an die gelungenen einzelnen Ereignisse der Begegnung. Sie haben jetzt ein Lied, das in dieser Form nur Ihnen gehört und das Beste in Ihnen wecken wird, wann immer Sie es brauchen.

49. Essen Sie mit Lust!

Es waren einmal ... homosexuelle Männer. Und die hatten es nicht leicht! Nur 5 Prozent der Männer kamen für sie als potenzielle Partner in Frage, und darunter fielen dann wiederum meist diejenigen weg, die in Frauenfummel oder in Ledergeschirr herumrannten und nur für andere Ledergeschirrträger in Frage kamen. Und immer mussten sie mit ansehen, wie junge dumme Girls sich keck und unverdrossen der restlichen 95 Prozent bedienten, ja, sie schienen ihnen nur so in den Schoß zu fallen. Das machte manche, wirklich nur einige wenige der homosexuellen Männer, neidisch. Sie verlagerten ihr Bedürfnis nach Schönheit und studierten verbissen Design. Dann suchten sie sich Verbündete und fanden sie in Modelbookerinnen, deren ohnehin meist mauer sexueller Laufbahn durch Verbitterung, zu viel Arbeit und überzogene Ansprüche ein frühes Ende gesetzt wurde. Mit ihnen und dem ein oder anderen Prada tragenden Teufel schmiedeten sie eine schaurige Allianz. Ziel: es den Frauen heimzuzahlen. Sie stilisierten ein ungesundes, unfruchtbares Frauenbild zum Schönheitsideal. Der Trend der Magermodels war geboren, lustfeindlich und androgyn.

Wenn Sie eine Modelbookerin oder einen homosexuellen Designer sehen, streicheln Sie ihr oder ihm zärtlich über den von modischem Zwirn geschützten Modelbookerinnen- oder Modedesigner-Arm und seien Sie nett. Trotz allem! Und dann gönnen Sie sich eine schmackhafte Mahlzeit!

Ein Mann sucht, ob bewusst oder unbewusst, eine Frau, die den Fortbestand seines Genmaterials sichert, eine Frau, die Kinder bekommen kann. Ab einer gewissen Magergrenze setzt der Zyklus aus. Knochige Schultern, verhuschte Gesichter und klapprige Beinchen sind jedem Mann ein Warnsignal: Diese Frau ist nicht robust genug für die großen Belastungen Schwangerschaft, Stillen, Kinderaufzucht. Im freundlichsten Fall werden jetzt noch Beschützerinstinkte geweckt, wohl eher jedoch Fluchtinstinkte. Verweigern Sie sich dem abnormen Diktat einiger weniger Menschen! Ja, Sie sollen sich gesund ernähren und Ihre Wohlfühl-Figur halten. Aber damit auch genug.

Spaß am Essen ist jedem Mann ein wichtiges Signal für Sinnlichkeit, Lebenslust und Gesundheit.

Ganz wichtig beim Date: Erscheinen Sie hungrig! Bestellen Sie eine schmackhafte komplette Mahlzeit, gerne mit Nachtisch. Nicht die billigste, aber auch nicht die teuerste, schließlich dürfen Sie niemals als Goldgräberin erscheinen. Denken Sie daran: Nichts wirkt unerotischer als eine Frau, die sich ihr Salatblatt eine halbe Stunde anguckt. Wenn Sie Teller mit höchstens angegessenen Portionen zurückgehen lassen, machen Sie einen undankbaren, verzogenen und nörgeligen Eindruck. Das ist ein schlechter Stil! Natürlich stehen Sie vor dem Paradoxon, dass Männer einerseits zwar tüchtig essende Frauen bevorzugen, aber eine richtig dicke Frau möchten viele dann auch wieder nicht an ihrer Seite. Keine Panik: Sie können ja am nächsten Tag etwas kürzertreten oder joggen, wenn Sie glauben, das Abendessen mache es sich an Ihren Hüften gemütlich.

Sehen Sie die Nahrungsaufnahme vielmehr als ein erotisches Vorspiel, eine Verheißung auf das, was kommen kann. Aus diesem Grund nutzen wir auch kulinarische Begriffe für die Liebe, die bekanntlich durch den Magen geht: Küsse schmecken gut, wir möchten den anderen verschlingen, jemand frisst uns mit Blicken auf usw. Jeder Mann bevorzugt eine Pasta essende Monica Bellucci gegenüber einer Kette rauchenden Kate Moss, seien Sie sicher! Sehen Sie sich den Film »Chocolat – Ein kleiner Biss genügt« an. Die großartige Juliette Binoche eröffnet in einem mürrischen Provinznest im Frankreich der 50er Jahre eine Chocolaterie und – quel scandale – das auch noch in der Fastenzeit. Mit ihren verführerischen Pralinen erobert die unkonventionelle Frau jedoch bald die Liebe der Dorfbewohner, weil sie mit ihren speziell auf die jeweilige Person zugeschnittenen Kreationen das Gute in ihnen weckt und langverschüttete Gefühle und Begierden aufdeckt. Die magische Wirkung von Gaumenfreuden zeigt auch der verfilmte Bestseller »Bittersüße Schokolade« von Laura Esquivel, in dem eine Art Aschenputtel ihre Sinnlichkeit durch ihre Kochkünste ausdrückt. Ein Roman, der ungewöhnlicherweise auch echte Kochrezepte bietet!

50. Auch Servicekräfte mögen nett behandelt werden …

Paula *ist nicht nur optische eine betörende Frau, sondern auch temperamentvoll und aufregend. Erfolgreich arbeitete sie lange Zeit als Model. Dann, mit Mitte 30, wurden die Jobs unregelmäßiger. Paula kompensierte den Rückgang, indem sie besonders intensiv ein Kapitel des Handbuchs »How to be a Supermodel« beherzigte: Und zwar jenes Kapitel, das empfahl, Personal bitte schön herumzukommandieren wie Naomi Campbell an einem sehr schlechten Tag. Erste Übung: ausufernde Bestellungen, kniffelige Fragen zur Speisekarte, Sonderbestellungen, Extrateller. Schwitzende Kellner mussten Zutatenlisten herunterrasseln. Konnten Sie das nicht, gab es eine Sechs, setzen. Was* *verlässlich drei Minuten nach der zähen Bestellung folgte, war eine Umbestellung. Wenn das Essen mit all seinen Extratellern und Abwandlungen dann serviert wurde, ging es erst richtig los: An dem Carpaccio störte sie der zu dick gehobelte Hartkäse, die Gnocchi waren ihr zu weich gekocht, die Sommertrüffel ohne Geschmack. Was folgte, war Paulas große Kür: Essen zurückgehen lassen. So, dachte sie wohl, so macht man das, wenn man eine taffe Cosmopolitesse ist! Die schwitzend über ihre Umschulung oder einen schnellen Uniabschluss nachdenkenden Kellner brachten schließlich die berichtigte Variante. Die blieb aber als Vorwurf in Form eines angegessenen Carpaccio auf dem Teller liegen.*

»Irgendwann sieht diese Frau auch mich als Personal«, so Nikolaus, der zweimal mit ihr ausging. »Und was mir dann blüht, habe ich ja heute gesehen. No thanks, das will ich mir ersparen.«

Für die Dauer Ihres Aufenthaltes in Ihrem Dating-Lokal sind die Servicekräfte Ihnen ausgeliefert. Sie als Gast besitzen ein kleines bisschen Macht. Nichts ist erbärmlicher, als sein kleines bisschen Macht ein kleines bisschen auszuspielen.

Ich erinnere mich an meine Arbeit im Krankenhaus. Unter dem Personal galt folgender Erfahrungswert: Nicht Privatpatienten, sondern Transferleistungs-Empfänger sind am anspruchsvollsten und nörgeligsten, was das Essen auf der Station betrifft. Für sie war der Krankenhausaufenthalt wie der Hotelurlaub, der ihnen sonst verwehrt blieb, und da, bitte schön, sollte das auf den Nachttisch kommen, was sie sich so unter gutem Essen vorstellten. Ungehaltener Umgang mit Personal verrät schlechte Herkunft und Erziehung und zeigt, dass es für diese Person noch neu ist, bedient zu werden.

Wenn Sie nett und freundlich zu der Servicekraft sind, die Sie bedient, können Sie fabelhaft demonstrieren, wie wohlerzogen, warmherzig, nachgiebig, unaufgeregt, charmant, bodenständig und verständnisvoll Sie sind. Alles Eigenschaften, die einer möglichen Beziehung guttun. Wenn Sie sogar dann humorvoll reagieren, wenn der Kellner Soufflé auf ihr Miu-Miu-Kleid schüttet, haben Sie sein Herz schon erobert!

51. Das Geheimnis des Erfolges: Hören Sie aktiv zu!

Es gibt keine bessere Art, eine Verbindung zu Menschen herzustellen, als sich aufrichtig für sie zu interessieren. »Wir interessieren uns für die anderen, wenn sie sich für uns interessieren«, sagte der römische Dichter Publius Syrus. Kennen Sie Dale Carnegies Klassiker »Wie man Freunde gewinnt«? Seine Maxime: »Wer sich für andere interessiert, ist überall willkommen.«
Doch trotzdem interessieren sich die meisten nur für sich selbst! Jede Erzählung des anderen dient diesen Menschen nur als Stichwort, um eigenen Kram loszuwerden. Ich belauschte im Sommer drei Teenie-Mädels im Freibad. Die eine hatte sich einen Nymphensittich zugelegt. Sofort fiel der anderen ein, dass auch sie einmal einen Sittich hatte, und sie erzählte, was er für Kunststücke beherrschte, ohne näher auf den Neuerwerb ihrer Freundin einzugehen. So war es bei jedem Thema – eine erzählte, welchen Jungen sie süß fand, die anderen schnatterten sofort, wen SIE süß fanden – und wer ihrer Meinung nach »gar nicht geht«. So redeten die drei gut zwei Stunden herrlich aneinander vorbei. Sie schienen ganz zufrieden damit zu sein …

Eine erwachsene, empathische Kommunikation muss jedoch anders verlaufen. Gewinnen Sie bei Ihrem Dating-Partner, indem Sie sich nicht nur für ihn interessieren, sondern ihm auch aktiv zuhören!

Die Grundvoraussetzung für aktives Zuhören ist zum einen, dass man sein Gegenüber in seiner jetzigen Lebenssituation wahrnimmt, und zum anderen, dass man ihm gegenüber eine positive Einstellung einnimmt.

Vermuten Sie das Beste in ihm, denken Sie daran, dass unsere These Nr. 4 auch für ihn gilt: Allem, was er sagt und tut, liegt eine positive Absicht zugrunde.

Spüren Sie widersprüchliche Gefühle? Berufen Sie eine innere Teamkonferenz ein. Wer hat Vorbehalte gegen Ihren Dating-Partner und warum?

Die Faustregel lautet: Ein Drittel der Gesprächszeit sollte der andere von sich erzählen, ein Drittel erzählen Sie von sich, ein Drittel wird für externe Inhalte verwendet.

Verschieben sich die Anteile, verliert die Beziehung an Symmetrie, gerät aus der von Gleichwertigkeit bestimmten Balance. Komplementäre Beziehungssituationen existieren etwa zwischen Bewerber und Personalchef, zwischen Reporter und Interviewtem, zwischen Lehrer und Schüler, zwischen Therapeuten und Patienten, zwischen Bühnenkünstler und Zuschauer. Die Beziehung zu Ihrem Dating-Partner sollte jedoch von Symmetrie gekennzeichnet sein. Verschiebt sich die Verteilung der Gesprächsinhalte zu seinen Gunsten, geraten Sie schnell in die Rolle einer Interviewerin oder Therapeutin oder des bewundernden Publikums – und umgekehrt. Eine gesunde Beziehung ist immer darum bemüht, Symmetrie herzustellen.

Dominieren die externen Inhalte, egal ob Wetter, Weltgeschehen oder Wuchermieten, ist dagegen die Gefahr von Oberflächlichkeit, Unverbindlichkeit und Austauschbarkeit gegeben – Menschen im Aufzug beispielsweise reden ausschließlich über externe Inhalte, über die Hitzewelle oder den neuen Anstrich im Büroflur. Auch flüchten sich zwei Menschen in externe Inhalte, die aufgrund ihrer Vorgeschichte persönliche Themen als zu heikel und konfliktträchtig empfinden und meiden – eine solche Beziehung gerät oft verkrampft und starr. Durch persönliche Themen aber verringert sich der Abstand zwischen zwei Menschen.

- **Geben Sie regelmäßig Hörerrückmeldungen** wie »Aha«, »Ja?«, »Ich verstehe«, »Ach so« »Mmmmh«: Kleine Äußerungen mit großer Wirkung! Nicken Sie zustimmend und lachen Sie, wenn etwas Ihr Humor-Zentrum trifft.
- **Halten Sie Blickkontakt** in dem Maße, in dem Ihr Gesprächspartner mit Ihnen Blickkontakt hält. Das ist der Rhythmus, mit dem er sich wohl fühlt. Lassen Sie Ihren Blick nicht umherschweifen. Das wirkt, als suchten Sie nach Ablenkung, anderen Menschen, mit denen Sie jetzt lieber zusammen wären, oder dem Notausgang.
- **Seien Sie geduldig,** lassen Sie den anderen ausreden. Wenn Sie nichts zu dem Gesagten beizusteuern haben, hören Sie schweigend zu. Sie müssen nichts sagen um des Sagens willen.
- **Wenn es passt, strahlen Sie Ihr Gegenüber offen an!** Um manche Frauen bei einem Lächeln zu erwischen, muss man ein Foto von ihnen auf den Kopf stellen. Andere haben so ein warmes Lächeln, dass man es am liebsten abpacken und aufbewahren würde, für schlechte Zeiten. Ihr Kleid mag von COS sein und Ihre Schuhe von Marc Jacobs – aber Ihr Lächeln, das ist einzig und allein von Ihnen selbst!
- **Nennen Sie seinen Namen.** Natürlich nur in wohldosiertem Maße: also nicht zu oft, aber auch nicht zu selten. Diese persönliche Ansprache schafft Vertrauen und Verbindlichkeit.
- **Lassen Sie in Ihrer Stimme ein Lächeln mitschwingen,** sprechen Sie langsam und mit entspannter, melodischer Stimme.

- **Zeigen Sie Gefühl und Mitgefühl** für das, was er sagt, was ihn bewegt, was ihm wichtig ist. Versuchen Sie, sich in den anderen hineinzuversetzen und die Welt mit seinen Augen zu sehen.
- **Seien Sie offen und neugierig** und stellen Sie Zwischenfragen. Benutzen Sie dazu hauptsächlich offene Fragen. Offene Fragen beginnen mit einem W-Wort: wie warum, weshalb, wo, wann, wer. Sie zielen darauf, etwas über Gefühle, Einstellungen, Meinungen und Werte des anderen zu erfahren, wirken mitfühlend (empathisch) und wertschätzend. Sie lassen Sie nicht nur interessiert wirken, sondern durch ihren Rückkoppelungs-Effekt auch interessant. Beispiele: Wie war das für dich? Wie geht es dir dabei? Was genau musstest du da tun?

Achten Sie darauf, wie er etwas sagt

Ein wirksames Mittel, einander anzugleichen: einen Gesprächsbeitrag des anderen zusammenfassend zu wiederholen, ihn auf diese Weise zu spiegeln. Fassen Sie das Gesagte nicht mit Ihren eigenen Worten zusammen, sondern mit seinen! Ihr Gegenüber wählt seine Worte aus bestimmten Gründen, er misst ihnen eine Bedeutung zu, die über den eigentlichen Inhalt hinausgeht. Sie sind für ihn mit Konnotationen, also mit bestimmten Emotionen und Eindrücken assoziiert. Hören Sie ihm dazu genau zu. Versuchen Sie, ihn genau zu verstehen. Haken Sie nach, wenn Sie etwas nicht verstehen. Versuchen Sie nicht nur zu verstehen, was seine Worte explizit bedeuten, sondern auch ihre impliziten Botschaften: Achten Sie darauf, was er mit seinen Äußerungen über sich selbst preisgibt. Welche Gefühle sind für ihn mit seinen Worten verbunden, welche Einstellungen? Achten Sie auf Schlüsselwörter, die er dazu verwendet. Mit diesen Schlüsselwörtern gibt Ihr Dating-Partner seine Werte wieder. Greifen Sie die für ihn wichtigen Schlüsselworte auf. Sie erkennen Schlüsselwörter daran, dass er sie mit besonderen Gesten oder einer besonderen Betonung hervorhebt und in Abständen wiederholt. Mit folgenden Formulierungen können Sie Ihre Wiederholungen des von ihm Gesagten einleiten:

- *»Hab ich das richtig verstanden, für dich war es also so …«*
- *»Kann man das folgendermaßen zusammenfassen? …«*
- *»Du sagst also … Du glaubst also …«*

Setzen Sie dieses Mittel wohldosiert und niemals mechanisch ein. Es ist etwa angemessen, wenn Ihr Gesprächspartner sich schwertut, seine Gefühle zu formulieren, wenn Sie nicht sicher sind, ob Sie ihn richtig verstanden haben, oder wenn Sie glauben, dass seine Aussage für ihn gerade eine besondere Bedeutung hatte und eine wichtige Selbstkundgabe war.

52. Ganz wichtig: Bewerten Sie nichts!

Interpretieren, schlussfolgern und beurteilen Sie möglichst wenig: Versuchen Sie, sich in den anderen zu versetzen, das, was er sagt, aus seiner Sicht zu begreifen.

Entwickeln Sie Empathie und Verständnis. Versuchen Sie, sein Wertesystem zu verstehen und zu akzeptieren, statt das Gesagte an Ihrem eigenen Wertesystem zu messen oder zu interpretieren.

Halten Sie sich mit Ihrer Meinung zurück, entlarven Sie nicht, diagnostizieren und weissagen Sie nicht. Versuchen Sie lieber, aufrichtiges Verständnis für den anderen in seiner Andersartigkeit zu entwickeln. Seien Sie unvoreingenommen und vorurteilsfrei. Hinterfragen Sie lieber Ihre eigenen Glaubenssätze, als die Glaubenssätze des anderen zu bewerten. Signalisieren Sie dem anderen: Ja, ich bin auf deiner Seite. Ich möchte, dass du dich wohl fühlst. Geben Sie dem anderen ein gutes Gefühl.

Erkunden Sie vorurteilsfrei durch Fragen sein Wertesystem und stellen Sie gemeinsame Werte fest. Betonen Sie die Gemeinsamkeiten. So schaffen Sie eine ganz besondere Verbindung. Jede Frage wirkt angenehmer und symmetrischer, wenn sie mit einer Aussage über Sie selbst, einem Stück Selbstoffenbarung, einhergeht. Ansonsten wirkt das Gespräch leicht wie ein Interview oder, schlimmer noch, wie ein Verhör und verunsichert Ihr Gegenüber.

Beispiele:

- *»Ich entspanne am besten beim Joggen, und dann lege ich mich eine Stunde einfach sinnlos ins Gras. Was machst du, wenn dir der Stress zu viel wird?«*
- *»Oh, ich finde einfach alles spannend, was mit Fernost zu tun hat, wo in Asien warst du denn schon überall?«*
- *»Das stelle ich mir sehr aufregend vor, ich wollte ja auch mal Reporterin werden. Welche Spitzensportler hast du denn schon alle getroffen?«*
- *»Ich selber bin ja vor Prüfungen drei Tage nicht ansprechbar, wie geht es dir jetzt so kurz vor deinem Examen?«*

Vorsicht: Aktives Zuhören funktioniert nur, wenn Sie sich aufrichtig für den anderen interessieren. Als mechanische Taktik abgespult, wirkt es dagegen irritierend, schlimmstenfalls manipulativ und taktisch.

Was aber, wenn Ihr Gegenüber, ansonsten ein netter Kerl, sich in endlosen Ausführungen verliert, wer in seiner Bürogemeinschaft gerade mit wem was gemacht hat, und Sie beim besten Willen nicht mehr folgen können und wollen? Eine Möglichkeit ist es, mit einem Teil Ihrer Aussage seinen Gesprächsbeitrag zu würdigen, mit dem anderen Teil in einer Ich-Aussage zu verstehen zu geben, warum Sie gerade wenig damit anfangen können.

Beispiel:
»Es scheint ganz schön spannend bei euch im Büro zu sein, auch wenn ich jetzt den genauen Einzelheiten im Moment weniger folgen kann.«

In einer fortgeschrittenen Beziehung sollte die offene und freundliche Zurückweisung eines Themas oder das Unterbrechen eines Redeflusses eher zur Stabilität beitragen. Schließlich wird so Symmetrie hergestellt und Komplizenschaft für unaufrichtige und einseitige Kommunikation verhindert. Gerade am Anfang einer Beziehung ist sie jedoch immer eine heikle Angelegenheit – wenn Sie trotz gewisser Längen in der Konversation an einer Fortsetzung der Beziehung interessiert sind, gehört es zur Akzeptanz dazu, solche Längen im gewissen Maß auch zu erdulden. Es ist die stillschweigende Übereinkunft in jedem Gespräch, dass jede Seite auch etwas für den anderen Uninteressantes erzählen darf.

53. Stellen Sie Harmonie her oder »Was Sie durch Achtsamkeit erreichen können«

»Wie war dein Date?«, fragte ich meinen Kumpel **Phillip** *und erwartete, seine üblichen Nörgeleien zu hören. Sie lacht zu affektiert, sie spricht zu laut, sie ist zu aufgemotzt, sie ist zu uninteressant. Aber nein: »Wir waren voll auf einer Wellenlänge! Wir mussten immer über die gleichen Sachen lachen, zum Beispiel dass der Kellner so gesprochen*

hat wie Horst Schlämmer. Wir hatten oft denselben Gedanken, und wenn es nur der war, noch ein Glas Wein zu bestellen. Wenn ich etwas erzählte, schien sie genau zu verstehen, wie ich es meinte. Sie nahm mir manchmal die Worte aus dem Mund. Ich kann es gar nicht sagen, irgendwie stimmte alles, es passte einfach. Es gab diese besondere Connection zwischen uns.«

Eine Verbindung haben, ein schnelles Gefühl der Vertrautheit, auf einer Wellenlänge schwimmen, das Gefühl, ohne viel Worte verstanden zu werden und dass die Worte auch so aufgefasst werden, wie sie gemeint waren, kurz, Ähnlichkeit zu empfinden – worauf basiert das? Ganz entscheidend dafür ist die Harmonie zwischen Ihnen und Ihrem Dating-Partner.

Harmonie bedeutet, im gleichen Schritttempo durch die Verabredung zu gehen. Harmonie ist nichts, was vom Himmel fällt. Sie können Sie bewusst kreieren – wenn Sie sie kreieren wollen. Harmonie entsteht durch die Angleichung zweier Menschen aneinander.

Sicher kennen Sie langjährige Paare, die genau gleich reden, dieselben Wörter, die gleichen Gesten benutzen, sich ähnlich kleiden und sich synchron zu bewegen scheinen. Meistens leben diese Paare sehr harmonisch. Keine Angst, wir wollen die Kirche im Dorf lassen, es geht ja hier gerade mal um die ersten Dates. Trotzdem können wir von erfolgreichen dauerhaften Paaren lernen, wie Harmonie geschaffen wird: durch stimmliche und körperliche Angleichung etwa. Die kann man nicht erst in vielen Ehejahren schaffen, sondern schon in einer einzelnen Situation forcieren, etwa bei Ihrem Date. So geht's:

- **Achten Sie auf die Stimmlage Ihres Dating-Prinzen.** Spricht er laut, leise, schnell, langsam? Macht er viele Pausen? Verinnerlichen Sie seinen Sprech-Rhythmus! Versuchen Sie, Ihren Rhythmus, Ihre Tonlage, Ihre Lautstärke, Ihr Tempo ihm anzugleichen. Verfällt er in einen Dialekt, den auch Sie beherrschen, weichen auch Sie in einem ähnlichen Maß vom Hochdeutschen ab.

- **Achten Sie auf seinen Atemrhythmus,** denn sein und Ihr Rhythmus spiegeln den Grad von Aufregung und der Gelassenheit bei der Verabredung, den Sie aufeinander einstimmen können. Atmet er tief oder kurz, atmet er länger ein oder länger aus? Versuchen Sie, sich seinem Rhythmus anzugleichen. Das kann auch spiegelverkehrt erfolgen, indem Sie einatmen, wenn er ausatmet, oder Sie spiegeln sein tiefes Luftholen zwischendurch. Atmet er hektischer als Sie, können Sie sich zunächst seinem Rhythmus anpassen und anschließend allmählich zu Ihrem Rhythmus zurückfinden und ihn dahin »mitnehmen«, sein Tempo also nach und nach dem Ihren angleichen.
- Vielleicht ist Ihnen schon einmal aufgefallen, dass Sie in einer harmonischen Kommunikationssituation das Kinn auf die Hand stützen, wenn Ihr Gegenüber es tut, oder dass der andere sein Bein übereinanderschlägt, nachdem Sie es getan haben. Sie können die **körperliche Abstimmung**, das vorsichtige Spiegeln seiner Körper- und Sitzhaltung und seiner Gesten, als Möglichkeit nutzen, Harmonie beschleunigt herzustellen oder Ihre Verbindung zu intensivieren. Doch auch hier müssen die Bedingungen von Stimmigkeit und Authentizität berücksichtigt werden. Denn: Sämtliche Angleichungen vollziehen sich von selbst, ganz unbewusst, wenn zwei Menschen eine gute Verbindung zueinander haben. Umgekehrt wirkt eine Mechanisierung irritierend, unecht und manipulativ. Achten Sie auf Ihre Gefühle und darauf, ob Sie sich wirklich auf die andere Person einlassen wollen. Spüren Sie Widerstand, tun Sie es nicht, sondern erörtern Sie nach dem Date bei einer inneren Teamkonferenz,

welche Sub-Persönlichkeiten welche Vorbehalte gegen Ihren Dating-Partner vorbringen möchten.

- Grundsätzlich ist es ein **Ausdruck von Sympathie, wenn sich die Oberkörper der Gesprächspartner einander zuwenden.** Wendet Ihr Date sich mit dem Oberköper ab, spiegeln Sie seine Haltung. Schaffen Sie dann mit einem der genannten Mittel Verbundenheit und wenden Sie sich schließlich mit Ihrem Oberkörper ihm zu, etwa indem Sie sich ein Stück über den Tisch beugen. Wenn er dann Ihre Bewegung spiegelt, ist es Ihnen gelungen, ihn aus der Reserve zu locken. Wenn nicht, lassen Sie ihm die Zeit und passen Sie sich seinem zurückhaltenden Rhythmus an. Sie können den Versuch zu einem späteren Zeitpunkt wiederholen.
- Zwei Menschen, zwischen denen **Harmonie** herrscht, heben meist gleichzeitig das Glas zum Trinken an, legen gleichzeitig die Gabel nieder für eine Gesprächspause und gleichzeitig die Serviette, rücken ihren Stuhl gleichzeitig gerade. Statt ihn jedoch plump zu imitieren, können Sie von Zeit zu Zeit darauf achten, ob sich solche Übereinstimmungen bereits ergeben haben. Wenn nicht, können Sie kurz überlegen, woran es liegen könnte und ob es der Situation entspräche, jetzt mehr Übereinstimmung zu schaffen. Wenn Sie zu der Überzeugung gekommen sind, es sei angebracht, eine Verbindung zu schaffen, können Sie den Prozess beschleunigen, indem Sie dann einzelne Handlungen auch bewusst spiegeln. Sie sollten dieses starke und wirkungsvolle Mittel jedoch nur wohldosiert auf bewusster Ebene einsetzen. Haben Sie den Harmonisierungsprozess auf diese Weise beschleunigt, ergeben sich gleichzeitige oder leicht zeitversetzte Handlungen dann wie von selbst.
- **Ihre Worte lösen größere Wirkung aus, wenn Sie sie mit passenden Gesten und Körperbewegungen unterstreichen.** Sie dürfen also freudig wippen, wenn Sie von Ihrem tollen neuen Auftrag erzählen, oder sich die Hände reiben, wenn Sie sagen, wie sehr

Sie sich auf das Sushi freuen, weil Sie so lange keines mehr gegessen haben. Sie dürfen sich über die Stirn streichen, wenn Sie sagen, Sie müssten über die Frage mal kurz nachdenken. Sie sollten immer darauf achten, dass die Gesten und Ihre Stimme zu dem Gesagten passen. Eine Stimmlage oder nonverbale Signale, die im Widerspruch zu Ihren gleichzeitigen Gesprächsbeiträgen stehen, stiften Verwirrung der unangenehmen Art. Auch sollten Sie nie übertreiben und wirken wie ein durchgeknalltes MTV-Girlie nach einem schlecht gewickelten Joint. Setzen Sie Körperbewegungen immer gemäßigt und kontrolliert ein.

54. Nett ist niemals langweilig!

Nett ist nicht mehr schick. Nett wird gleichgesetzt mit langweilig, vielleicht sogar mit dümmlich. Niemand will mehr nett sein! Stattdessen hören Sie vielleicht Empfehlungen, interessant zu wirken, sich mystisch, undurchschaubar, verwirrend, raffiniert zu inszenieren, ein Vamp zu werden! Kein Wunder, dass Männer Angst kriegen, sich in Kindereien, Kickerpartien oder Kilimandscharo-Besteigungen flüchten!

Eine Frau, die anscheinend immer irgendwelche schwer durchschaubaren Spielchen spielt, kurz etwas Erotisches daherhaucht, um sich dann wieder zurückzuziehen und mit wehendem Seidenschal im Nebel zu verschwinden, verwirrt nicht nur, sie ängstigt. Als Nächstes, denkt der Mann, holt sie einen Eispickel heraus und lustmordet mich! Sharon Stone in »Basic Instinct« mag eine phantastische Projektionsfläche für Angstlust-Phantasien sein, als Modell für die Realität taugt sie nicht.

Nett braucht dringend eine Renaissance! SIE entscheiden, welche Gefühle Sie beim anderen auslösen.

Wir alle kennen Dinge im Alltag, von denen wir sagen: Davon kriege ich einfach gute Laune! Das kann ein Geruch sein, eine Fernsehsendung, eine Speise, ein Lied, ein Kleidungsstück. Aber mehr noch schätzen wir die Gesellschaft von positiv eingestellten Menschen. Ein herzliches Lachen, ein strahlendes Gesicht verströmen meist gleich gute Laune. Vielleicht gehören Sie schon zu diesen von Natur aus positiv eingestellten Menschen, dann herzlichen Glückwunsch. Die Prinzensuche ist dadurch vereinfacht. Wenn Sie sich jedoch schwertun bzw. von Natur aus eher ein zurückhaltender oder auch ernster Mensch sind, dann zeige ich Ihnen jetzt Wege, wie Sie sich eine sogenannte Grundnettigkeit zulegen können. Denn eines ist klar, sie ist in Ihnen schon längst vorhanden!

- **Sorgen Sie dafür, dass Sie mit angenehmen Assoziationen verknüpft sind.** Werden Sie jemand, mit dem man lachen kann, der zuhören kann, der zugewandt ist, der Vertrauen ausstrahlt.
- **Tun Sie selbst Dinge, die bei Ihnen gute Gefühle auslösen,** und Sie werden auch für den anderen zu einer Quelle guter Gefühle! Dazu gehört, dass Sie niemals undurchschaubar wirken, sich niemals aus unerklärlichen Gründen plötzlich zurückziehen.
- **Seien Sie nicht verletzend** oder provozierend oder herausfordernd, auch wenn es in Kino und Fernsehen haufenweise Vorbilder von starken, schönen und sexuell begehrenswerten Frauen gibt, die sich so verhalten.
- **Gehen Sie davon aus, dass Sie interessant sind,** Sie brauchen sich nicht interessant zu machen.
- **Kritisieren Sie nicht.** Sie werden auf immer mit Ihrer Kritik assoziiert werden.
- **Seien Sie nicht rechthaberisch.** Und wenn er völligen Unsinn redet? Wenn er beispielsweise behauptet, der 80er-Hit »Wild Boys« sei sein Lieblingssong von Spandau Ballet, Sie wissen aber genau, er ist von Duran Duran? Beharren Sie auf Ihrem Recht

und googeln den Song in Ihrem iPhone, wird er merken, dass eine Frau manchmal mehr weiß als er – und das muss er vertragen können. Es gibt jedoch Situationen, in denen es unangemessen ist, ihn beharrlich zu widerlegen. Das ist der Fall, wenn es um ihm wirklich wichtige oder persönliche Dinge geht oder um welche, die mit Befindlichkeiten besetzt sind. Beispiele: sein Fachwissen im Job, eine Bildungslücke, die falsche Aussprache eines Begriffs. Halten Sie sich dann zurück, oder er wird Sie immer mit der kleinen Blamage in Verbindung bringen.

- **Um eine freundliche Ausstrahlung zu haben, sollten Sie stimmig und authentisch wirken:** Das bedeutet, dass Körpersignale und Worte dieselbe Sprache sprechen und dieselben Botschaften vermitteln, dass Sie deutlich äußern, was Sie fühlen und wünschen.

Beispiel:

PR-Managerin **Christina** *(31), glücklich liiert mit einem erfolgreichen Amerikaner, verriet mir ihr Rezept: »Ich bin unkompliziert. Ich sage, was ich denke, und warte nicht darauf, dass er mir meine Wünsche von den Augen abliest. Mein Freund sagte mir, er wäre die ganzen Spielchen leid, die die anderen Girls mit ihm spielten. Nicht anrufen und darauf warten, dass er anruft usw. Dieses ganze Katz- und-Maus-Spiel hat ihn schon immer mehr ermüdet als animiert. Wenn ich in der Zeit unseres Beschnupperns Bock hatte, ihn anzurufen, habe ich ihn eben angerufen. Wenn ich Lust hatte, ihn zu sehen, habe ich ihm das gesagt, schon ganz am Anfang. Denn ich vertraute auf ihn und darauf, dass er mich mochte.«*

Authentizität, Ehrlichkeit, Kongruenz von Gefühlen und Handlungen, Geradlinigkeit – so löste Christina bei ihrem Freund positive Assoziationen aus. Gewohnt an amerikanische Frauen, die haufenweise Ratgeber mit starren Regeln und »Mach dich selten«-

Anweisungen verschlingen, war ihr Freund von Christinas deutscher Geradlinigkeit angenehm überrascht. So schuf sie sich ein entscheidendes Unterscheidungsmerkmal zu all den anderen Frauen, die ihn umgarnten.
Geben Sie Ihrem Dating-Prinzen ein gutes Gefühl! Sorgen Sie dafür, dass er sich bei Ihnen akzeptiert, verstanden und aufgehoben fühlt, und Sie haben schon gewonnen!

55. Ihr Dating-Prinz ist kein emotionaler Mülleimer!

Um eine Quelle positiver Assoziation zu werden, müssen Sie sich so verhalten, wie Sie wahrgenommen werden möchten: positiv! Negative Themen gehören nicht an den Dating-Tisch. Sie müssen keine heile Welt vorgaukeln. Gerade nach ein paar Dates dürfen Sie auch über die Widrigkeiten des Lebens sprechen, über kleine Tücken und Kämpfe. Wichtig dabei: ein positiver Grundton! Wenn Sie von Schwierigkeiten sprechen, setzen Sie den Fokus darauf, wie Sie sie überwunden haben oder was Sie daraus gelernt haben.
Ein Date ist auch nicht der Platz für eine Schicksalsreportage! Verbitterung ist unsexy. Wenn Sie ernsthafte Probleme haben, lösen Sie sie, nehmen Sie sich jede Hilfe, die Sie kriegen können. Lassen Sie solche Schwierigkeiten jedoch beim Date außen vor! Wenn Sie über zukünftige Hürden sprechen, betonen Sie Ihre Pläne, mit denen Sie sie überwinden wollen.

Denken Sie daran: Der Mann wird Sie immer danach abchecken, ob Sie in einer Langzeitbeziehung womöglich nichts als Ärger machen und ob Sie den Belastungen einer Familiengründung standhalten können.

Würden Sie als Mann eine problembelastete Frau, die auf eine Vergangenheit voller Chaos zurückblickt, zur Mutter Ihrer Kinder machen? Sprechen Sie daher nie mit Verbitterung über Ihre Vergangenheit.

Geben Sie Schwächen und Schwierigkeiten zu, das wirkt sympathisch und schafft Verbundenheit und Vertrauen. Aber wirken Sie nie so, als hätten Sie die Lage nicht mehr hundertprozentig im Griff. Finanzielle, juristische, familiäre oder gesundheitliche Probleme sind als Gesprächsstoff sowieso ein Killer.

Krankheiten besprechen Sie mit Ihrem Arzt! Ein Date ist nicht der Zeitpunkt, einen Gesundheitsreport abzugeben. Wenn Sie erkältet sind, verschieben Sie das Date. Niemand braucht einen Dating-Partner, der sich quält und aufopfert.

Auch wenn Sie beim Bestellen im Restaurant Ihre Allergien auf den Tisch legen, könnte das zu viel sein. Männer achten genau auf die Gesundheit einer Frau. Wenn Sie an Allergien leiden, wählen Sie ein Gericht aus, von dem Sie wissen, dass es für Sie unbedenklich ist, statt ausführlich mit dem Kellner über Ihre Unverträglichkeiten und die Zutaten der Speisen zu beraten oder gar das Horrorszenario eines Allergieschocks auszumalen.

Lästern Sie über niemanden. Sie dürfen interessiert und humorvoll über Eigenarten anderer Menschen sprechen und mit amüsantem, intelligentem Klatsch unterhalten. Boshaftigkeiten jedoch gehören nicht in ein Date, sie verpesten die Luft.

56. Ex-Prinzen sind tabu!

Sollte der Name eines Ex-Freundes von Ihnen fallen, verlieren Sie kein schlechtes Wort über ihn! Man beschmutzt nicht das Nest, in dem man gesessen hat. Verlieren Sie generell keine Worte über Ex-Partner, über Ihre nicht und auch nicht über seine. Natürlich ist es interessant zu wissen, ob Ihr Prinz-Kandidat gerade aus einer fünfjährigen Ehe kommt oder fünf Jahre Single war. Sie dürfen über Ihre Vergangenheit sprechen, aber nicht über die Personen als solches. Aussehen, Gewohnheiten, Lebensweise von Ex-Partnern interessieren weder Sie noch ihn, ebenso wenig Einzelheiten des Zusammenlebens. Ein Date ist kein verbales Ehemaligentreffen. Spricht er explizit über seine Ex-Freundin, lassen Sie das Thema einfach ausklingen, um es dann zu wechseln.

Vergleichen Sie Ihren Dating-Partner nicht mit Ex-Freunden. Lösen Sie Ihre Erwartungen und Befürchtungen von dem, was Sie in Ihrer Vergangenheit erlebt haben.

Machen Sie sich klar: Das Date ist eine Chance für einen Neubeginn. Wenn Sie zu viele Blessuren der Vergangenheit einbringen, ist der Nährboden dieses zarten Pflänzchens von Anfang an vergiftet. Lassen Sie die Vergangenheit los, klammern Sie sich nicht an den Schmerz, als wäre er etwas Besonderes. Das ist er nicht! Machen Sie den Schmerz nicht zu einem Begleiter, der es in irgendeiner Hinsicht verdient, gehätschelt zu werden. Lassen Sie ihn einfach gehen, weisen Sie ihm sanft, aber bestimmt den Weg zur Tür. Sie haben jetzt neuen Besuch, Sie brauchen ihn nicht mehr. Fällt Ihnen das noch schwer, kehren Sie zu den Übungen zur Vergangenheitsbewältigung auf Seite 63ff. zurück.

57. Lassen Sie Jobfrust zu Hause!

Anwalts-Referendarin **Jasmin** *fühlte sich ganz anders als die anderen Juristen, die ihr spießig und starr erschienen. Sie klagte gerne und oft, dass sie nicht ihre Sprache sprächen. Eigentlich sei sie zu cool für diesen Beruf, und so richtig wolle sie mit niemandem etwas zu tun haben.*

Was für Kollegen aber hatte sie erwartet, als sie sich für Jura entschied? Exzentrische Rockstars? Szenige Künstler? Vor dem Studium hatte Jasmin eine Ausbildung zur Krankenschwester gemacht, und auch damals jammerte sie schon, wie wenig sie in dieses Umfeld passe. Was Jasmin vergisst: Niemand hat sie je gezwungen, Krankenschwester oder Anwältin zu werden. Sie hat sich frei entschieden. Nur fehlt in ihrem Leben das Leitziel, nach dem sie ihre Entscheidungen ausrichten konnte, und sie geriet mehr zufällig oder aus kurzfristigen Gründen in ihre Berufe. Jetzt klagt sie über diejenigen, die ihren Beruf lieben und leben, tarnt ihren Neid und ihre Unsicherheit mit Überheblichkeit.

Wir kennen sie alle: Menschen, die ihren Beruf hassen. Menschen wie Jasmin entlarven durch ihre Klagen ihre chaotische Lebensplanung und das Fehlen eines Leitziels. Auf ihre Umwelt wirken sie sprunghaft, chronisch unzufrieden und überfordert. Das sind natürlich alles denkbar schlechte Voraussetzungen für eine Partnerschaft oder sogar für eine Familienplanung. Buchlektorin Birgit klagt täglich darüber, dass sie überhaupt keine Lust zu ihrem Job hat, reagiert aber fast gereizt, wenn man sie fragt, ob sie sich schon einmal über Alternativen Gedanken gemacht hat. Menschen wie Birgit legen den Verdacht nahe, dass es sich in der Unlust ganz bequem leben lässt.

Stellen Sie Ihren Job nicht in Abrede! Wenn Sie im Beruf überfordert sind, machen Sie sich verdächtig, auch in Partnerschaft und Familie wenig belastbar zu sein. Ist Ihre berufliche Vita ein einziges Chaos, liegt der Verdacht nahe, dass Sie auch im Privatleben sprunghaft und ziellos sind. Bleiben Sie in einem ungeliebten Arbeitsverhältnis, wirken Sie so, als seien Sie zu Initiative unfähig und viel mehr an Mitleid interessiert als daran, Ihr Leben zu ändern.

Ihr Dating-Partner wird von Ihren Aussagen über Ihr Berufsleben Schlüsse auf Ihr Verhalten in einer etwaigen Beziehung oder bei einer Familiengründung ziehen. Wirkt die Frau bei einem Date sehr unzufrieden, wird er fürchten, dass sie sich möglichst schnell in eine Ehe oder Mutterschaft stürzen will, nur um aus dem Job zu flüchten.

Sind Sie tatsächlich unzufrieden mit Ihrer beruflichen Situation, setzen Sie den Fokus auch im Gespräch mit anderen auf die Schritte, die Sie unternehmen werden, um die Situation zu verbessern, etwa wo Sie sich bewerben wollen, oder fragen Sie nach Tipps. Das wirkt vitaler, als über eine gegenwärtige Situation zu klagen.

Der andere Fall: Sie wirken überehrgeizig. Das löst zunächst Ängste aus, er könne neben Ihnen nicht bestehen, wirke neben Ihnen wie ein Versager oder werde eines Tages von Ihnen zu Höchstleistungen getriezt, wenn er doch einfach nur mal ein Bier trinken und einen Comic lesen will. Und er wird Zweifel bekommen, ob Sie jemals für eine Familie im Job kürzertreten würden. Denn gleichgültig, ob nun der Mann oder die Frau ein Erziehungsjahr beantragt, Kinder machen in jedem Fall für beide Partner ständige Geschäftsreisen, Wochenendarbeit oder 16-Stunden-Arbeitstage komplizierter und unerwünschter.

Die große Kunst beim Dating ist es, die Balance zu halten: Sie dürfen nie zu sehr so wirken, als wollten Sie lieber heute als morgen Ehefrau und Mutter werden, aber auch nicht den Eindruck erwecken, als sei beides für Sie ausgeschlossen. Berufliche und private Ziele sollten ausgewogen in Ihrer langfristigen Lebensplanung Raum finden.

58. Erzählen Sie nicht gleich alles von sich

Sie erinnern sich an die Gesprächsregel mit der Dreiteilung auf Seite 166? Ein Drittel der Gesprächsthemen ist für externe Inhalte reserviert, in einem Drittel spricht er über sich, im letzten sprechen Sie über sich. Wie nun füllen Sie Ihr Drittel?

Die Basisregel: Ich verrate niemals zu viel von mir, trage mein Herz nicht auf der Zunge. Ich bewahre meine Geheimnisse und lasse mein Seelenleben kein Glashaus sein. Es ist gut, ein Stück rätselhaft zu bleiben.

Sie dürfen erzählen, was Sie tatsächlich bewegt und interessiert, wenn Sie ein paar Grundregeln verinnerlichen:

Was ich sage, ist wahr und authentisch. Es stimmt mit dem, was ich fühle, überein. Geflunker, Lügen, Übertreibungen und Selbstdarstellungen, mit denen manche Menschen Minderwertigkeitsgefühle kompensieren, gehören nicht ins Date. Wenn Sie sich anders verhalten, als Sie sich fühlen, und sich als jemand anders geben, der Sie sind, berauben Sie Ihre Beziehung schon zu Beginn ihrer Wahrhaftigkeit.
Ich definiere die Beziehung zu meinem Date-Partner als symmetrisch. Das heißt, unser Verhältnis ist ausgewogen, und wir begegnen uns auf einer Ebene. Er ist nicht dazu da, eine komplementäre Rolle einzunehmen, also mich zu bewundern, zu bemitleiden, zu therapieren und Wunden der Vergangenheit zu flicken. Umgekehrt gilt das Gleiche, etwa wenn er drauf und dran ist, Sie zur kostenlosen Therapeutin zu machen. Dann sollten Sie dem Gespräch eine Wendung geben oder es im Zwölf-Sekunden-Takt abrechnen.

- **Ich betrachte und formuliere positiv.**
- **Ich sage lieber ein paar Worte weniger als ein paar zu viel.** (Sie glauben, wenn Sie zu wenig reden, wirken Sie schnell langweilig? Denken Sie nur einmal an die frei jeder Filtersysteme im Sprachzentrum quasselnde Moderatorin Gülcan. Kennen Sie irgendeinen Mann, der ihren Gatten beneidet?)
- **Ich formuliere Pläne und Ziele lieber vage.** So halten Sie es offen, mit ihm gemeinsam Ziele zu entwickeln. Sie bleiben ein unbeschriebenes Blatt, in das der andere seine Wünsche projizieren kann. Das ist besser, als wenn Ihre ganze Zukunft verplant wirkt und er keinen Platz mehr für sich darin sieht. Schließlich ist Verliebtsein eine einzige Projektion, eine Wunschidee. Richtiges Kennlernen erfolgt später. Verhindern Sie es nicht von vornherein, indem Sie sich als Projektionsfläche unmöglich machen.
- **Ich muss nicht zu allem meinen Senf beigeben** und zu allem und jedem eine Meinung haben. Habe ich eine Meinung, kann ich sie auch für mich behalten, wenn sie gerade unpassend erscheint. Ich nehme lieber Sachen auf und interessiere mich für Dinge, als sie zu bewerten. Ich mache mir klar: Alles ist Geschmacks- und Ansichtssache, und ich betrachte auch meinen eigenen Geschmack und meine eigenen Ansichten als relativ und versuche, sie mit Abstand zu sehen.
- **Wenn ich den Gesprächsball habe, werfe ich ihn immer wieder zurück,** etwa indem ich Pausen lasse, in denen er anknüpfen kann, oder indem ich ihm eine Frage stelle.
- **Ich sage bei jedem Date einmal etwas Entwaffnendes:** Ich verblüffe mit einem sehr persönlichen Kompliment, das ihm klarmacht, dass er nicht auf dem Holzweg ist. Danach schlage ich aber wieder einen unverbindlicheren und zurückhaltenderen Ton an. Oder aber ich offenbare ein kleines Geheimnis. Das schafft Vertrauen.

59. Wecken Sie nicht gleich mit Heiratswünschen seine Fluchtinstinkte!

Er sieht gut aus, ist sympathisch, hat einen guten Job, scheint mit seinem Leben klarzukommen. Steht womöglich der Traumprinz vor Ihnen? Es ist völlig in Ordnung, wenn Sie sich jetzt vorstellen, wie Sie ihn mit zu einer Party Ihrer Freunde mitnehmen und diese angenehme Mischung aus Bewunderung und Neid ernten. Es ist in Ordnung, sich vorzustellen, wie Sie ihn Ihren Eltern vorstellen oder ihm Ihre Lieblingsorte in der Toskana zeigen. Es ist auch erlaubt, sich kitschigen Phantasien hingeben, in denen Ihre Freundinnen in Brautjungfer-Kleidchen Sie beide mit Blüten beschmeißen. Alles ist erlaubt, denn jeder Tagtraum verrät Ihnen etwas über Ihre Bedürfnisse und dient dazu, Ihre Ziele noch genauer zu spüren und zu definieren. Phantasien sind eine perfekte, schillernde Motivation – solange Sie sie da behalten, wo sie hingehören, in Ihrem Kopf!

Die ersten Wochen und Monate, in denen Sie jemanden daten und in denen sich bestenfalls eine Romanze entwickelt, dürfen Sie Ihre Pläne nie verraten. In der Gegenwart sollen Sie 100 Prozent Ihrer Leidenschaft geben, doch enthüllen Sie nicht, wie Sie sich die Zukunft vorstellen!

Sobald eine Frau im frühen Stadium Ihre Zukunftspläne offenbart, sieht ER das Gefängnisgitter herunterrattern, sein Jagdtrieb erlischt, sein Fluchtinstinkt erwacht – die Unbeschwertheit des Moments, die am Anfang so wichtig ist, geht verloren. Rufen Sie sich Ihre Sub-Persönlichkeit ab, die für Sie ins Dating-Rennen geht: Ihr Super-Ich (siehe Tipp Nr. 21). Das Super-Ich ist Ihre Geheimagentin auf dem Flirt-Parkett, die SIE als Zentrale bei ihrem Wirken beobachten. Und wie jede Geheimagentin verrät sie natürlich nichts über ihren Auftrag.

60. Lassen Sie sich gegenseitig Freiräume

»Wie kommt es eigentlich«, fragte mich Tim, *»dass Frauen einem am Anfang immer erzählen, wie furchtbar eingebunden sie beruflich sind, dass ihnen ja alles über den Kopf wächst, dass sie quasi keine freie Minute haben? Und wenn man dann ein paarmal mit ihnen ausgeht, haben sie plötzlich alle Zeit der Welt. Ich treffe mich im Moment mit dieser Tänzerin, und plötzlich hat sie jeden Abend frei, und sie plant auch eifrig jeden Abend was anderes. Morgen besuchen wir die Aufführung einer befreundeten Tänzerin, übermorgen soll ich ihre schwulen Tanzkollegen kennenlernen, Montag muss ich sie zu einer Feier nach Potsdam begleiten. Nun habe ich für die Aufführung morgen zugesagt. Aber dabei bleibt es nicht. Jetzt ruft sie an, dass wir uns bitte mit einigen ihrer Freunde und Kollegen schon zwei Stunden vorher beim Essen sehen. Eine Stunde bevor der Tisch bestellt ist, soll ich sie abholen, denn wir müssen noch das Blumengesteck für ihre Freundin abholen. Und ob ich ihr vielleicht helfen kann, ihren neuen Home-Trimmer aufzubauen? Plötzlich ist mein ganzer morgiger Tag verplant, ach was, schon die ganze Woche, und wir sind noch nicht mal zusammen!«*

Die Sache, man ahnt es schon, endete nicht gut, und eine schluchzende Tänzerin musste sich wenige Tage später in der Garderobe von ihren Tänzer-Kollegen trösten und Unmengen Taschentücher reichen lassen.
Eine keimende Romanze braucht Luft zum Atmen – verplanen Sie nicht zu viel. Unternehmen Sie eigene Sachen, um Abstand zu gewinnen und einen klaren Kopf zu bekommen. Auch hier ist ein entspanntes Timing wichtig.

Wenn es wirklich zwischen Ihnen gefunkt hat, kommt es auf einen Tag, an dem Sie sich nicht sehen, nicht an. Lassen Sie es langsam und gelassen angehen!

61. Verblüffen Sie, überraschen Sie, machen Sie Vorschläge!

Ihr Leben so interessant und abwechslungsreich wie möglich zu gestalten – das war Thema von Tipp 29. Jetzt können Sie auf Ihr neuerworbenes Rüstzeug zurückgreifen und Ihr Wissen und Ihre Erfahrungen präzise einsetzen!

Machen Sie für Folge-Dates überraschende Vorschläge: ein Battle-Abend von Amateurdichtern, ein Wettbewerb im Luftgitarre-Spielen, den Besuch eines witzigen Kabaretts, die lange Nacht des Aquariums, ein Spaziergang zum höchsten Punkt der Stadt, von dem man immer gehört hat, aber auf dem man nie war, ein Konzert in einer alten Kirche, eine Tandemtour zu einer Weinprobe, ein Picknick auf einem Hochsitz, zwei Karten für ein Basketballspiel, eine Landpartie mit einem Cabrio, das Sie für einen Tag gemietet haben: Seien Sie originell!

Männer lieben Frauen, die Vorschläge machen. Aber nicht zu viele auf einmal und nur welche, die nicht unvernünftig viel Zeit, Mühe und Geld kosten. Und bitte: Versuchen Sie, niemals beleidigt zu sein, wenn er keine Lust hat.

62. Die Rechnung übernehme ich!

Es gibt Tausende von ihnen, und sie sind überall, im In-Restaurant und in der Hotel-Lobby, im Afterwork-Club und bei der Autopräsentations-Party. Sie unterwandern den Flirtmarkt, langbeinig, tief dekolletiert. Mit gemachten Nägeln und eingeflochtenen Haarexporten ziehen sie in die Schlacht. Manche kommen von weit her, aus unaussprechlichen Städten hinter Moskau etwa oder aus exjugoslawischen Republiken, mit anderen sind Sie vielleicht schon zur Schule gegangen. Sie sind bewaffnet mit High Heels, auf denen sie oft erst noch laufen lernen müssen, und ziehen in die Schlacht, ob in Monaco, Mailand, München, Mannheim oder Marburg. Oft sind sie plump und durchschaubar, aber sie lernen aus ihren Fehlern, sind anpassungsfähig, berechnend und skrupellos, und sie schaffen es immer wieder, Opfer zu finden, auch wenn viele von ihnen bei dem harten Kampf um die wenigen Beutetiere auf der Strecke bleiben: die Goldgräberinnen.

Keine Spezies fürchtet der Mann mehr, und doch ist er ihnen regelmäßig aufgesessen, ihrer Allgegenwärtigkeit, ihren zielgerichtet eingesetzten Primärreizen, ihrer Verfügbarkeit. Schauen Sie in die geschminkten Gesichter dieser Damen, sehen Sie ihre Mischung aus Härte, Ehrgeiz und Angst; Angst, dass sie nicht mehr viele Chancen haben werden, dass sie vielleicht doch zu blöd oder zu hässlich sind, um sich den Typen mit Geld zu angeln.

Seien Sie froh, dass Sie die Klasse besitzen, sich von diesen Geschlechtsgenossinnen abzugrenzen, nicht nur, indem Sie auf Statussymbole und Luxusprodukte pfeifen und vor dem Cartier-Schaufenster lieber mit dem kleinen Hund einer Passantin schmusen als die Glitzersteine zu bejauchzen.

Setzen Sie sich einmal mehr von der Masse aus Goldjägerinnen ab, indem Sie mit einem lässigen Selbstverständnis Rechnungen übernehmen. Beim ersten Date wird ER zahlen wollen. Lassen Sie ihn. Er wird sich großzügig und wie ein Gentleman fühlen.

Nichts spricht aber dagegen, wenn Sie danach die Drinks an der Bar übernehmen.

Nichts spricht dagegen, dass Sie beim dritten Date darauf bestehen, nun die Rechnung zu begleichen.

Nichts spricht dagegen, dass Sie im Taxi einen Schein parat haben, statt fadenscheinig und zeitverzögert in Ihrer Handtasche zu kramen.

Schaffen Sie auf diese Weise ein Merkmal, das Sie von anderen unterscheidet. Gerade in Krisenzeiten wissen Männer Frauen zu schätzen, die selber Geld verdienen und auch damit etwas bezahlen.

63. Diamonds are not a girl's best friends …

Natürlich spielt Geld eine Rolle. Es macht das Leben nicht nur leichter, ein Mann mit einem gewissen Status ist meist auch ausgeglichener, zufriedener, inspirierender. Wenn Sie jedoch wie eine Goldgräberin wirken, wird er das Weite suchen. Und je höher sein Status, desto eher wird er Goldgräberinnen wittern. Er erkennt ihre Tarnungen, ihre geliehenen Prada-Kostüme, sieht an ihrem Gang, dass sie die teuren Schuhe nicht gewohnt sind, bemerkt das gierige Blitzen in ihren Augen, wenn sie in seinen Porsche steigen. Er durchschaut, dass sie Selbstsicherheit vorgaukeln, aber im Grunde längst erbeutet sind, wenn sie dann verloren dastehen wie ein waidwundes Reh, auf dem Parkett seines bauhausinspirierten Apartments mit Blick auf die Skyline.

Sie haben eindeutig mehr Stil! Zeigen Sie sich unbeeindruckt! Reden Sie nie zu viel über Statussymbole, weder über seine noch über Ihre noch über die von anderen noch über Statussymbole allgemein. Legen Sie nicht zu viel Gewicht auf Themen wie Kleidung, Wohnungseinrichtungen, Autos, Erster-Klasse-Flüge, Sterne-Restaurants, Luxushotels. Prahlen Sie nie. Wenn Sie von Ihrem Malediven-Urlaub schwärmen, heben Sie die Natur, die Pracht der Korallenriffe, die Freundlichkeit der Einheimischen hervor, aber nie das Luxus-Resort, in dem Sie gewohnt haben. Erzählen Sie stattdessen von dem Thailand-Urlaub, indem Sie in einer 7-Euro-pro-Nacht-Hütte am Strand gewohnt haben und sich fühlten wie im Paradies.

Beispiel:
Nikolaus *etwa hatte mit* **Martina** *einen Griechenland-Urlaub gebucht in einem bescheidenen, aber romantischen kleinen Hotel. Dann sagte Martina das: »Was am Reichsein toll sein muss, ist, dass man immer und überall in Fünf-Sterne-Hotels absteigen kann. Das ist einfach ein angenehmeres Reisen.« Die Urlaubsstimmung war von nun an gedämpft. Nikolaus fühlte sich unzulänglich, weil er nur ein einfacheres Hotel bieten konnte, und war überzeugt, Martina gehe nur einen Kompromiss ein.*

Zeigen Sie sich von Statussymbolen unbeeindruckt, glaubt er, in Ihnen eine Partnerin zu finden, mit der man durch dick und dünn gehen kann. Eine Partnerin, die zu ihm hält, auch wenn die Zeiten einmal härter werden sollten. Auch wenn es schwerfällt: Bummeln Sie gemeinsam durch die Straßen, werfen Sie nur einen kurzen, gleichgültigen Blick auf das funkelnde Schaufenster von Gucci. Sie können ja am nächsten Tag noch einmal alleine herkommen …

64. Warum nicht mal abenteuerlustig und taff?

Die meisten Männer lieben Frauen wie Megan Fox oder Jessica Alba, die einerseits umwerfend sexy aussehen, denen man es andererseits aber auch locker zutraut, ein Motorrad zu fahren, ein Segel zu hissen, mit dem Fallschirm zu springen, in einem Rockschuppen auf der Bank zu tanzen oder ein Bier mit einem Zug wegzuzischen. »Frauen, die Rock'n'Roll sind«, wie mein Kumpel Phillip diese Spezies bezeichnet.
Sinnlich und robust sind keine Widersprüche – fragile Zuckerpüppchen ängstigen Männer. Sie zu beschützen vor den Gefah-

ren der rauhen Welt könnte zur zermürbenden Lebensaufgabe werden.

Tipps, wie Sie taff rüberkommen!

- **Schrecken Sie nicht zusammen, wenn ein Regenschauer Sie überrascht.** Frieren Sie nicht: Ziehen Sie sich lieber dem Wetter entsprechend an! Kleidung wurde erfunden, um uns vor Witterung zu schützen, und kann auch gut aussehen, wenn sie diesen Zweck erfüllt. Umgekehrt jammern Sie nicht über Hitze – hat nicht jeder den Sommer herbeigesehnt?
- Sie kennen Leute, die ständig gähnen? Die immer über Müdigkeit jammern? Dagegen hilft – bitte sagen Sie es weiter – **Schlaf**. Wiederholen Sie nicht den Fehler dieser Menschen, ständig Müdigkeit zu demonstrieren: Im Affenrudel sorgt Gähnen in einer Art Kettenreaktion dafür, dass endlich Ruhe einkehrt. Ein Gähnen wird auch von Menschen noch als Signal verstanden, sich ruhig zu verhalten. Müdigkeit wirkt tatsächlich ansteckend. Sorgen Sie dafür, dass Sie ausgeruht zu einem Date erscheinen, damit Ihre Wirkung nicht einschläfernd ist.
- Ziehen Sie sich **Schuhe an, in denen Sie laufen können** – dazu sind Schuhe da!
- Er wird es schätzen, dass Sie **beim Laufen oder Treppensteigen nicht gleich außer Atem geraten.** Wenn Sie jedoch bei einer körperlichen Anstrengung bald keuchen, betrachten Sie das als Hinweis, Ihr Sportprogramm zu überarbeiten und zu forcieren. Männer wollen fitte Frauen.
- **Schlagen Sie sportliche Aktivitäten vor,** eine Wanderung, Rollerblading oder eine Fahrradtour. Sie brauchen keine Extremsportlerin zu sein! Schlagen Sie einfach vor, die zwei Blocks vom Kino zum Lokal zu laufen, statt ein Taxi zu nehmen. Oder schwimmen Sie bei einem Ausflug mit ihm in einem kühlen See, ohne sich vor Fischen oder Wasserpflanzen zu fürchten.

- **Keine Angst vor Spinnen und Co.!** Frauen verringern ihre Chancen, wenn sie sich wie eine Scream Queen in einem Horrorfilm aufführen, nur weil ein, zwei Wespen sie umkreisen, oder wenn sie auf den Anblick einer Spinne mit Instant-Herpes reagieren. Männer trauen eher denjenigen Frauen zu, mit den Widrigkeiten des Lebens fertig zu werden, die nicht gleich beim Anblick eines Gliederfüßers die Fassung verlieren.
- **Trinken Sie in Maßen und in Ihrem Rahmen mit,** wenn Ihr Dating-Partner trinkt! Völlige Abstinenz ist nur dann angebracht, wenn auch der Mann abstinent ist. Männer mögen es, wenn Frauen ab und zu ein Bier mittrinken. Das wirkt bodenständig und erdig. Lernen Sie, die Bierflasche mit einem Feuerzeug zu öffnen, oder lassen Sie es sich direkt von Ihrem Dating-Partner beibringen.
- Gerade bei sehr jungen Frauen beobachte ich, dass die Esskultur schwindet: Ernährung bedeutet für sie, zu McDonald's zu gehen oder nachts Döner zu verschlingen. Andererseits können Sie mit Ihrem Date ruhig einmal in einem **Imbiss** essen. So sieht er, dass Sie nicht immer Foie Gras und Artischockenherzen brauchen, um Ihren Stoffwechsel aufrechtzuerhalten.
- Laden Sie ihn in eine altdeutsche Kneipe zu einem Solei, einem Bier und einem Korn ein. Eine gewisse **Furchtlosigkeit dem Rustikalen gegenüber** wirkt ungewöhnlich und überraschend.
- **Feilschen Sie selbstbewusst auf dem Markt,** verhalten Sie sich beim Einkaufen ebenso preis- wie qualitätsbewusst, ebenso freundlich wie selbstsicher, ebenso überlegt wie entschlossen. Für den Jäger ist es entscheidend zu sehen, wie sich die Sammlerin verhält – und wie sie eine etwaige spätere gemeinsame Haushaltskasse einsetzen würde.
- **Packen Sie mit an,** wenn es etwas zu tragen gibt oder irgendeine Panne passiert. Männer wollen stark sein und Beschützer, immer noch, aber sie brauchen auch eine Frau, die sie unterstützen kann, wenn es hart auf hart kommt. Für den tagtäglichen

Überlebenskampf suchen sie eine Partnerin, auf die sie sich verlassen können.

65. Wirken Sie bodenständig!

Filmstars erzählen gerne, wie gleichgültig ihnen der Glamour Hollywoods ist. Den ganzen Rummel machen sie ja nur gelegentlich mit, weil es ihr Job ist und sie ja irgendwann mal die ganzen goldenen Statuen auch einmal in Empfang nehmen müssen, die man ihnen immerfort in die Hände drücken will. Aber eigentlich, betonen sie gerne, sind sie ja am liebsten auf ihrer Ranch in Idaho und melken Kühe, und zwar mit der Hand.

Sogar Madonna wollte uns eine Zeitlang die Landlady verkaufen und ließ sich für die Vogue beim Hühnerfüttern fotografieren. Und die fragil-blasse Nicole Kidman behauptete bei »Wetten dass …?« allen Ernstes, sie treibe jeden Abend selbst die Rinder auf ihrer Ranch in den Stall.

Einer Nicole Kidman nimmt niemand ab, Rinder zu treiben, und Madonna wirkt nicht so, als käme sie Hühnern gerne zu nahe, es sei denn, ein Drei-Sterne-Koch hat sie schmackhaft zubereitet. Das sind überspitzte Fälle. Trotzdem können Sie Ihre Lektion aus dem ständigen Ich-mach-mir-nichts-aus-Hollywood-Gerede ziehen: Wirklich große Stars hüpfen tatsächlich niemals von Party zu Party. Sie wählen genau aus und machen sich selten. Sie betonen immer wieder ihre Distanz zur Schicki-Gesellschaft.

Übernehmen Sie diese Attitüde: Betonen Sie, wie gleichgültig Ihnen die Szene Ihrer Stadt ist, auch wenn Sie Hinz und Kunz kennen. Erklären Sie, dass Sie zwar manchmal zum Spaß auf Shop-Eröffnungen, DJ-Geburtstage oder Gala-Diners gehen, eigentlich aber nur, um eine Freundin zu begleiten oder weil es für Ihren Job wichtig ist, sich gelegentlich mal blicken zu lassen und zu netzwerken.

Verhalten Sie sich auch so, wenn Ihr Dating-Partner selbst bekannt wie ein bunter Hund ist. Es macht Sie ungewöhnlich und unterscheidet Sie von den Szene-Girls, mit denen er sonst zu tun hat. Wenn Sie aber so wirken, als seien Ihnen der Rummel und Ihre Stellung darin wichtig, machen Sie sich zu einer Witzfigur.

PR-Lady **Natascha** *machte den Fehler, ihre neue Romanze zu einem Empfang im Rahmen der Fashionweek mitzunehmen. Die vielen Menschen, die Natascha kannte, das ganze Gebusserl, die Männer, die ihr Komplimente machten und ihr Champagner brachten, ließen ihn unsicher werden und sich überflüssig fühlen – und das, obwohl er selbst Model war und nicht gerade eben frisch aus der Provinz angelaufen kam. Wie es weiterging? Gar nicht. Er war plötzlich verschwunden, ohne sich zu verabschieden, meldete sich nicht mehr, reagierte nicht auf ihre Anrufe. Erst als sie sich später zufällig wiedertrafen, gab er zu, dass ihn der ganze Rummel um ihre Person verunsichert und abgestoßen hatte.*

Brüsten Sie sich niemals mit den ganzen Leuten, die Sie kennen, und mit den Events, bei denen Sie überall auf der Gästeliste stehen, und mit den Türstehern, die Sie immer vorlassen. Wirken Sie auch niemals so, als bemühten Sie sich um Glamour! Er fällt Ihnen ganz von alleine zu.

Und kein Mensch kann schließlich jede Abendveranstaltung absagen – auch wenn Sie ja eigentlich viel lieber wenn schon nicht auf Ihrer Ranch dann doch mit einem Bier und einem Buch zu Hause wären …

66. Mit Stutenbissigkeit vertreiben Sie jeden Prinzen!

Der Aufstieg **Roxelanas** *aus dem Harem des legendären Sultans Süleymann in Konstantinopel:*
Am Ende hatte die Russin nur noch ihre ärgste Konkurrentin zu fürchten, die temperamentvolle und stolze Albanerin Mahivedia, die ihr in der Harems-Hierarchie offiziell weiterhin übergeordnet war. Mahivedia zerriss eines Tages ihrer Widersacherin die Gewänder, zerkratzte ihr das Gesicht. »Du Verräterin«, keifte sie, »du billiges Fleisch, du willst mit mir konkurrieren?« Als der Sultan davon erfuhr, stellte er Mahivedia zur Rede. »Ich habe ihr weniger angetan, als sie verdient«, lautete ihre kaltschnäuzige Antwort. Der Sultan war angewidert, verlor daraufhin jedes Interesse an seiner ersten Mätresse und wandte sich ganz Roxelana zu – ein siegreicher Wendepunkt ihrer einzigartigen Karriere am Hof.

Aggressive, zickige und stutenbissige Frauen stoßen Männer ab – sie befürchten, dass jede Stichelei nur die Spitze eines Aggressionsberges sein wird, dessen Opfer sie am Ende selbst werden. Sie ahnen, dass diese Sorte von Frauen nichts als Ärger macht.
Viele Frauen glauben, sie klingen modern und individuell, wenn sie sagen, sie hätten hauptsächlich männliche Freunde. Bei jedem Mann klingelt dann jedoch die Alarmglocke: Diese Frau fürchtet Konkurrenz, sie ist nicht selbstsicher und sozialkompetent, dafür umso eitler und auf die ständige Bewunderung ihres männlichen Hofstaates angewiesen.
Frauen, die sich am liebsten nur mit Männern umgeben, stimmen den Mann misstrauisch. Zumal er auch glaubt, solche Frauen niemals loszuwerden, wenn er lieber mit seinen Kumpels allein rumziehen möchte. Schließlich fühlt eine solche Frau sich ja völlig zu den Jungs zugehörig. Gleichzeitig fürchtet er, dass ihm ihre männ-

lichen Freunde auf die Nerven gehen könnten – ein Mann sucht sich seine Kumpels gerne selber aus und lässt sich nicht von seiner Partnerin welche vorsetzen. Stattdessen genießt er normalerweise die natürliche Distanz zwischen ihm und den Freundinnen seiner Partnerin. Sie geht zu ihrem Mädelsabend? Er wird es großartig finden.
Eine Frau, die mit sich, ihrem Ego und ihrem Leben zurechtkommt, hat Freundinnen oder zumindest eine.

Seien Sie herzlich, unaufgeregt und freundschaftlich im Umgang mit anderen Frauen, pflegen Sie die Beziehung zu Ihren Freundinnen und schweigen Sie vornehm über Ihre Feindinnen. Denn so beweisen Sie Klasse!

67. Zügeln Sie Ihre Launen!

Leider übernehmen viele Frauen ungünstigste männliche Verhaltensweisen. Sie reagieren ungehalten, schroff, rauh, herrisch, direkt, unhöflich, uncharmant und unverhohlen aggressiv – absolute No-Gos. Sollten Sie an gelegentlichen Schüben akuter Naomi-Campbellitis leiden, tun Sie etwas dagegen! Sie sind nicht das Opfer Ihrer eigenen Wut-Attacken, sondern Sie entscheiden sich dafür, so impulsiv Sie sich auch empfinden mögen und so sehr Sie manchmal selbst von ihnen überrascht sind. Entscheiden Sie sich dagegen! Sie haben immer die Wahl.

Männer mögen starke Frauen, ohne Zweifel, aber fürchten die Furie.

So ist meine Bekannte **Elena** *charmant, witzig, liebevoll, kann aber plötzlich wütend werden wie eine Kragenechse. Damit verstört und* *verschreckt sie regelmäßig ihre Umgebung. War sie eben noch selbst zu derben Späßen aufgelegt, ranzt sie wenig später einen Bekannten in der Runde wegen eines einzigen moderat-schlüpfrigen Wortes an – sie legt die jeweiligen Verhaltensnormen aus, wie es ihr gerade gefällt, und setzt Maßstäbe nach Launen. Ein andermal verspottete sie bei einer Reifenpanne den Fahrer, der sich nicht mit dem Auto auskannte. Mit ihrem schroffen, launischen und aggressiven Wesen kam sie jedoch auf der Straße Richtung Liebe bis heute nicht sehr weit.*

Natürlich sind Launen ein wichtiges Signal, und es ist nicht dauerhaft möglich, sie zu unterdrücken. Ganz im Gegenteil: Sie suchen sich dann auf versteckte Weise ein Ventil in sogenannten passiv-aggressiven Verhaltensweisen. Dazu gehören ein kühles, distanziertes Benehmen, ein zeitverzögertes Antworten oder das Überhören von Fragen, rollende Augen, hochgezogene Augenbrauen, Sabotage von gemeinsamen Vorhaben, Verspätungen, Verweigerungen, Ausreden, Trotz.

Rufen Sie bei launenhaften Impulsen Ihr inneres Team auf: Welche Sub-Persönlichkeit fühlt sich von dem Verhalten des Mannes gestört? Inwieweit hat das Verhalten des anderen, das mich wütend macht, mit der Person selbst zu tun, inwieweit mit unserer Beziehung, inwieweit aber nur mit mir selbst? Liegt die Ursache für die Wut, die er auslöst, in meiner Erfahrung, die sich ja außerhalb dieser Beziehung befindet? Zeigt der andere Verhaltensweisen, die ich an mir selbst nicht mag, unterdrücke, nicht wahrhaben will? Oder solche, die ich gerne zeigen würde, für die ich aber bisher nicht mutig genug war?

Der Kommunikationsforscher Friedemann Schulz von Thun formulierte es so: »Willst du ein guter Partner sein, schau erst in dich selbst hinein.«

68. Wann geht's mit dem Sex los?

Berlin ist eine Stadt voller schöner, moderner, unabhängiger, selbstbewusster Frauen. Und manchmal haben genau diese Frauen die »Schnauze einfach voll«.

Elena goss sich ihr drittes Glas Prosecco ein – es war 12 Uhr Samstagmittag – und krächzte: »Es sind doch sowieso alle Männer schwul.« »Genau«, pflichtete ihr Antonia bei. »Denn wenn es drauf ankommt, kneifen sie. Drittes Date gestern mit Carsten, alles perfekt, ich dachte, jetzt oder nie, fragte ihn, ob er mit hochkommen will. Er sagte, furchtbar gern, aber er müsse morgen ganz früh raus ins Büro, an einer Präsentation arbeiten. Und dann sehe ich ihn vorhin, als ich im Mauerpark joggen war, wie er mit ein paar Jungs rumbolzt. Also, nach Bürostress sah mir das nicht aus. Soll er doch sagen, wenn er keinen Bock hat.« Elena: »Wenigstens spielt er Fußball, dann ist er vielleicht doch nicht schwul. Ich hatte letztens das zweite Date, wollte etwas fummeln, und mein Typ sagte mir, dass ginge ihm jetzt aber zu schnell. Zu schnell? Der tat ja, als hätte ich mich ihm an den Hals geworfen wie eine Hafenhure auf Crack. Aber er hat mir doch vorher die ganze Zeit gesagt, wie schön er mich findet, wie gut ich rieche, dass ich ihn mit meinem Kleid wahnsinnig mache. Und dann folgt dieser laue Furz, und ICH bin zu schnell? Gab es nicht mal Zeiten, als es den Männern nicht schnell genug gehen konnte? Was ist nur los?« Elena leerte ihr Glas und gab sich die Antwort selber. »Sind doch alle schwul geworden.«

Tatsächlich scheinen Männer regelrechte Verschnaufpausen zu brauchen vor den attraktiven, selbstbewussten, lebenslustigen Frauen der heutigen Zeit. So entstehen neue männerbündlerische Varianten wie in Berlin-Mitte: Ein Schild in bunten purzelnden Lettern dort weist die Räume im Erdgeschoss eines Gründerzeithauses als »Männerkindergarten« aus. Ständig tragen Jungs um die dreißig

mit trendigen Bärtchen volle Bierkästen hinein und leere hinaus. Ansonsten verkriechen sie sich selbst bei schönem Wetter in den verdunkelten Räumen, spielen Videogames, kickern, drehen sich Joints, hören Babyshambles oder alte AC/DC-Platten und sehen so glücklich aus wie damals als Kinder in den bunten Bällen der Spielecke ihres Ikea-Marktes in Ostwestfalen oder in Schwaben.
Offenbar sind die Männer auf dem Rückzug – die jahrhundertealte komplementäre Beziehung zwischen den Geschlechtern wurde in wenigen Jahrzehnten aufgebrochen, ein neuer Verständigungs-Code muss sich erst noch entwickeln. Im Moment gibt es viel Ratlosigkeit und Unsicherheit in Hinblick aufs Dating-Verhalten.
Was ist geschehen? Früher konnten Männer feurig um jede Frau werben, Minnesänge schmettern, ihr Gedichte widmen, sie anschmachten und vergöttern – der Einlösung des Verlangens waren durch die strikten gesellschaftlichen Regeln enge Grenzen gesetzt.

Werben will gelernt sein

Was würde nun geschehen, wenn ein schmachtender Romantiker aus dem 19. Jahrhundert auf eine moderne Berlinerin trifft, bekannt für ihre besonders kesse Lippe? Amüsiert von seinen kuriosen Gedichten und geschmeichelt von der uneingeschränkten Aufmerksamkeit, würde sie vielleicht sagen: »Okay, du bist ein ganz schöner Freak, aber irgendwie niedlich, gehen wir zu mir, zeig, was du draufhast.« Der ritterliche Herr aus einer anderen Epoche würde den Ritt vermutlich nicht packen.
Tatsächlich fällt auf Partys in den Metropolen auf, dass Männer es offenbar völlig verlernt haben, um eine Frau zu werben. Entweder sie sind kumpelhaft, kindisch, gleichgültig, unterwürfig, gehemmt, arrogant oder grenzenlos uncharmant. Meist senden sie völlig widersprüchliche Signale oder bleiben so vage, dass man ihre Worte

auf die eine oder andere Art verstehen könnte und sie sich so jeder Konsequenz für das Gesagte entziehen können. Oder aber sie entwerten ihre eigenen Aussagen im Nachhinein. Die Frauen verstehen den Code nicht mehr.
Grund für das bizarre Verhalten der Männer im besten Paarungsalter: Jede Balz könnte schließlich die Folge haben, dass die Dame eine Einforderung der Werbeversprechen verlangt – hier und jetzt. Der Kommunikationsforscher Paul Watzlawick: »Sich routinemäßig männlich-leidenschaftlich zu benehmen ist eben nur dann ungefährlich, solange der Partnerin zuzutrauen ist, dass sie die ›richtige‹ Komplementärhaltung einnimmt und einen mütterlich-gütig ablehnt.« Psychotherapeuten sagen, dass 80 Prozent ihrer männlichen Patienten wegen Erektionsstörungen zu ihnen kommen.

Sagen Sie ja, wenn Sie ja meinen ...

Es ist das paradoxe Wesen der Balz: Er tut so, als wolle er sofort, aber er will nicht mehr, wenn sie auch so will wie er. Sie tut so, als wolle sie nicht, obwohl sie eigentlich auch will. Beide Geschlechter erwarten im Grunde immer noch die entsprechende Komplementärhaltung vom anderen. Er ist irritiert, wenn sie sofort will, aber sie ist auch irritiert, wenn er nicht sofort will. Viele Frauen nehmen es persönlich, wenn ein Mann keine Anstalten macht, mit ihnen Sex haben zu wollen. Beide senden somit inkongruente Botschaften aus, also Botschaften, die nicht im Einklang zu Teilen ihres Inneren stehen.
Was Sie dagegen tun können? Am besten wäre es doch, Sie verhalten sich wieder wie ein Burgfräulein in ihrem Türmchen, wie eine Hofdame aus der Epoche der Empfindsamkeit, wie eine zugeknöpfte Dame aus Wilhelminischer Zeit oder zumindest wie ein braves 50er-Jahre-Püppchen. So beflügeln Sie den Jagdtrieb der

Männer, sie können wieder eine große Klappe haben und müssen sich nicht großartig mit Versagensängsten oder der Urfurcht vor der für sie so mysteriösen weiblichen Sexualität auseinandersetzen.

Fußnote: Eine traditionelle Form der ambivalenten Kommunikation bei Frauen: Sie verhalten sich unnahbar, wenn sie eigentlich Zuwendung wünschen. Dieses Verhalten ist erlernt und wird durch zahllose Beispiele aus Literatur und Kino (z.B. Rebecca Hall in Woody Allens »Vicky Cristina Barcelona«, die einen spanischen Künstler zuerst abweist, dann begehrt; oder Sandra Bullock als tyrannische Verlagslektorin in »Selbst ist die Braut«) genährt: Wir alle kennen Liebesgeschichten, an deren Beginn SIE zickt und sich ziert und Abneigung gegenüber IHM kundtut. Wir als Leser oder Zuschauer durchschauen ihr Verhalten natürlich gleich als Fassade und wissen, dass sie eigentlich vernarrt in ihn ist. Männer können infolgedessen kaum mehr unterscheiden zwischen gespielter und echter Ablehnung und haben gelernt, im Zweifelsfall einfach weiter auf die Tube zu drücken – mit dem möglichen unangenehmen Ergebnis, dass sie sich bedrängt fühlt. Inzwischen reagieren Frauen glücklicherweise authentischer aufs Werben des Mannes. Hier ist ein Zuviel des Guten dann jedoch nicht mehr gut: Reagiert eine Frau schnell zu bejahend auf seine Balz, erlischt der Jagdtrieb des Mannes. Drängt sie dann noch auf das schnelle Einlösen seiner Werbeversprechen, können Versagensängste geweckt werden (siehe Kapitel 47). Hier gilt es also, ein Gleichgewicht herzustellen zwischen den Polen Authentizität/leichte Beute auf der einen und Zurückhaltung/Fassadenhaftigkeit auf der anderen Seite.

Aber wollen Sie das? Und wollen das die Männer? Bitte vergessen Sie nicht: Männer schätzen starke, selbstbewusste und kluge Frauen, sie taten es teilweise schon in Zeiten, als es das Wort Emanzipation noch längst nicht gab.
Und muss man das paradoxe Spiel der Balz tatsächlich mitspielen, so wie es zeitgenössische Ratgeber mit neuer Vehemenz ihren Leserinnen anhand strikter Regeln auferlegen? Müssen Sie sich dem Sex verweigern, um interessant zu bleiben, und wenn ja, wie lange? Wie lange müssen Sie sich beherrschen, obwohl Sie Ihrem Prinzen doch endlich die Klamotten vom Leib reißen wollen und Ihre Hormone umherflattern wie Motten um einen Scheinwerfer?

Zunächst: Sie müssen überhaupt gar nichts. Wie aber nun den richtigen Zeitpunkt für den ersten Sex ermitteln, einen Zeitpunkt, mit dem er sich genauso wohl fühlt wie Sie? Dazu brauchen Sie wie bei der gesamten Prinzenjagd zunächst guten Zugang zu sich selbst.

Finden Sie heraus, was Sie wirklich wollen, was gut für Sie ist. Rufen Sie dazu wieder zu einem inneren Meeting auf. Die *Erotikerin* kann Ihnen am besten sagen, wann Sie den Wunsch haben, mit Ihrem Prinzen intim zu werden. Doch während die *Erotikerin* Ihre sexuellen Impulse repräsentiert, wissen andere Teammitglieder darüber Bescheid, welche Bedingungen Sie in der Realität benötigen, damit aus einem sexuellen Impuls tatsächlich ein angenehmes Erlebnis wird. Dabei greifen sie auf Ihren Erfahrungsschatz zurück. Ist der Zeitpunkt richtig, Ihre Stimmung, das Verhältnis zu einem Prinzen? Existiert das für Sie individuell nötige Maß an Vertrauen und Entspanntheit? Prüfen Sie in dem inneren Meeting, ob die Bedingungen erfüllt sind.
Existieren Zweifel, respektieren Sie sie. Überstürzen Sie nichts, etwa weil Sie denken, es müsse jetzt sein, es wäre doch »eigentlich« ideal oder er erwarte es jetzt von Ihnen.

Wenn Sie wirklich an einem Mann interessiert sind und er an Ihnen, spielt es keine Rolle, ob Sie morgen Sex haben oder erst in einem Monat – er wird nicht weglaufen.
Angenommen aber, Sie sind mit sich einig, dass Sie gerne Sex haben möchten, ist es dann nicht das Beste, sich in seinen Botschaften kongruent zu verhalten, mit anderen Worten: »ranzugehen«? War nicht immer von stimmigem Verhalten und Initiative die Rede?

Das richtige Gespür …

Es gilt wieder: Ein Zuviel an Kongruenz im Verhalten führt ins Negative. Wir können nicht jedem, den wir nicht mögen, auch sagen, dass wir ihn nicht mögen. Wir können nicht sagen, dass uns ein Abend gelangweilt hat, zu dem wir eingeladen waren. Dazu gibt es innere Instanzen, die aufpassen, dass wir innerhalb der gesellschaftlichen Normen und eines Rahmens aus Takt und Angemessenheit bleiben. Genauso können Sie nicht Ihrem Dating-Partner jederzeit gestehen, dass Sie jetzt gerne mit ihm schlafen würden, auch wenn es verdammt noch mal gerade so ist.
Hier kommen Sub-Persönlichkeiten wie die *Feinsinnige* zum Einsatz, die überprüfen, ob die Situation Ihrem Wunsch angemessen ist, und die sehr genau die Signale Ihres Gegenübers wahrnehmen. Verlassen Sie sich auf die Instinkte dieser Sub-Persönlichkeiten und lassen Sie sie nicht durch die lauten Stimmen ergebnisorientierter Teammitglieder mundtot machen.

Beachten Sie: Er ist mindestens genauso unsicher wie Sie. Sex bedeutet, jemanden in die geschützte Sphäre unseres Körpers zu lassen, ihm Zugang zu geben zu unseren Gefühlen, Gerüchen, Körperfunktionen, Flüssigkeiten. Wir sind nackt auch in den übertragenen Bedeutungen des Wortes. Beide Seiten hoffen auf ein

Erlebnis, das ihnen Anerkennung, Bestätigung, Annahme bringt. Beide fürchten sich vor einer Erniedrigung. *»Das erste Mal ist immer ein verdammter Test, und man erfährt erst, ob man ihn bestanden hat, wenn man erstmals wieder telefoniert und sich ein weiteres Mal verabredet«*, formuliert es Elena.

Sie dürfen, ja sollen genauso Initiative zeigen wie er. Gehen Sie hier jedoch behutsam vor. Das paradoxe Wesen der Balz bringt es mit sich, dass die meisten Männer denken, sie dürften sexuelle Offerten nicht ablehnen. Sie leben mit dem Mythos, immer und überall und mit jeder Frau wollen zu müssen. Da das natürlich nicht so ist, erfinden sie oft haarsträubende oder dusselige Ausreden, oder aber sie werten plötzlich die Frau ab. Respektieren Sie seine Signale, gestehen Sie einem Mann genauso zu, noch nicht zu wollen, wie Sie es sich zugestehen.

Wenn er einer Initiative mit Zurückweisung begegnet, verhalten Sie sich zurückhaltend, aber ohne beleidigt oder abweisend zu sein. Seien Sie niemals aufdringlich oder bestimmend. Bleiben Sie lieber entspannt und vertrauen Sie darauf, dass die Zeit auch hier zu Ihren Gunsten spielt. Sie sollten die Suppe jedenfalls nicht nur kochen, sondern sogar ein bisschen überkochen lassen. Lassen Sie den Dingen einfach ihren Lauf. Erhalten Sie den Spannungsbogen, inszenieren Sie eine süchtig machende Dramaturgie, arbeiten Sie mit Cliff Hangern wie eine Seifenoper am Ende einer Folge – damit er auch beim nächsten Mal wieder einschaltet.

Die Kunst der Verführung

Geben Sie ihm mit einem Kuss zu verstehen, dass er nicht auf dem Holzweg ist. Wenn Sie mögen, zeigen Sie ihm, dass Sie Strapse

unter Ihrem Rock tragen – auch wenn er heute Abend nicht mehr von Ihnen zu sehen bekommt. Berühren Sie sich selbst in seiner Anwesenheit, streichen Sie durch Ihr Haar, über Ihre Schultern. Das wirkt sinnlich, aber nicht drangsalierend.
Wie beim ganzen Dating-Spiel geht es auch hier um einen Tanz, dessen Tempo sich immer wieder verändert und bei dem mal der eine, mal der andere führt und bei dem sich beide Partner immer wieder an den Rhythmus des anderen anpassen – bis beide spüren: Der Zeitpunkt ist da. Wenn Sie das wahrnehmen, vergessen Sie alle Regeln und Ratschläge und lassen Sie es geschehen!

Melanie *(40) erzählt, wie sie ihren jetzigen Ehemann kennenlernte: »Ich saß im Flug aus New York neben diesem irren Typen, der meine Hand hielt bei den schlimmen Turbulenzen. Wir mussten in Kanada notlanden und wurden in einem Flughafenhotel einquartiert, und wir haben es direkt miteinander getrieben. Es war grandios. Es stimmte einfach alles. Hätten wir diesen Zeitpunkt verpasst und es nicht getan, wer weiß, ob wir jetzt verheiratet wären. Nach dem ersten Sex haben wir uns beide hastig gesagt, dass wir so was sonst natürlich nie machen, mit jemandem ins Bett hüpfen, den wir gar nicht kennen. Da haben wir beide zwar tüchtig gelogen. Aber noch nie war es so wie da – wir sind froh, dass wir es direkt getan haben.« Und wenn er sich nach dem Stopover nie wieder gemeldet hätte? Melanie: »Dann hätte ich wenigstens für immer dieses unvergessliche sexuelle Erlebnis in meiner Biografie gehabt!«*

Und wenn es nicht unvergesslich wird? Denken Sie daran: Erste Male sind ganz selten grandios. Sie sagen nichts über das sexuelle Potenzial aus, das Sie und Ihr Prinz besitzen. Ein verkorkstes erstes Mal wird erst dann zum Fiasko, wenn Sie es so bewerten. Betrachten Sie es lieber als eine erste Probe, bei der wenigstens das Eis schon mal gebrochen wurde.

69. Schrauben Sie Ihre Erwartungen zurück

Oversexed but underfucked: Wohl noch nie in der Menschheitsgeschichte waren wir so vielen sexuellen Reizen ausgesetzt wie heute. Während wir früher den Nachbarn begehrten und uns schon ein nackter Oberarm wuschig machte, sind jetzt die schönsten Menschen auf der ganzen Welt per Mausklick abrufbar.

Wir messen unsere Attraktivität an einer allgegenwärtigen weltweiten Beauty-Elite aus Models, Pop- und Kinostars. Wir vergleichen uns mit den Schönsten der Schönen aus aller Welt. Wir berechnen die Maßstäbe für unser Sexleben anhand von inszenierten Szenen aus Filmen, von Werbeplakaten oder Pornos. So entstehen Mythen über unseren Körper und über Sex. Diese Mythen schaffen einen immensen Druck, welcher der tatsächlichen Sexualität ihre Seele raubt.

Vergessen Sie die Mythen der virtuellen Welt und leben Sie ein Leben, das der Realität Ihres Lebens entspricht. Nicht des Lebens, von dem Sie denken, dass Sie es führen könnten oder müssten oder sollten, sondern Ihres tatsächlichen Lebens.

Ein Mann muss nicht aussehen wie Hugh Jackman, damit Sex Spaß macht. Sie müssen nicht aussehen wie Gisele Bündchen, damit ER Spaß mit Ihnen hat. Eine Frau braucht auch keine Implantate, um den Mann an sich zu binden. Wer comicstripartig überhöhte Primärreize benötigt, um eine Erektion zu bekommen, ist eben nicht besonders potent.
Guter Sex entsteht durch eine gute Verbindung zwischen zwei Menschen, hat also mit dem Kopf zu tun und nicht mit dicken Brüsten, festen Muskeln oder riesigen Penissen.

Sex muss nicht knallen und eine orgiastische Verschmelzung mit dem Universum sein. Die Tatsache, dass es multiple Orgasmen oder endlose Liebesnächte gibt, heißt nicht, dass Sex immer so sein muss und nur dann wertvoll ist.

Machen Sie Ihrem Prinzen klar, dass Sex für Sie auch dann angenehm ist, wenn Sie keinen Orgasmus haben. Sie müssen beim Sex schon gar nicht an die Himmelspforte klopfen, damit er Spaß macht. Sex ist ein völlig natürlicher, sich zwischen zwei Menschen ergebender Spannungsabbau und sollte weder überbewertet noch mit Erwartungen überlastet werden.

Mit Sex lösen Sie keine Probleme

Er sollte auch nicht mit Funktionen belastet werden, die er nicht hat. Sex ist nicht die einzige Methode, mit der ein Mensch seinem Bedürfnis nach Nähe, Bestätigung, Berührung oder Aufmerksamkeit gerecht werden kann. Sex dient auch nicht dazu, innere Leere zu füllen oder Unzufriedenheit mit dem eigenen Leben, Langeweile oder mangelndes Selbstbewusstsein zu beseitigen. Sex bleibt seltsam leer, wenn er nur dem Erhalt des Egos dient.

Es ist auch nicht Aufgabe der Sexualität, ein Partnerschaftsproblem zu kitten. Oft gepriesen: heißer Versöhnungssex. Dagegen ist nichts einzuwenden, Sexualität besitzt schließlich die einzigartige Kraft, Spannungen zu lösen und neue Nähe zu schaffen. Andererseits werden Sie mit Sex nie Probleme in der Beziehung dauerhaft lösen können. Es ist ganz einfach nicht seine Aufgabe.

Entledigen Sie den Sex seiner Funktionen, die er nicht zu erfüllen hat, erscheint er plötzlich Zentner unbeschwerter. Ohne all diese Aufgaben kommt uns auch der Sex selber plötzlich nicht mehr als Aufgabe vor. Er hat keinen Druck und kein Ziel mehr, trifft damit das Wesen der Libido in seiner spontanen Ziellosigkeit und Ganzheitlichkeit. Die Libido hasst es, unter Druck gesetzt zu werden, für andere Zwecke als den Selbstzweck eingebunden zu werden und sich verplanen zu lassen.

Lassen wir die Libido aber in einem Milieu gedeihen, das sie liebt, vollzieht die Sexualität ihre magische Wirkung in kleinen Schritten: Regelmäßiger Sex mit einem Partner schafft Nähe, Vertrautheit, Bindung. Da liegt die eigentliche Kraft der Sexualität, nicht in den Sekunden eines Orgasmus.

Dazu muss Sex keine Explosion verursachen. Manchmal ist er eben banal wie das Leben selbst, kurz, unspektakulär. Es juckt, und man kratzt sich, und dann wendet man sich anderen Dingen zu.

Wenn Sie bis hier gelesen haben und Sie noch Single sind, wenn Sie lange keinen Sex hatten oder nur sehr unregelmäßig Sex: Tun Sie es einfach!

Um warmzubleiben, um in Übung zu bleiben, um das Gespür für seinen Körper und den Naturtrieb nicht zu verlieren, um Sex von zu vielen Erwartungen zu befreien, etwa der, dass er die Lösung sei für alle Probleme und ein Gefühl von Einsamkeit für immer beseitigt. Nehmen Sie sich ein Übungsobjekt. Man muss nicht immer nur mit seinem Traummann, einem Sex-Gott oder der großen Liebe ins Bett gehen. Manchmal tut es auch jemand, der einfach gerade verfügbar ist. Manchmal ergeben sich Gelegenheiten zu zwanglosem Sex, gegen die nichts spricht.

Gerade diese druckfreie Unverbindlichkeit kommt dem Sextrieb sehr entgegen, der sich am liebsten in einem Milieu aus Zufälligkeit, Sich-gehen-lassen, Unplanbarkeit und Unvernunft entfaltet und Appelle überhaupt nicht mag (siehe »Sei spontan«-Paradoxie in Kapitel 87).

Die Balance halten

Mittelmäßiger Sex ist besser als überhaupt keiner. Regelmäßiger mittelmäßiger Sex erhöht die Wahrscheinlichkeit für überraschend guten Sex. Wenn Sie sich aufsparen für den großen Moment, wird einfach gar nichts passieren. Finden Sie die richtige Balance zwischen den Werten Aufgeschlossenheit und Selektion auf der einen und Wahllosigkeit und Verbohrtheit auf der anderen Seite. Wenn Sie derart gelassen an die Sache herangehen, wird es Sie irgendwann, meist unerwartet und wenn es eigentlich gar nicht passt, umhauen, und Sie liegen keuchend in einem verschwitzten Laken und denken: »Wow, was war das!?«

70. Überprüfen Sie die Reaktionen, die Sie auslösen – und entlarven Sie so Ihre Vorurteile

»Er spinnt ja wohl, er ist so etwas von überempfindlich!«, beschwerte Intensivfachschwester **Alexandra** *sich nach ihrem Date mit einem Ernährungsberater namens Lukas. »Er erzählte mir von diesem Kurs im Salzburger Land, den er macht, bei Jsu Kabbal, bei dem man durch vorbuddhistische Meditation und Atemübungen neue Bewusstseinsphasen erreichen soll. Er sagte, das Ziel sei, das Leben zu tanzen, statt es als Problem zu sehen. Und ich musste so lachen, weil ich ihn plötzlich vor mir sah, wie er mit lauter dicken Frauen sein Bewusstsein tanzt oder vielleicht sogar sein Frühstück. Er fand das nicht lustig und sagte, der Kurs würde ihn voranbringen. Ich sagte, so ein Kurs brächte vor allem das Cayman-Inseln-Konto des Gurus voran. Lukas meinte, ich wäre sarkastisch und vorurteilsbeladen. Na ja, so ein Eso-Freak, der soll mal seinen Ausdruckstanz machen und mich in Ruhe lassen.«*

Germanistikdozentin **Katrin** *wiederum wunderte sich, dass sich* **René** *nach zwei Dates nicht mehr meldete, und sie recherchierte ein bisschen im Bekanntenkreis. »Ich sei eingebildet, hat er über mich gesagt. ICH eingebildet! Ich bin ja nun wirklich nicht arrogant. Das sagt er doch nur, weil er eben nicht studiert hat und aus kleinen Verhältnissen kommt. Seine Aussage über mich hat doch mehr mit seinen eigenen Komplexen zu tun.«*

Beide, Alexandra und Katrin, hatten nach ihren Dates negative Rückmeldung erhalten. Sie reagierten auf die Rückmeldung, indem sie sich missverstanden fühlten und den Urheber der Botschaft abwerteten und damit die Botschaft entwerteten. Beide nutzen dazu die Disziplinen Hellsehen, ferndiagnostische Psychologie und Interpretation. Alexandra zog den Schluss, dass so ein verweichlichter esoterisch angehauchter Mann wie Lukas eben nicht mit starken Frauen zurechtkommt, die ihre Meinung kundtun. Katrin vermutete Persönlichkeitsdefizite, die René dazu bewogen haben, sie als arrogant einzuschätzen.
Bei beiden Dates tat sich eine Kluft zwischen der Selbstdefinition und der Fremddefinition der Frauen auf.
Doch mit ihren Reaktionen brachten sowohl Alexandra als auch Katrin sich um eine Chance: die Chance zu erkennen, dass ihre Kommunikation anders ankommt als beabsichtigt, wenn auch nur in diesen speziellen Fällen. Sie brachten sich darum zu sehen, dass die Botschaft, so wie sie den Kommunikationspartner erreicht, immer auch ein Teil der Kommunikation ist.

Das führt uns zu folgender **9. These: Die Bedeutung Ihrer Handlungen liegt in dem Ergebnis, nicht in Ihrer Absicht.**
Dabei geht es nicht darum, die Fremddefinitionen »sarkastisch« oder »arrogant« einfach anzunehmen. Vielmehr geht es darum zu erkennen, dass nicht der andere falschliegt, sondern die Kommu-

nikation als dritte Kraft in diesen Fällen falschgelaufen ist, ein Prozess, an dem beide beteiligt sind.

Es geht darum zu erkennen, dass die Reaktion des anderen immer auch ein Teil der Realität ist, nämlich seiner Realität.

Wenn René Katrin für arrogant hält, so ist es Realität, dass sie wenigstens in dieser einen Situation auf diesen einen Menschen arrogant gewirkt hat.

Alexandra und Katrin legten es jedoch nicht darauf an, sarkastisch oder arrogant zu wirken und so das Date zu sabotieren. Alexandra hätte Lukas gerne näher kennengelernt, auch wenn sie mit seinen Selbstfindungs-Trips zunächst wenig anfangen kann. Katrin fand René charmant und attraktiv, und dass er nicht studiert hatte, war ihr herzlich egal – sie fand es sexy, dass er sich auch ohne irgendeinen Abschluss hochgearbeitet hatte. Wenn Sie jedoch darauf achten, welche Reaktionen Ihre Botschaften beim anderen auslösen, können Sie sie der Situation anpassen – und werden bei der nächsten Gelegenheit besser verstanden und wahrgenommen.

Wenn sich der gewünschte Erfolg bei Männern bisher noch nicht eingestellt hat, nützt es ebenfalls wenig, zu generalisieren und neue Glaubenssätze zu entwickeln, etwa den, dass Männer nichts mehr taugen oder dass die Zeit noch nicht reif wäre für eine Persönlichkeit wie Sie, und dass Sie ja im Grunde sowieso niemand verdient hat oder Sie einfach nicht der Typ sind, den Männer suchen.

Analysieren Sie lieber, welche Reaktionen Sie mit Ihren bisherigen Handlungen auslösten und ob es sich um die gewünschten Reaktionen handelte. Waren sie das nicht, »drehen Sie an den Reglern«, probieren Sie etwas anderes, verändern Sie Ihre Art, Botschaften zu vermitteln, und die Art Ihrer Handlungen und schauen Sie, ob sich Absicht und Reaktion nun besser decken. Dabei dürfen Sie ruhig herumprobieren und ein paar Mal tüchtig falschliegen – je mehr Informationen Sie darüber erhalten, was funktioniert und was nicht, umso besser!

Wie hätte Alexandra reagieren können, als sie Lukas' Verstimmung feststellte, anstatt ihn abzuwerten? Sie hätte ihm zu verstehen geben können, dass sie zwar lustig sein wollte, aber nicht die Absicht hatte, sich über ihn lustig zu machen. »Für mich sind solche Selbstfindungssachen einfach noch neu und ungewohnt, und ich weiß zu wenig darüber, um mir ein Urteil zu erlauben. Aber ich würde gerne erfahren, was bei so einem Kurs eigentlich genau passiert und was du dir davon erhoffst.«

71. Er ruft nicht an: Let it be!

Die Szene aus »Sex and the City« ist legendär: Miranda will wissen, warum der Kerl, den sie an der Angel hat, einfach nicht anruft, obwohl doch alles so gut lief. Carries Freund Berger hat eine schlichte, aber doch niederschmetternde Antwort: »Er steht einfach nicht so auf dich.« Auf dieser Szene basieren inzwischen ein amerikanischer Ratgeber-Besteller und ein Kinofilm.
Tatsächlich gilt auch beim Dating eines der berühmten Postulate des Kommunikationsforschers Paul Watzlawick: Wir können nicht nicht kommunizieren. Volkstümlichere Übersetzung: Keine Antwort ist auch eine Antwort.
Sobald wir jemanden ansprechen, steht derjenige vor der Situation, reagieren zu müssen. Dreht er sich schweigend um und geht, ist seine Reaktion sogar stärker, als wenn er schlicht sagte: »Hi, gut geht's.« Durch sein Schweigen drückt er aus: Ich nehme deine Beziehungsdefinition nicht an. Es gibt keinen Grund für uns, mit-

einander zu reden. Meine Haltung zu dir ist so negativ, dass ich nicht einmal grundlegendste Höflichkeitsnormen einhalte.

Genauso kommuniziert auch der Mann, der nicht zurückruft oder kaum anruft, mit Ihnen. Sein Nicht-Melden ist immer eine Botschaft: Im Moment möchte ich keinen Kontakt.

Ist er nicht richtig scharf auf Sie? Vielleicht nicht. Doch schon in jener Episode von »Sex and the City« wird deutlich, dass diese Annahme eben eine Annahme bleibt, eine Interpretation, die stimmen mag oder auch nicht. Als der nächste Kerl beim nächsten Date schnell nach Hause rennt, wendet Miranda das Gelernte direkt an: »Kein Problem, du bist einfach nicht richtig scharf auf mich«, sagt sie ihm. Doch der arme Kerl wollte nur schnell heim, weil ihm schlecht von dem mexikanischen Essen war.

Halten Sie sich nicht mit Grübeleien, Interpretationen, Gedankenlesen auf, wenn die Reaktionen Ihres Dating-Partners nicht so sind wie gewünscht.

Nehmen Sie nur das wahr, was wirklich messbar ist, was Sie sehen, hören, fühlen: seine Wege, mit Ihnen in Kontakt zu treten. Tut er das nicht, sind Sie vielleicht nicht sein Typ. Vielleicht hat er den Kopf tatsächlich mit anderen Dingen voll, vielleicht findet er Sie scharf, aber jemand anders noch schärfer, vielleicht hat er sich mit seiner Ex versöhnt, vielleicht ist er eigentlich schwul, vielleicht hat er Angst vor Impotenz, vielleicht hat er gerade eine unangenehme Krankheit oder ist zu neurotisch für Dates, vielleicht steht er nur auf ganz dicke oder ganz dominante Frauen, vielleicht sucht er eine Weggefährtin für die Fetisch-Szene. Vielleicht ist ihm nur schlecht vom mexikanischen Essen, und er meldet sich, sobald er von der Toilette zurück ist. Vielleicht, vielleicht, vielleicht … Sie wissen es einfach nicht. Sie wissen nur eines: Seine Nicht-Kommunikation ist kein Zufall.

Die Blackbox zu ergründen ist unergiebig und mühselig, Ihr Ergebnis reine Spekulation, die Ihnen nichts nützt.

Wichtig ist: Sie haben signalisiert, dass Sie für Kontakt zur Verfügung stehen. Sie haben Initiative ergriffen. Er gab das Feedback, dass er im Moment nicht (mehr) oder kaum mit Ihnen in Kontakt treten will. Wenn er einen Grund nennt oder Sie einen erfahren: fein. Wenn nicht: auch fein. Mehr müssen Sie gar nicht wissen. Stecken Sie Ihre Energie in Begegnungen, die Sie weiterbringen.

Es kann eine Möglichkeit sein, den bisherigen Kommunikationsrahmen zu verlassen und auf eine Metaebene zu gehen, das heißt, Sie kommunizieren ÜBER die Art Ihrer bisherigen Beziehung. Sie können den Mann, der sich nicht mehr meldet, nach einiger Zeit fragen, was los ist, ob ihm etwas an Ihnen nicht gefällt, ob Sie etwas falsch gemacht haben. Sie erhalten dadurch möglicherweise wichtiges Feedback. Doch erwarten Sie nicht zu viel davon: Kommunikation auf der Metaebene ist ungewöhnlich, viele haben es nicht im Repertoire, offen auf solche Fragen zu antworten. Vielleicht hören Sie nur jene Ausflüchte, die Sie nicht hören wollten oder glauben müssen. Es ist auch sein gutes Recht, die Gründe für sich zu behalten. Vielleicht weiß er sie selber nicht. Für all diese Fälle: Lassen Sie es gut sein.

72. Es gibt nicht nur einen Prinzen auf der Welt …

Nach einem Date war sich **Carola** *nicht sicher, ob sie den Mann für sich gewinnen konnte. »Lieber Gott, bitte mach, dass er mich richtig toll fand«, flehte sie anschließend. »Und wenn das nicht geht, könntest du dann bitte meine Mitbewerberinnen sterben oder zumindest für eine Zeitlang verschwinden lassen?«*

Tatsächlich ist das Leben kein Automat, in den wir unseren Wunsch hineinstecken und den Mann herausnehmen. Denn täglich machen wir Fehler bei der Eingabe. Dazu kommt das uneinsehbare Innere des Automaten: die Fehler unserer Mitmenschen, die Unabwägbarkeiten, die Umstände, die Zufälle, das Glück und das Unglück, und irgendwann vielleicht ein Anruf um 3 Uhr morgens, der alles über Bord wirft.
Die gute Nachricht: Jeder Tag ist tatsächlich eine neue Chance, ein Neuanfang, eine Möglichkeit, unseren Zielen näher zu kommen. Die Leute sagen, das Leben sei so kurz? Glauben Sie ihnen nicht! Es ist noch so lang, so voller Möglichkeiten, und es ist noch so viel Zeit, einen Baum zu pflanzen.

Sagen Sie sich bei jedem Treffen mit einem Mann: Er wird nicht der Letzte sein. Spüren Sie, wie Ihnen dieser Satz Kraft und Gelassenheit gibt. Er relativiert die Situation, lässt Sie freier atmen, unangestrengt werden.

Sie stehen mit wackeligen Knien vor einem Date, von dem Sie glauben, dass es Ihr Leben verändern könnte? Vielleicht tut es das, vielleicht auch nicht. Wie auch immer, es gibt noch so viele Möglichkeiten für Dates, die Ihr Leben verändern können, vielleicht direkt übermorgen, vielleicht in drei Jahren.

73. Gönnen Sie sich eine Schonzeit auf der Prinzenjagd

Müde, abgespannt, genervt, überehrgeizig? Nichts ist weniger sexy. Prüfen Sie anhand folgender Checkliste, ob es Zeit ist, in Sachen Dating einen Schritt zurückzugehen, um wieder zwei Schritte nach vorne machen zu können!

- Die Männerjagd strengt mich an.
- Sie macht mir manchmal keinen Spaß.
- Oft geht mir durch den Kopf, was ich lieber tun würde, statt mich mit einem Mann zu treffen oder auszugehen, um einen kennenzulernen.
- Ich frage mich, wann ich wohl endlich Ergebnisse sehen werde.
- Ich merke, wie ich auf den Kalender schaue, fürchte, dass meine Zeit so langsam ablaufen könnte.
- Ich merke Anzeichen von Hektik und Panik.
- Ich merke Anzeichen von Resignation, denke manchmal, dass es vielleicht alles nichts bringt.
- Ich denke hauptsächlich an mein Ziel und daran, wann ich es endlich erreiche.

Wenn nur einer dieser Punkte auch nur im Ansatz zutrifft, ist es Zeit, einen Gang zurückzuschalten, ganz egal, welche Ergebnisse Sie bisher erzielt haben. Klinken Sie sich aus, für einen Tag, für zwei Wochen, für einen Monat, so lange, wie Sie möchten.

Genießen Sie die Pause. Sie dient der Erholung, der Kräftesammlung, vor allem aber relativiert sie Ihre Mission. Die Suche nach einem Mann ist ein legitimes Unterfangen, aber es gibt doch so viel mehr auf der Welt und speziell in Ihrem Leben! Werden Sie sich dessen wieder bewusst.

Und seien Sie stolz auf sich! Sie haben dieses Buch bis hierher gelesen, Sie haben Ihr Verhalten geändert, Sie haben alte Glaubenssätze über Bord geworfen, Sie haben eine Selbstklärung vorgenommen, sich mit sich selbst und den Reaktionen auf Ihr Verhalten auseinandergesetzt. Sie haben dazugelernt, und Erfolg ist immer das, was Sie persönlich als Erfolg definieren. Setzen Sie sich Ihre ganz eigenen Maßstäbe.

Denken Sie daran: Wirklicher Erfolg vollzieht sich in vielen kleinen einzelnen Schritten, die aus der Nähe erst einmal gar nicht so bedeutend aussehen. Einschneidende Ereignisse, die das Leben plötzlich verändern, sind meistens Katastrophen – oder aber Lottogewinne, die jedoch die tatsächliche Lebenssituation in einem derartigen Tempo überrollen, dass sie oftmals in eine Katastrophe führen.

Sie haben etwas an sich geändert, Sie waren öfter aus, Sie haben Ihren Stil überarbeitet, Sie haben jemandem Ihre Telefonnummer gegeben, Sie haben jemanden angesprochen. Sie haben aber immer noch kein handfestes Ergebnis Ihrer Handlungen? Trotzdem: herzlichen Glückwunsch. Erst im Rückblick können wir oft erkennen, welchen Sinn unsere kleinen Einzelinitiativen ergeben und welche Kausalwirkung sie zündeten. Auch wenn Ihnen im Moment noch alles chaotisch erscheint: Das Chaos erhält im Rückblick seinen Sinn.

Und bei der Suche nach einem Mann greifen andere Mechanismen als in Lebensbereichen wie Karriere oder Sport. Vielleicht haben Sie dort gelernt, sich zu disziplinieren, Unlust zu überwinden, mit Verbissenheit ans Ziel zu kommen. Was hier funktionierte, ist jedoch nicht auf die Partnersuche übertragbar. Übertriebener Ehrgeiz ist hierbei eher hinderlich, denn durch ihn geht das lustvolle und spielerische Element verloren.

Es ist unmöglich, sich zu befehlen, Spaß zu haben – deswegen sollten Sie an dieser Stelle Ihre Unlustsignale als wichtige Rückmeldung wahrnehmen. Hören Sie das nörgelnde innere Teammitglied an. Stellen Sie es zufrieden und räumen Sie ihm die Pause oder den Urlaub ein, die es haben möchte – übergangene Teammitglieder rächen sich später und sabotieren auf manchmal kaum merkliche Weise das Ziel, das eigentlich Ihr Gesamtteam geschlossen verfolgen sollte!

Feiern Sie den Dating-Sabbat

Es ist Zeit, dass Sie sich mit Dingen belohnen, die so gar nichts mit Männern zu tun haben. Fahren Sie in die Natur, gönnen Sie sich mit einer Freundin ein Wellness-Wochenende, verkriechen Sie sich ganz autistisch von Freitag bis Sonntag mit einem Buch, schauen Sie eine tolle Serie am Stück weg auf DVD. Sehen Sie sinnlos fern, alles ist erlaubt, von Heidi Klums Topmodel-Show bis zu »Deutschland sucht den Superstar«. Wälzen Sie sich durch einen Stapel Klatschmagazine. Ihr Gehirn wird sich deswegen nicht gleich für immer beleidigt von Ihnen verabschieden! Meditieren Sie, schwimmen Sie, machen Sie Yoga, einen Atemübungskurs. Kaufen Sie sich etwas, mit dem Sie sich für Ihre bisherigen Bemühungen belohnen. Ein Kleidungsstück, eine CD, einen Bildband, ein glänzendes Magazin, teure Schokolade. Genießen Sie die Gegenwart. Erleben Sie Tage, an denen Sie gar nicht fokussieren, kein Ziel, keine Beschäftigung. Nehmen Sie einfach den Augenblick mit den Sinnen wahr, öffnen Sie sich und verschmelzen Sie mit der Umwelt. Achten Sie auf Geräusche, ohne sie einordnen zu wollen. Schauen Sie Wolkenformationen an, nehmen Sie Luftbewegungen bewusst wahr. Atmen Sie ebenso bewusst: Atmen Sie doppelt so lange aus wie ein. Lassen Sie Impulse zu Gefühlen werden, aber richten Sie sie auf nichts. Lassen Sie sich und Ihre Gedanken treiben wie Holz auf einem ruhigen Fluss.

Machen Sie sich die Auszeit zur Gewohnheit: Einen Tag in der Woche sollten Sie alle Handlungen vermeiden, die mit Ihrem Ziel, einen Mann zu finden, zu tun haben. Verschreiben Sie sich regelrecht, innerhalb eines festgelegten Zeitrahmens nichts zu tun, was Sie Ihrem Ziel näher bringt, und halten Sie sich daran! Sie rufen keinen Kerl an, machen keine Dates aus, und wenn Sie ausgehen, dann nur, um mit Freunden zu feiern. Aber erteilen Sie sich Flirt- und Baggerverbot.

Machen Sie sich nur schön, um Ihren Freunden Respekt zu erweisen, aber nicht, um sexy auf irgendwelche Männer zu wirken. Tun Sie ruhig auch mal genau das Gegenteil von dem, was Sie tun müssten, um einen Mann zu kriegen. Genießen Sie die neuen Freiräume, die Ihnen jetzt entstehen. Spüren Sie, wie erhaben, wie reif und kräftig das Leben ohne Männer sein kann, für einen Tag, für einen Monat. Wenn Sie merken, dass Ihnen die Auszeit sehr gut tut, verlängern Sie sie nach Belieben. Wenn Sie zurückkehren aus Ihrem inneren Dating-Exil, werden Sie sehen, dass alle Männer noch da sind. Sie haben nichts verpasst. Sie haben noch alle Zeit der Welt!

Denn das Gute: Wir überleben nicht ohne Essen und Trinken, und ohne soziale Kontakte würden wir zumindest verkümmern. Aber wir überleben sehr gut ohne Partner. Sie sind der beste Beweis!

Eine Partnersuche kennt andere Zeitdimensionen als andere Lebensbereiche. Wenn Sie arbeitslos geworden sind, wollen Sie diesen Zustand so schnell wie möglich ändern. Wenn Sie krank sind, wollen Sie sofort in den gesunden Zustand zurückkehren. Single zu sein ist aber kein Defizit und keine Krankheit. Ob Sie nächsten Monat jemanden kennenlernen oder in zwei Jahren macht keinen Unterschied – der nächste Mann kommt ganz bestimmt.

Und denken Sie daran: Das Leben überrascht einen, wenn man am wenigsten damit rechnet.

KAPITEL 4:
»Und sie lebten glücklich bis zum Ende ihrer Tage …«

Sie waren in den Dating-Zentren Ihrer Umgebung, haben sich umgesehen, ein paar Exemplare angehalten, ein paar anprobiert, ein Paar zur Anprobe sogar mit nach Hause genommen. Jetzt haben Sie ihn mit der Angel aus dem Teich gefischt: den einen Mann, der zu passen scheint, soweit Sie das jetzt schon abschätzen können.

Überprüfen Sie Ihre Zielvorgaben von Kapitel 5 bis 7. Welche Teilziele haben Sie erreicht, welche noch nicht? Welche Ziele möchten Sie über Bord werfen, welche verändern? Welche neuen Ziele möchten Sie sich setzen?

Denn jetzt beginnt die nächste Phase: Wird aus der Affäre eine Beziehung? Gibt es eine gemeinsame Zukunft? Und wie soll die aussehen? Keine Phase ist so anstrengend und so ereignisreich. Keine Phase im Leben ist so spannend und so schön wie diese. Verliebtheits-Hormone lassen uns den aufreibenden Ausnahmezustand als lustvoll erleben. In dieser Phase präsentieren wir vorwiegend Schokoladenseiten und nehmen vorwiegend die Schokoladenseiten des anderen wahr. Und doch wird in dieser Phase auf beiden Seiten auch knallhart abgecheckt: Decken sich Habitus, Werte, Ziele, Lebensentwürfe, Erwartungen so sehr, dass eine Zukunft möglich ist? Sind wir bereit, für diesen Menschen Lebensbereiche aufzugeben oder umzugestalten, die uns bisher lieb und wichtig waren und hervorragend ohne Partner funktioniert haben? Bin ich bereit zu verzichten? Finden wir uns so sexy, dass wir auch noch in einem Jahr Lust aufeinander haben, oder sogar in fünf oder zehn Jahren?

Was passiert, kann niemand vorhersagen. Aber es gibt ein paar Verhaltensweisen und Erkenntnisse, mit deren Hilfe wir die Chance erhöhen, dass das kleine Wunder wahr wird.

Wieder geht es darum, der Chance einen Stuhl hinzustellen, Bedingungen zu schaffen, unter denen das Glück gern ein Weilchen länger bleibt. Denn Glück ist, wenn Vorbereitung auf Gelegenheit trifft.

74. Erkenntnis 1: Böse Buben werden niemals liebevolle Prinzen!

Antonia *(33), Familientherapeutin: »Am Anfang war Göran der Traummann: gutaussehend, eloquent, humorvoll, kontaktfreudig, weltgewandt. Und er stand beruflich fest auf beiden Beinen, kein Windei, wie ich es durch manchen seiner Vorgänger gewohnt war. Dann tauchten kleine Indizien auf, Auffälligkeiten, die mich stutzig werden ließen. Doch nur kurz, verloren sie sich doch schnell wieder im Verliebtheitstaumel. Dann stellte ich fest, dass Göran offenbar ein Drogenproblem hatte. Wenig später erlebte ich seinen ersten Ausraster. Den Wutausbrüchen folgten tagelange Phasen, in denen er grollte, einfach nur fies war und völlig unzugänglich. Manchmal verschwand er mehrere Tage spurlos. Es gab Versöhnungen, die aber die Beziehung nie auf eine neue Ebene hoben. Denn Göran besaß keine Fähigkeit zur Selbstreflexion und zur Empathie, weder Feingefühl noch den Wunsch, irgendetwas zu ändern. Ich hielt aus falschen Gründen zu lange an dieser Bindung fest, die sich doch nur um seine Neurosen drehte. Ich* *hatte den egoistischen Ehrgeiz, endlich eine langfristige Beziehung zu führen, wollte es mir und anderen beweisen, glaubte, wenn ich nur alles richtig machte, würde etwas Gutes dabei herauskommen. Ich dachte, ich könnte ihn ändern, positiv auf ihn einwirken. Ich sollte diese Verblendung bitter bereuen.«*

Hören Sie auf Ihre Instinkte. Stellen Sie Anzeichen von Süchten jedweder Art fest, von ernsthaften psychischen Problemen, von chronischer Untreue, von Lug oder Betrug, von krimineller Energie oder einem unbeherrschten Aggressionstrieb, dann suchen Sie so schnell wie möglich das Weite. Es handelt sich hier um reine Selbstüberschätzung, wenn Sie glauben, dass genau SIE und IHRE Liebe ihn retten können. Das können Sie nicht, vielmehr zerstören Sie mit dieser Einstellung die Liebe, die keine ist, wenn sie nicht im Gleichgewicht von Geben und Nehmen steht.
Böse Buben bleiben böse. Sie sind zu allem fähig und sonst zu nichts. Eine Partnerin kann niemals eine Therapeutin sein. Auch nicht, wenn sie wie Antonia sogar Therapeutin von Beruf ist. Klären Sie Ihre eigenen Bedürfnisse, wenn Sie dazu neigen, andere »retten« zu wollen. Lassen Sie den bösen Buben einfach los, lassen Sie ihn gehen und hoffen Sie, dass die Evolutionsgeschichte gnädig mit ihm umgeht. Konzentrieren Sie Ihre Kräfte. Sie brauchen sie, um die für Sie lohnenden Ziele zu erreichen.

75. Erkenntnis 2: Ein Prinz ist nur einer Prinzessin würdig ...

Vermeiden Sie jede Art von komplementärer, also sich ergänzender Partnerschaft. Das sind Beziehungen, in denen jeder der Partner eine Rolle besitzt, welche die Rolle des anderen bedingt. Beide Partner einer komplementären Beziehung bestätigen in ihrer Interaktion fortlaufend die Selbstdefinition des anderen. Komplementäre Beziehungen sind eine wichtige Basis dafür, dass eine Gesellschaft funktioniert. Beispiele: Schüler/Lehrer, Kunde/Verkäufer, Antragsteller/Sachbearbeiter.

Im privaten Bereich bedeuten komplementäre Beziehungen allerdings oftmals eine destruktive Verstrickung, welche die Entwicklung beider Partner und der Beziehung als Ganzes blockiert.

Beispiele: Alkoholiker/Nüchterner, Sadist/Masochist, dominanter Partner/serviler Partner, der Exzentriker/der Vernünftige, der vitale und antreibende Partner/der depressive und lethargische Partner, der sich selbst darstellende und der bewundernde Partner.
Dabei zeigen beide Personen in der Partnerschaft nur eine Seite ihrer Persönlichkeit: der helfende Partner seine starke, vernünftige Seite – obwohl auch er manchmal schwach ist, obwohl auch er manchmal das Bedürfnis nach einer starken Schulter hat. Sein Komplementärpartner zeigt seine hilfebedürftige Seite, obwohl auch er alle Ressourcen besitzt, um stark zu sein und sich selbst zu helfen. Sie werden innerhalb dieser Beziehung nur nicht freigesetzt, mehr noch: Sie würden sogar das System Beziehung gefährden, das nur unter diesen Rollendefinitionen zu funktionieren scheint.
Es ist erstaunlich, dass Bekannte, Arbeitskollegen oder Verwandte des einen Partners einer komplementären Beziehung ihn oftmals ganz anders wahrnehmen, als der Partner es tut. Sie nehmen den innerhalb der Partnerschaft hilflos erscheinenden Menschen beispielsweise als durchaus lebenstüchtig wahr.
Lassen Sie sich auf eine Komplementärbeziehung zu einem in welcher Hinsicht auch immer »schwächeren« Mann ein, geraten Sie schnell in eine Co-Abhängigkeit, werden Teil des psychogenen Systems. Sie verstärken dann seine Probleme, anstatt sie zu beseitigen.

Sie reagieren auf die bizarren Zwangshandlungen eines Mannes mit Liebe und Verständnis? Er wird mit noch mehr Zwangshandlungen reagieren, um noch mehr Liebe und Verständnis von Ihnen zu bekommen. Die Komplementärbeziehung ist eine verhängnisvolle Affäre, egal, wie sie ausgeht: Entweder bleiben Ihre Bemühungen erfolglos und verschlimmern sogar sein Verhalten, oder aber Ihr Partner ändert sich tatsächlich – und Ihrer Beziehung fehlt plötzlich jede Grundlage. So berichten viele Therapeuten und Betroffene, dass eine Beziehung zerbrach, nachdem einer der Partner beispielsweise von seinem Alkoholismus oder seiner psychischen Krankheit geheilt wurde.

Brauchen Sie Schwäche, um sich stark zu fühlen?!

Eindrucksvoll beschreibt Thomas Mann in seiner frühen Novelle »Tobias Mindernickl«, wie essenziell die Schwäche des einen Partners für eine Beziehung sein kann und wie bedrohlich es dann auf den anderen Partner wirkt, wenn diese Schwäche verschwindet: Der verschrobene, vereinsamte Protagonist kümmert sich in der Erzählung aufopfernd um einen verletzten streunenden Hund. Er reagiert aber mit Argwohn, als der Hund sich erholt, zunehmend vitaler wird und immer weniger auf sein neues Herrchen angewiesen ist. Eines Tages greift Tobias Mindernickl dann zum Messer, um seinem frisch genesenen Liebling neue Verletzungen zuzufügen …

Ein Therapeut kann die Verstrickungen des Patienten mit seiner Umwelt von außen erkennen, in Zusammenarbeit mit dem Patienten aufarbeiten und durch neue Verhaltensweisen ersetzen. Sie können das nicht, denn als Partnerin stecken Sie bereits zu tief mit drin. Sie können ihm nicht helfen.

Aber Sie können sich selbst helfen! Sollten Sie Partnerin in einer Komplementärbeziehung sein: Klären Sie mit sich, was Sie an einem Mann mit solchen Schwächen anzieht. Genießen Sie es womöglich, dass er Ihre Selbstdefinition als hilfsbereite, belastbare oder sich aufopfernde Frau bestätigt? Benötigen Sie seine Schwäche, um sich stark zu fühlen?

Lucys *Freund Mike litt unter der Angst, unter Menschen zu gehen. Mit Engelsgeduld versuchte sie ihn immer wieder zu überreden, sich manchmal zusammen mit ihr mit Freunden zu treffen. Im Laufe einer Paartherapie zeigte sich, dass auch sie ähnliche Ängste hatte, wenn auch geringer ausgeprägt: Sie reagierte mit Unbehagen auf große Gruppen. Dank ihres Freundes, für den schon ein Café-Besuch eine Herausforderung bedeutete, konnte sie Situationen wie Partys meiden, ohne sich dieses Mechanismus überhaupt bewusst zu sein.*

Viele Frauen erheben sich selbst durch ihren Trunkenbold-Verlierer-Mistkerl-Was-auch-immer-Freund. Sie fühlen sich dann besser. Sie leiden zwar an seinen, aber dafür weniger an ihren eigenen Problemen. Er lenkt sie von ihren eigenen Schwächen ab. Deswegen: Gehen Sie schonungslos mit sich ins Gericht, wenn Ihr Herz an einem Nichtsnutz hängt.

76. Erkenntnis 3: Es gibt keine unerreichbaren Prinzen, nur mangelnde Selbstliebe

Der häufigste Fall einer komplementären Partnerschaft: Einer der Partner sucht Nähe, der andere geht auf Distanz. Eine solche Verbindung zieht eine Kommunikations-Spirale mit sich, ein Teufelskreis, bei dem kein Auslöser mehr ausgemacht werden kann.

Sie: Je mehr er sich zurückzieht, desto größer ist mein Verlangen nach Nähe.
Er: Je mehr Nähe sie sucht, desto größer ist mein Verlangen, mich zurückzuziehen.

Nähe und Distanz sind wichtige Komponenten jeder Beziehung, die spielerisch neu verhandelt werden sollten und das Knistern erhalten, aber das Spiel sollte symmetrisch gespielt werden. Es liegt auf der Hand, dass eine Beziehung unbefriedigend ist, in der ein Partner immer nur Nähe und der andere immer nur Distanz sucht. Und doch lassen sich viele Frauen auf einen Mann ein, der offenbar viel weniger von ihr will als sie von ihm, der nicht verfügbar ist, und wenn, dann nur, wenn es ihm gerade passt. Sie verlieben sich gerade in den Mann, der sie hinhält, niedermacht, schlecht behandelt, mit ihren Gefühlen spielt, nicht vertrauenswürdig und verlässlich ist, sie ausnutzt und sich jeder Konstanz entzieht.

Ursache ist hier oft ein geringes Selbstwertgefühl der oftmals attraktiven, gebildeten und erfolgreichen Frauen. Paul Watzlawick fasst es mit dem Satz zusammen: *»Wer mich liebt, mit dem stimmt was nicht.«*

Frauen, die sich selbst nicht lieben, glauben, der nette Mann, der es ernst mit ihnen meint, könne genau aus dem Grund nicht gut genug für sie sein. »Wer an mir interessiert ist, disqualifiziert sich dadurch als geeigneter Partner« – ein Paradoxon, mit dem man nur verlieren kann und aus dem es schwer ein Entrinnen gibt.

Also schwärmen solche Frauen von unerreichbaren Typen, von Männern, die jeder will, von stadtbekannten Womanizern oder weltbekannten Filmstars, von Beziehungskrüppeln und Neurotikern. Und was ist dadurch gewonnen? Ganz einfach: Schmerz ist so ein großes Gefühl, in das man sich regelrecht verlieben kann! Und sein Ziel nicht zu erreichen und die Umstände dafür der Umwelt zuzuschreiben, die gemeinerweise ihren Teil des Vertrages nicht erfüllt, ist so viel einfacher, als sich einer realen Beziehung zu stellen.

Denn diese ist nie das ersehnte Märchenland, sondern umständlich, gefährlich, unbequem, mit einem Preis verbunden, der manchen zu hoch erscheint. Die reale Bindung ist, aus der Nähe betrachtet, oft ernüchternd, und gerade für Menschen, für die alles groß, glamourös, besonders sein muss, manchmal eine herbe Enttäuschung. Denn wenn die ersten Hormone sich verziehen, erkennen wir immer nur einen Menschen. Manchmal sollte man seinen Wunsch nach einem Partner besser nicht äußern, er könnte sich erfüllen.

Aber dazu gibt es ja den Gefühlskrüppel, den hilfebedürftigen Neurotiker, den unerreichbaren Egozentriker, den Playboy, den Mindfucker, den wir dann noch als einzelgängerischen freigeistigen Steppenwolf hochstilisieren. Mit ihm bleibt der Wunsch garantiert ein Wunsch, und in dem Bad aus Schmerz und Sehnsucht liegt es sich manchmal so schön bequem!

In diesem Fall: Schluss damit! Stöpsel raus, Wasser ablaufen lassen, hinaus aus dieser Brühe, hinein ins wahre Leben! Jagen Sie den unerreichbaren Mann zum Teufel zugunsten der Möglichkeit einer symmetrischen und vor allem realen Beziehung. Steigen Sie aus dem fatalen Arrangement aus.

Symmetrische Beziehungen sind anstrengend, denn Symmetrie muss stets neu erkämpft werden. Ständig will einer der Partner doch ein bisschen mehr vom Kuchen, was zu erschöpfenden Eskalationen führen kann. Bei erfolgreichem Verlauf jedoch bestätigen die Partner die realistischen Bilder, die sie von sich und vom anderen haben. Solche Beziehungen führen dann zu Entwicklung und Reife, zu Respekt und Vertrauen.

Voraussetzung dazu: Selbstliebe. Denn Frauen, die sich selbst lieben, akzeptieren und genießen die Liebe eines Partners, ohne ihn aufgrund dieser Liebe abzuwerten.

77. Unabhängig statt abhängig ...

Hilfsbereitschaft und Füreinanderdasein sind Bestandteile einer jeden Beziehung. In einer symmetrischen Partnerschaft werden diese Rollen jedoch in jeder Situation neu ausgefochten. Das heißt, jeder ist mal der schwache, mal der starke Part. Oder, wie Paul Watzlawick es ausdrückt: *»Eine Hand wäscht die andere.«*

Während viele Frauen einen Komplementärpartner suchen, den sie »bemuttern«, gibt es natürlich auch den umgekehrten Fall. Manche Frauen versuchen, einen Partner an sich zu binden, indem sie ihre hilfebedürftige oder abhängige Seite nach außen kehren und den Partner an diese andocken lassen.

Nehmen Sie den Titel dieses Buches: Wenn Sie auf einen Märchenprinzen gewartet haben, der Sie retten soll – welche Ihrer Sub-Persönlichkeiten steckt hinter einem solchen Wunsch? Es ist Ihr *inneres Kind*, das die Befriedigung seiner Bedürfnisse verlangt und mit Wut, Trotz oder Tränen auf sich aufmerksam macht, wenn die Umwelt dem nicht in gewünschter Weise nachkommt. Es ist in Ordnung, Ihr *inneres Kind* seufzen zu lassen. Ihr *inneres Kind* hat einen unverfälschten Zugang zu Ihren Emotionen und Bedürfnissen und kann daher wichtige Anstöße geben. Wenn jedoch Ihr *inneres Kind* bei der Partnersuche oder in der Zeit einer keimenden Romanze an der Front Ihres inneren Teams steht, ziehen Sie einen Partner an, an dessen Teamfront sich komplementäre Sub-Persönlichkeiten befinden, etwa sein *Retter-Ich*, sein *Prinzen-Ich*, sein *väterliches Ich*. Eine solche Beziehung verläuft jedoch starr und leidet an Idealisierungen und Erwartungen: Enttäuschungen sind vorprogrammiert. Die bisherigen Kapitel dieses Buches sollten Ihnen dabei helfen, erwachsene Sub-Persönlichkeiten ins Dating-Rennen zu schicken, etwa ein Super-Ich zu entwickeln – um so einen Partner mit erwachsener Persönlichkeit zu finden.

Sie haben bis hierher eine enorme Leistung vollbracht: Sie haben den Seufzer Ihres Kindheits-Ichs als ein wichtiges Signal wahrgenommen und sind mit Ihren Erwachsenen-Ichs auf die Partnersuche gegangen, jenen Sub-Persönlichkeiten, die zu Initiative und Analyse fähig gewesen sind.

78. Verwöhnen Sie ihn!

Ira *ist sexy, Ira ist Single, Ira ist eine stilsichere Fotografin, Ira feierte ihren 32. Geburtstag. Unter den Gästen: gutes Boyfriend-Material. Alle Kandidaten waren das erste Mal in ihrer Wohnung. Soweit ich es weiß, alle zum letzten Mal. Denn nicht einmal für ihre Party – dank jeder Menge Wodka und toller Gäste ein rauschender Erfolg – änderte sie irgendetwas an der nüchternen Lichtsituation in ihrer Wohnung. Gedimmtes Licht? Nicht bei Ira! Bei ihr daheim ist es in etwa so gemütlich wie in der Umkleidekabine von H&M. Kerzen? Ira muss wohl erst im Lexikon nachschlagen, was das ist. Ihre Wohnung: praktisch, lieblos. Das Catering während ihrer Party: Ein paar trockene Kuchenstücke stellten das gesamte Abendbuffet.*

Viele Frauen haben leider verlernt, eine gute Gastgeberin zu sein und für ein ansprechendes Ambiente zu sorgen. Die Gründe: Viele Mütter der jetzigen jungen Frauen lebten die Ideale des Feminismus, brachten ihren Töchtern bei, auf Bildung Wert zu legen. Ohne Wenn und Aber eine richtige Entscheidung.

Aber aus Abgrenzung zu ihrer Elterngeneration zeigten sie ihren Töchtern nicht mehr, wie man kocht oder einen Haushalt führt oder Gäste bewirtet. Zu viel vom Gegenteil des Unerwünschten führt aber nicht weiter ins »Gute«, sondern in neue Verhängnisse. Und so verstehen es die heutigen Frauen in ihren Zwanzigern oder Dreißigern kaum noch, in einer Wohnung eine heimelige Atmosphäre zu schaffen, ein Hemd zu bügeln oder eine einfache Mahlzeit zuzubereiten.

Sie glauben gar, die einzige Möglichkeit, an Nahrung zu kommen, sei die, im italienischen In-Restaurant etwas zu bestellen. Auf dem Wochenmarkt stünden sie völlig ratlos vor den rohen Zutaten, unwissend, wie man sie zu einer leckeren Mahlzeit kombiniert und verarbeitet.

Völlig klar, dass Frauen im 21. Jahrhundert nach mehr streben als dem perfekten Kartoffelsalat. Niemand soll zurück in die 50er Jahre, strahlen wie Doris Day und geistige oder karrieretechnische Enthaltsamkeit üben, wie Eva Herman es predigte. Hausarbeit ist nicht die letzte Herausforderung im Leben einer Frau, und es gibt interessantere Tätigkeiten im Leben als Geschirrspüling und Family-Cooking.

Aber hier ist ein Zuviel des Guten nicht mehr gut. Alleinstehende Männer haben längst behagliche, schicke Wohnungen, die nichts mehr mit den gefürchteten »Junggesellenbuden« früherer Zeiten zu tun haben. Sie begrünen ihre Balkone und Dachterrassen ansprechend, tischen ihren Gästen ausgeklügelte Mahlzeiten auf, einfach weil es ihnen Spaß macht und anderen Freude stiftet. Aber dafür würden sie natürlich niemals ihre Karrieren opfern.

Einige Frauen dagegen müssen erst noch begreifen, dass ein Verwöhnprogramm daheim für den Mann für sie nicht das Ende von hundert Jahren Emanzipation bedeutet, sondern einfach eine Ergänzung darstellt.

Es ist Teil einer neuen Vielfalt, eine von verschiedenen Möglichkeiten, für die wir uns entscheiden können und mit denen wir unser Leben bereichern.

Inwiefern es Sie schmälert, seine Lieblingsmahlzeit zu kochen, ihm seine Hemden zu waschen und auch mal zu bügeln, frische Blumen auf den Tisch zu stellen, für Wohlgerüche zu sorgen, die grässliche Stehlampe mit dem Stadionlicht zu entrümpeln? In keinster Weise. Sie sorgen nur dafür, dass das Zusammensein mit Ihnen für ihn mit positiven Reizen verbunden wird.

Sie vermitteln auf einer gefühlsmäßigen Ebene wichtige Selbstauskünfte, Beziehungsdefinitionen und Appelle: Du bist mir etwas wert. Ich will, dass du dich wohl fühlst mit mir. Ich will, dass wir gemeinsam angenehme sinnliche Erfahrungen teilen. Ein Nest mit mir ist ein schönes Nest.

Und es lohnt sich doppelt und dreifach für Sie: Die Chancen, dass er als süße Revanche Ihr Kleid aus der Reinigung holt, den Abwasch macht und Ihnen ein tolles Frühstück ans Bett bringt, stehen angesichts der aufgeschlossenen, vielseitigen und modernen Männer unserer Zeit ganz ausgezeichnet!

79. Die Kunst der richtigen Kommunikation …

Mike *kocht ein asiatisches Gericht im Wok.* **Mirna** *sieht über seine Schulter. »Es schmeckt besonders gut, wenn du einen Schuss Kokosmilch hinzugibst.«*
Mike (gereizt): »Jetzt koche ich, und du kochst beim nächsten Mal.«
Mirna (eingeschnappt): »War ja nur ein Vorschlag.«
Mike (immer noch gereizt): »Da passt Kokosmilch ja nun echt nicht. Sie ist fettig und zieht viel zu viel Geschmack auf sich.«
Mirna (immer noch eingeschnappt): »Mein Gott, ja, dann eben nicht.«

Um zu untersuchen, warum diese eigentlich belanglose Kommunikation scheiterte, eignet sich das Modell von der Quadratur der Botschaften, das der Kommunikationspsychologe Friedemann Schulz von Thun auf Grundlage der Sprachmodelle von Karl Bühler und des Kommunikationsmodells von Paul Watzlawick entwickelte.

Schulz von Thun geht davon aus, dass in einer Botschaft vier unterschiedliche Aspekte stecken – und zwar immer und in jeder Botschaft. Die impliziten Aspekte erschließen sich nicht aus den Worten allein, sondern auch aus sogenannten paralinguistischen Erscheinungen wie Tonfall, Mimik, Körpersprache, aus dem jeweiligen Kontext als auch aus der Beziehung, die die Kommunikationspartner zueinander pflegen.

Schon dem kurzen Gesprächsausschnitt lässt sich entnehmen, dass Mirna und Mike höchstwahrscheinlich in einem symmetrischen Verhältnis zueinander stehen, also Freunde, Geschwister oder Liebespartner sind.

Der Dialog lässt sich als Ringen um diese Symmetrie deuten, einfacher gesagt: als kleiner Machtkampf zweier eigentlich gleich mächtiger Personen.

In einer komplementären Beziehung, etwa wenn Mike Koch wäre und Mirna seine Chefin, hätte Mike wohl hoffentlich mit einem »Ah, alles klar, merke ich mir« geantwortet und brav Kokosmilch hinzugegeben.

Diese vier Aspekte lassen sich in jeder Botschaft ermitteln. Einerseits sendet der Urheber der Botschaft alle vier Aspekte mit dem Gesagten auf mehr oder weniger verschlüsselte Weise. Andererseits versucht der Empfänger der Botschaft, auch alle vier Aspekte »herauszuhören«, analysiert und interpretiert das Gesagte auf seine individuelle Weise.

Die vier Aspekte einer Botschaft

1. Die *Sachaussage* ist der tatsächliche Inhalt der Worte: Mirna teilt mit, dass Kokosmilch das Gericht bereichern würde.
2. Mit dem *Selbstoffenbarungsaspekt* gibt sie preis, dass ihr am Gelingen des Essens liegt.
3. Obwohl nicht in der grammatischen Form des Imperativs (Gib Koksmilch hinzu!) gestellt, enthält die Botschaft Mirnas einen *Appell*, nämlich den, Kokosmilch hinzuzufügen.
4. Gleichzeitig enthält die Botschaft einen *Beziehungsaspekt*, sagt etwas darüber aus, wie Mirna und Mike zueinander stehen. Nur hörte Mike in diesem Fall eine andere Beziehungsbotschaft heraus, als Mirna eigentlich geben wollte. Mirnas Aussage lag, wie eine spätere Klärung ergab, vielmehr auf der Appellebene, ihre Beziehungsbotschaft sollte lediglich lauten: Wir stehen in einer symmetrischen Beziehung, in welcher der eine dem anderen hilfreiche Tipps geben kann. Mike aber nahm in ihrer Botschaft überempfindlich einen anderen Beziehungsaspekt wahr, hörte Folgendes heraus: Du kriegst es nicht alleine hin, uns (und unseren Gästen?) eine schmackhafte Mahlzeit zuzubereiten.

Was aber bringt die Analyse der fehlgeschlagenen Kommunikation? Was kann ich mit diesem Wissen verbessern? Das Wissen um die verschiedenen Aspekte, die einer Botschaft innewohnen, mal offensichtlich und deutlich, mal als blinder Passagier versteckt, zeigt uns, dass Missverständnisse entstehen, weil Partner die Bot-

schaft verschieden gewichten. Der Empfänger der Botschaft entschlüsselt sie anders, als der Sender beabsichtigte. Mike in diesem Fall gewichtete den Beziehungsaspekt stärker als den Sachaspekt oder den Appell.
Die Analyse lässt uns unsere Gewichtung und Wertung einer Botschaft neu überdenken – letztendlich haben wir so mehr Möglichkeiten, auf sie zu reagieren. Und Sie erinnern sich, der Weg mit den meisten Möglichkeiten ist der bessere.

80. Telepathie ist gefährlich ...

Das Modell verdeutlicht uns zudem, dass unsere Art, die Botschaft zu interpretieren, nicht die einzig mögliche ist. Viele wollen nicht hören, was ihr Partner EIGENTLICH gesagt hat, weil sie ja eh zu wissen glauben, was er über das Gesagte hinaus mitteilen will. Wozu hinhören, wozu nachfragen? Dazu gibt es ja schließlich Telepathie! Nur leider ist Gedankenlesen tückisch und fehlerhaft. Denn in unserer inneren Kristallkugel sehen wir lediglich unsere eigenen Ängste, Begehrlichkeiten, Empfindlichkeiten und Vorerfahrungen.
Zwar nehmen wir die Worte des anderen eindeutig wahr, wenn wir seiner Sprache mächtig sind. Wie wir sie interpretieren, liegt jedoch an uns – und welche Gefühle unsere Interpretationen auslösen, erst recht. Durch das Wissen um die vier Aspekte einer Botschaft lernen wir, die **Wahrnehmung** von der **Interpretation** und dem **Gefühl** zu unterscheiden. Wir lernen, genauer hinzuhören, statt uns auf unsere Interpretation zu verlassen. Wir lernen, dass es immer mehrere Interpretationsmöglichkeiten gibt.

Reality-Check für Ihre Interpretationen

Mit diesem Wissen lassen sich gereizte Kommunikationen wie die im Beispiel schnell entschärfen. So hätte Mike vielleicht gelassener auf Mirnas Worte reagiert, sie so aufgefasst, wie sie laut späterer Eigenaussage Mirnas gemeint waren: als Tipp. Er hätte durch das Wissen um die Quadratur der Kommunikation vielleicht Abstand gefunden zu seiner Interpretation und seinen negativen Gefühlen, die seine Interpretation auslöste.

Wenn Sie eine Beziehungsbotschaft wahrnehmen oder wahrzunehmen glauben, die Ärger oder Unbehagen bei Ihnen auslöst, seien Sie sich Folgendem bewusst: Ihre Wahrnehmung ist ein Konstrukt Ihrer eigenen Realität, die nicht der Realität Ihres Partners und damit seiner tatsächlichen Absicht entsprechen muss.

Prüfen Sie, mit welchen Indizien Sie tatsächlich belegen konnten, dass Ihre Interpretation richtig ist, oder ob die Ursachen für Ihre Wahrnehmung vielleicht eher in Ihnen selbst liegen.

81. Darüber reden, wie wir miteinander reden

Was aber, wenn Mirna immer wieder an Mike herummäkelt und alles besser wissen will? Hätte er dann nicht begründete Annahme, dass hinter ihrer Äußerung die Beziehungsbotschaft »Ich bin besser, und du bist ein Trottel« steckt? Im Fall des erhärteten Verdachts könnte Mike das Gespräch auf die Beziehungsebene und die Selbstoffenbarungsebene verlegen.

Dazu trifft er

1. eine Aussage über sich selbst und seine Interpretation.

Dadurch macht er

2. seine Gefühle explizit, die seine Interpretation auslöste.

Diese Ich-Aussage verbindet er

3. mit einem Appell.

Konkret könnte sich das so anhören: »*Wenn du mir so etwas sagst, habe ich immer den Eindruck, dass du glaubst, ich wäre zu dusselig. Ich weiß deine Ratschläge zu schätzen, aber beim Kochen hätte ich lieber meine Ruhe.*«
Stattdessen tragen Mirna und Mike den Konflikt weiter auf der Sachebene aus, streiten über das Für und Wider von Kokosmilch im Wok, wobei es doch eigentlich um einen Beziehungskonflikt geht.

Zermürbende Gefechte auf der Sachebene sind ganz typisch für viele Paare, die nicht gelernt haben, den Konflikt dort zu lösen, wo er eigentlich stattfindet: auf der Beziehungsebene. Ein Gift gerade für die junge Liebe.

Metakommunikation, also Kommunikation über die Kommunikation, ist eine wirksame Notbremse immer dann, wenn die Richtung der Kommunikation sich verselbständigt und so die Stimmung zu kippen droht.

Unterziehen Sie Ihre Wahrnehmung zunächst dem Reality-Check. Unter dieser Prämisse können Sie nun mit dem Partner über die Beziehungsbotschaften reden – aber nicht in Form von Vorwürfen. Vorwürfe sind gekennzeichnet durch die grammatikalische 2. Person:

Beispiel:
»Du hast mich heute Abend beleidigt, als wir meine alte Schulfreundin trafen und du witzeltest, du habest nicht gewusst, dass es auch so schön schlanke Frauen in unserer Heimatstadt gibt.«

Formulieren Sie Ihre Aussagen besser in der 1. Person. Geben Sie eine Selbstauskunft über ein Gefühl – denn darum handelt es sich, um nicht mehr und nicht weniger als ein Gefühl, das SIE haben, nicht um eine absolute Wahrheit. Wandeln Sie den Vorwurf um in eine Selbstauskunft: *»Ich fühle mich durch solche Bemerkungen herabgesetzt, bin mir aber nicht sicher, wie du sie meinst.«*
Vermeiden Sie unbedingt Generalisierungen wie »Das machst du immer.« Sie haben keinen Aussagewert für die jetzige Situation und lassen sich nicht belegen. Macht er das immer, wirklich immer? Genauso sollten Sie konkret sein. Vage Aussagen wie *»Es gibt so gewisse Äußerungen deinerseits, da fühle ich mich nicht gut mit«* verunsichern nur, verhindern aber eine Lösung des Konflikts.
Die Metakommunikation ist ein wirksames Mittel mit großen heilenden Kräften, sofern beide Partner zu Empathie und Selbstkritik bereit sind und davon abrücken können, ihre Wahrheit als die einzig gültige anzusehen. Sie verhindert zermürbende Machtkämpfe, getarnt unter fadenscheinigen Inhalten, und beendet uneffektive Kommunikations-Kreisläufe. Beide Partner lernen Neues über sich und den anderen und die neue, dritte Einheit, die entsteht, wenn zwei Menschen sich zusammentun: eine nach eigenen Regeln agierende Einheit mit dem sperrigen Namen Beziehung. Ein System, das eine Quelle ist von Erfahrung, von freudvoller ebenso wie von schmerzvoller.

Zugleich gilt aber auch: Eine harmonische Beziehung kommt mit wenig Metakommunikation aus. Man versteht sich »ohne viel Worte«.

Wenn eine Beziehung am Anfang schon oft die Kommunikation über die Kommunikation braucht, sprechen beide vielleicht eine andere Sprache, es herrscht nicht genug Rapport, also Verbundenheit und Übereinstimmung. Wie alle wirksamen Medikamente muss die Metakommunikation sparsam und wohldosiert eingesetzt werden. Schließlich löst bei Männern der Satz *»Schatz, du, da müssen wir mal drüber reden«* Angst aus wie sonst nur Kinokarten für die neue Romantikkomödie mit Jennifer Aniston.

Die überhörte Beziehungsbotschaft

Doch zurück zur Quadratur der Kommunikation. Während bei Mirna und Mike der Konflikt dadurch losgetreten wurde, dass Mike überstark einen Beziehungsaspekt in die Botschaft hineinhörte, ist auch der umgekehrte Fall möglich: Eine Beziehungsdefinition des Partners A wird nicht gehört, Partner B reagiert stattdessen auf den Sachaspekt.

Tim *und* **Ena** *stritten nach neun Jahren immer noch über ein gänzlich missglücktes Dinner ihrer Anfangszeit, bei dem ich mit am Tisch saß. Ena hatte ihren Salat beendet und begann, in Tims Teller herumzustochern. Tims Reaktion: »He, das ist mein Essen, ich brauch das, um satt zu werden. Wenn du noch hungrig bist, bestell dir doch selbst noch was.« Ena reagierte eingeschnappt, was Tim wiederum veranlasste nachzufeuern: »Typisch Frauen, erst bestellen sie sich einen Salat ohne Nährstoffe, nur weil es schick ist, und dann wollen sie einem das Essen wegputzen.«*

Was war geschehen? Für Ena hatte das »Herumstochern« auf Tims Teller eine Beziehungsbotschaft. Sie wollte damit ausdrücken: Wir sind uns nahe, wir erleben gemeinsam dieses Essen, wir

teilen, Liebe geht durch den Magen. Gleichzeitig war es ein Signal an die anderen Gäste: Wir beide sind zusammen, wir treten als Einheit auf, bei uns zerfließen so manche Grenzen. Schließlich versuchte Ena nicht, ihren von Tim unterstellten Hunger zu stillen, indem sie auf meinem Teller herumstocherte oder in denen der anderen Gäste. Tim bewertete aber bereits den Gesamtkontext der Kommunikation viel sachlicher als sie: Er ging ins Restaurant, weil er Hunger hatte. Die Funktion stand für ihn über dem gemeinsamen Erlebnis. Dieses Ziel, den Hunger zu stillen, sah er durch Enas Teller-Attacke bedroht. Ena sah durch seine ablehnende Reaktion jedoch ihre Beziehungsdefinition abgewiesen, reagierte verstimmt. Eine Verstimmung, die neun Jahre dauerte, bis ich als ihr Trauzeuge den Abend mit beiden noch einmal aufarbeitete.
Wie sehr Ena die vermeintliche Abweisung verletzte und welche Bedeutung es für sie hatte, essen zu teilen, offenbarte während dieser Klärung ihr Satz: *»Andere frisch verliebte Paare füttern sich am Tisch, und er motzt mich an.«* Nach unserer »Aufarbeitung« zu dritt sahen Tim und Ena den Vorfall rückblickend anders, hatten beim nochmaligen geistigen Durchspielen ihr Repertoire an Verhaltensweisen erweitert. Ena würde jetzt in der gleichen Situation seine Zurückweisung sachlicher bewerten und nicht als Ablehnung ihrer Person oder als mangelnde Verliebtheit. Tim würde eleganter antworten, den Beziehungsaspekt erkennen und annehmen und dann seinen Wunsch nach einem ungestörten Verzehr äußern, anschließend aber auch Alternativen anbieten: *»Es ist toll, mit dir hier zu sitzen, aber ich bin so hungrig, dass ich die ganze Portion brauche. Bestell dir doch noch was, oder wir beide teilen uns gleich noch einen Nachtisch!«*

Tim richtet sich mit dieser neuen Reaktion an den **»pädogogisch-psychologischen Dreierschritt«** (Schulz von Thun), der das Miteinander verbessern soll.

1. Einfühlende **Akzeptanz der Aussage** des anderen: *»Toll, hier mit dir zu sitzen.«*
2. Ehrliche **Selbstkundgabe:** *»Ich bin so hungrig, dass ich die ganze Portion brauche.«*
3. **Angebot zu einer Alternative**, die Gemeinsamkeiten betont: *»Bestell dir doch noch was, oder wir beide teilen uns gleich noch einen Nachtisch.«*

Weitere Fallen in einer Kommunikation:

Die hineininterpretierte Offenbarung

Viele Frauen rauben ihren Männern den letzten Nerv, indem sie übersensibel Selbstoffenbarungen in den Botschaften ihres Partners zu hören glauben. Wie ist er gelaunt? Fühlt er sich wohl mit mir? Schlimmer noch: Ist er verliebt? Ist er vielleicht nicht mehr so verliebt? Hat ihm der Sex Spaß gemacht? Gefällt es ihm wirklich, den dreistündigen Frauenfilm zu sehen, in dem Meryl Streep und Julianne Moore viel weinen, oder sagt er das nur?

Der hineingehörte Appell

Missverständnisse können auch dadurch entstehen, dass überstark ein Appell aus Botschaften herausgehört wird. Wenn er sagt, er sei heute müde, versteht sie das (vielleicht zu Unrecht) als Aufforderung, ihn in Ruhe zu lassen und nach Hause zu fahren.

82. So beugen Sie Missverständnissen vor

Sagen Sie, was Sie wünschen

Gleichzeitig sollten Sie selbst den Mut haben, Appelle direkt und offen zu formulieren. Wenn Sie etwas wünschen, sagen Sie es. Nur der Sprechende findet Gehör. Senden Sie den Appell, indem Sie etwas von sich selbst preisgeben, einen Wunsch, eine Befindlichkeit, ein Gefühl. *»Ich unternehme gerne was mit dir, und manchmal denke ich, dass du vielleicht lieber zu Hause bleibst, weil du so selten was vorschlägst. Ich würde mir wünschen, du teiltest mir öfter mal mit, wozu du Lust hast«, statt: »Ich möchte bitte, dass du auch mal was vorschlägst!«*

Ein Appell ist eine klare Botschaft, die dem anderen klare Reaktionen ermöglicht – auch die Möglichkeit einer Zurückweisung, die Sie dann akzeptieren müssen. Anders ist es, wenn Sie Ihren Appell etwa in Beziehungsbotschaften verschlüsseln und so versuchen, Ihrem Partner das von Ihnen gewünschte Verhalten anzudressieren. Viele Frauen gestalten ihre Dressur derart, dass sie bei erwünschtem Verhalten des Partners ihre liebevolle Zuwendung verstärken, ihn mit Zärtlichkeiten oder sogar Sex belohnen, ihn bei unerwünschtem Verhalten aber mit Liebesentzug strafen. Haben Sie lieber den Mut, direkt zu sagen, was Sie wollen – und was nicht!

Sich geben, wie man ist

Tatsächlich liegen auf der Selbstoffenbarungsseite viele Tücken für eine junge Beziehung. Wenn die Selbstoffenbarung zu einer ständigen Selbstdarstellung wird, verhindert das eine tatsächliche Begegnung. Gerade in der ersten Zeit des Zusammenseins übertreiben viele Männer, aber auch Frauen, damit, ihre Schokoladenseite zu präsentieren. Denken Sie daran: Er ist nicht interessiert an Ihnen, weil Sie den DJ vom Club kennen oder in St. Moritz Ski fahren oder ein Semester in Harvard studiert haben.

Auch existiert auf der Selbstoffenbarungsseite die Gefahr, bestimmte Aspekte geheim zu halten, etwa Schwächen, Ängste, Hemmungen. Niemand soll das Herz gleich auf der Zunge tragen. Hier gilt wie überall eine Balance. Übermächtige Selbstoffenbarungsangst jedenfalls führt zu unstimmigen verqueren Botschaften, etwa wenn Frauen mit leidender Mine beteuern, wie gut es Ihnen geht. Der Mann nimmt die Unstimmigkeiten wahr, weiß aber nicht, wie er darauf reagieren soll. Über derartige Kommunikationsfallen lesen Sie mehr auf Seite 249.

83. Training: Erfolgreich kommunizieren!

1. Schritt: Rufen Sie sich eine Kommunikationssituation der letzten Zeit ab, die vielleicht banal erschien, aber Ihnen trotzdem im Gedächtnis geblieben ist. Machen Sie alle vier Aspekte der Botschaft, die Sie gesendet haben, explizit.
Beispiel für einen Ausgangssatz: *»Musstest du das unbedingt erzählen, dass ich nach unserem ersten Date auf dem Weihnachtsmarkt brechen musste?«*

2. Schritt:
Sachaspekt: *»Du hast in der Runde von meinem Brechanfall bei einem gemeinsamen Date erzählt.«*
Selbstoffenbarung: *»Ich fühle mich gedemütigt durch solche Anekdoten.«*
Appell: *»Bitte erzähl solche Peinlichkeiten nicht mehr.«*
Beziehungsaspekt: *»Ich fürchte, dass du mich lächerlich findest oder denkst, ich sei eine Person, die man mal so eben lächerlich machen kann.«*

3. Schritt: Analysieren Sie nun eine Aussage eines anderen Menschen in einer Kommunikationssituation mit Ihnen nach demselben Muster und decken Sie alle vier ihr innewohnenden Aspekte auf.

4. Schritt: Unterwerfen Sie Ihre Analyse dem Reality-Check: Was davon können Sie mit Gewissheit sagen und warum, was sind Interpretationen Ihrerseits? Was spricht dafür, dass Sie mit Ihrer Interpretation richtigliegen, was ist reine innere Spekulation?

84. Vertrauen Sie ihm so, wie Sie sich selbst vertrauen

Ihr Partner trifft sich mit Ihnen, verbringt seine Zeit mit Ihnen, Sie haben Spaß, und bei Ihrem Umzug hat er auch geholfen. Das genügt Ihnen nicht? Richtig, hinterfragen Sie alles, was mit ihm und seinem Verhalten zu tun hat, und zwar tüchtig: Vielleicht benutzt er Sie nur, um über seine Ex-Freundin hinwegzukommen. Vielleicht sind Sie nur eine Lückenbüßerin, eine Übergangslösung, und bei der ersten Gelegenheit zischt er mit einer anderen ab. Hat er sich nicht schon letztens übermäßig um zwei Ihrer Freundinnen gekümmert? Vielleicht betrügt er Sie bei jeder Gelegenheit, mit Prostituierten, der Briefträgerin und Ihrer Chefin, die Sie ihm dummerweise mal vorgestellt haben. Vielleicht ist er ein Krimineller und führt ein perfides Doppelleben? Einen vernünftigen Grund für seine Trennung von seiner Ex hat er Ihnen jedenfalls auch nie erzählt. Die Liste Ihrer Phantasien kann endlos sein …

Doch hören Sie auf! Hören Sie auf zu spekulieren, hören Sie auf zu phantasieren, hören Sie auf mit dem Gedankenlesen!

Natürlich darf Ihnen generell alles durch den Kopf gehen. Alles ist legitim. Die Gedanken sind frei. Wichtig ist nur, dass Sie immer deutlich unterscheiden zwischen Phantasien und der Realität. Auf Seite 236 versuchte ich, Sie dazu anzuregen, bei der Botschaft Ihres Partners zwischen dem zu differenzieren, was Sie tatsächlich wahrnehmen und dem, was Sie lediglich interpretieren. Ich schlug

Ihnen vor, Botschaften einem Reality-Check zu unterziehen. Als Resultat orientieren Sie sich jetzt vielleicht mehr an dem, was Ihr Partner Ihnen tatsächlich mitteilt als an dem, von dem Sie vermuten, was er Ihnen zwischen den Zeilen mitteilen möchte.
Erweitern Sie diese Methode auf Ihre Phantasien. Unterziehen Sie auch diese einem gnadenlosen und selbstdistanzierten Reality-Check. Die Distanz zu dem, was Ihnen so durch den Kopf schwirrt, ist eine wichtige Überlebensstrategie. Gestalten Sie Ihre innere Realität von der Beziehung ausschließlich nach den tatsächlichen Handlungen Ihres Partners: Er geht mit Ihnen aus, er kümmert sich um Sie, das alles freiwillig, offenbar. Das kann, sollte Ihnen jetzt reichen. Es sei denn, Sie haben übermäßig Lust, Ihre Zukunft zu sabotieren.

Das, was passiert, seine Handlungen und seine Botschaften, sind die Substanz, mit der Sie arbeiten sollten. Es sind die Bausteine Ihrer Realität, und diese Bausteine schaffen ein solides Fundament.

Alles andere, nämlich Ihre Phantasien, mag interessant sein, um etwas über sich selbst zu erfahren, aber es ist nicht dazu geeignet, Ihren Partner besser kennenzulernen. Es ist auch nicht dazu geeignet, um daran Ihre knospenjunge Beziehung zu bemessen. Und es ist schon gar nicht dazu geeignet, die Zukunft vorherzusehen.

Lassen Sie sich nicht von Angstphantasien leiten

Das Perfide: Verlieren Sie die Distanz zu Ihren Phantasien, werden Sie beginnen, Ihre Umwelt selektiv wahrzunehmen. Und plötzlich sehen Sie Indizien, dass er Sie nicht wirklich liebt, ein Fetischist ist, ein notorischer Fremdgeher, wenigstens im Geiste,

vielleicht tatsächlich ein Krimineller – und Sie bauen sich eine krumme, schiefe, unübersichtlich verwinkelte, durchgeknallte und enorm einsturzgefährdete Realität, in der sich niemand sonst mehr zurechtfindet. Sie selbst bald auch nicht mehr.
Vielleicht fangen Sie an, nach handfesten Beweisen zu suchen, um Ihre Theorien zu untermauern. Vielleicht haben Sie Lust, nach Pornosammlungen zu schnüffeln, im Wäscheschrank nachzuschauen und im Medizinschrank, sich in seinen Computer zu hacken und seine zuletzt besuchten Internetseiten zu recherchieren, seine E-Mails und SMS zu lesen, Freunde auszufragen, als Kundin getarnt in dem Geschäft seiner Ex-Freundin aufzutauchen, um Informationen über sein düsteres Doppelleben zu bekommen.
Tun Sie es nicht. Sie schaufeln damit das Grab, in dem Sie Ihre Beziehung beerdigen dürfen. Denn so werden Sie plötzlich zu der wahr gewordenen Angstphantasie Ihres Partners: eine Person, die neurotisch ist, misstrauisch bis paranoid, hinterhältig, manipulativ, unehrlich und vertrauensunwürdig. Wir sollten stattdessen bemüht sein, die Eigenschaften an uns zu pflegen, die wir an anderen wünschen. Es ist unsere Entscheidung.

85. So kritisieren Sie, ohne zu verletzen

Es ist ein Jammer: Wir glauben, den perfekten Menschen gefunden zu haben, und doch irgendwann packen die Hormone, die diesen psychischen und physischen Grenzzustand verursacht haben, ihre Sachen, sagen leise servus. Nach ihrem Abzug kommt plötzlich die Erkenntnis. Nur ist die nicht mehr so schön wie die taumelige Verliebtheit. Wir stellen fest: Aha, doch wieder nun ein Mensch. Jetzt folgt der Wunsch, den anderen zu ändern, an ihm herumzuzimmern, zu werkeln, zu gestalten.

Wenn Sie sich in dieser Phase zügeln und den anderen gelassen als das akzeptieren, was er ist, ein Mensch mit Fehlern, der immer nur einen Teil Ihrer Bedürfnisse befriedigen kann und soll, haben Sie eine Zukunft.

Sie wissen: Jede Kritik ist heikel. Jede Kritik verletzt. Jede Kritik ist unwiderruflich. Jede Kritik bleibt im Gedächtnis. Und dennoch reift der Wunsch zu kritisieren in Ihnen wie eine böse schwarze Frucht. Erst kritisieren Sie nur so für sich in sich hinein, dann werden aus diffusen Gefühlen Worte, Formulierungen, die Sie abspeichern und dann, bei einer Gelegenheit, hinausschießen, als spitzen, giftfroschgetränkten Pfeil.

Erst sich selbst hinterfragen

Mit dem Wunsch, Ihren Partner zu kritisieren, sollten Sie ähnlich verfahren, wie Sie es mit Vorwürfen bereits gelernt haben. Nehmen Sie zunächst eine Selbstklärung vor: Was an dem Kritikpunkt hat wirklich mit ihm und Ihrer Beziehung zu tun, was aber nur mit Ihnen selbst, mit Ihren Vorerfahrungen, mit Ihren Ängsten, Bedürfnissen, für die er nichts kann? Wenn Sie nach dieser Selbstklärung festgestellt haben, dass es tatsächlich ein Verhalten Ihres Partners gibt, das negative Gefühle bei Ihnen auslöst und das sie ansprechen möchten, nehmen Sie sich den pädagogisch-psychologischen Dreierschritt zur Hilfe, mit dem wir auf Seite 241 einen kommunikativen Konflikt beigelegt haben.

Beispiel:
Sie fühlen sich dadurch gestört, dass Ihr Partner Ihnen in Gesellschaft immer ins Wort fällt und Gespräche an sich reißt.

1. Schaffen Sie eine **Grundlage aus Akzeptanz**, in der Sie Gemeinsamkeiten betonen: *Es macht mir viel Spaß, mit dir unter Leute zu gehen, und wir hatten gestern einen tollen Abend.*
2. Statt etwas über den anderen zu sagen, also eine Du-Aussage zu treffen, formulieren Sie lieber eine **Selbstoffenbarung in Form einer Ich-Aussage**. Sprechen Sie Ihr Erleben an, aber drücken Sie durch die Formulierung aus, dass es sich dabei um Ihre Interpretation und damit um Ihre eigene Wahrheit handelt, die nicht einer absoluten Wahrheit entsprechen muss: *Ich habe manchmal den Eindruck, dass du mir ins Wort fällst. Ich merke dann, wie es schwierig ist, wieder Anschluss ans Gespräch zu finden, und fühle mich dann ausgebootet.*
3. Formulieren Sie einen **klaren Appell**, der für beide Seiten eine verträgliche Lösung darstellen könnte: *Ich würde mir wünschen, dass du darauf achtest, ob ich ausgesprochen habe.*

Und wenn Sie selber kritisiert werden? Versuchen Sie zunächst, die Kritik zu verstehen, anstatt sich direkt zu verteidigen oder den kritischen Prinzen abzuwerten. Wiederholen Sie die Kritik so, wie Sie glauben, sie verstanden zu haben. Das heißt jedoch nicht, dass sie sich »den Schuh anziehen«. Akzeptieren Sie, dass jede Kritik immer ein Stück Wahrheit darstellt – seiner Wahrheit, die nie eine absolute Wahrheit bedeutet. Versuchen Sie, die Kritik nicht übermäßig mit dem Beziehungsohr zu hören – meist wird durch eine Kritik nicht die ganze Beziehung in Frage gestellt oder neu definiert. Konzentrieren Sie sich besser auf den sachlichen Inhalt und bewerten Sie sie als Rückmeldung, die Ihnen neue Informationen bringt. Entscheiden Sie, wie Sie mit diesen Informationen umgehen und ob Sie aufgrund dieses neuen Wissens Teile Ihres Verhaltens ändern.

Kritiktraining

Notieren Sie ein paar Vorwürfe, die Sie Menschen Ihres Umfeldes gemacht haben. Sie können Jahre her oder ganz frisch sein, Sie können in partnerschaftlichen Situationen gemacht worden sein oder in Beruf, Familie, Freundeskreis, im Kaufhaus oder in der Behörde.
Formulieren Sie jeden dieser Vorwürfe in eine Aussage über sich selbst um, die Sie, wenn es Ihnen angemessen erscheint, um einen Wunsch ergänzen können. Verwandeln Sie dabei jede Generalisierung in eine genaue Benennung, jede Andeutung in ein konkretes Beispiel.

Beispiel 1: *Du flirtest immer mit anderen.* Daraus wird: *Ich weiß nicht, wie ich dein Verhalten gestern auf der Party deuten soll, als du mit so vielen Frauen schäkertest, aber ich merke, wie es mich eifersüchtig macht.*

Beispiel 2: *Immer bringst du mich vor anderen Leuten in Verlegenheit.* Daraus wird: *Ich wünsche mir, du erzähltest so persönliche Dinge wie meine Übelkeit auf dem Weihnachtsmarkt nicht öffentlich.*
Und jetzt Sie!

86. Prinzen mögen keine Weggabelung mit zwei Sackgassen

Eine in verschiedenen Varianten erzählte Anekdote geht so: Eine Frau schenkt ihrem Mann zwei Hemden. Er zieht eines davon an. Sie zischt wütend: Wieso, gefällt dir das andere nicht? Kommunikationssituationen, in denen der eine Partner für den anderen eine »Lose-Lose-Situation« kreiert, untersucht die Psychologie unter dem Namen »Doppelbindungs-Theorie.« Egal, für welche Reaktion der Partner sich entscheidet, er kann nur verlieren.

Sylvie *hatte den Brasilianer Enzo kennengelernt, als er Austauschstudent an der Uni in Köln war. Er zog zu ihr, machte seinen Abschluss in Deutschland, sie heirateten und bekamen einen Sohn. Doch Enzo störte, dass alle Initiativen ihres gemeinsamen Lebens von ihr ausgingen. Sie waren mit IHREN Freunden zusammen oder IHRER Familie, unternahmen, was SIE vorschlug. Sylvie wünschte, Enzo möge sich ein unabhängiges Leben aufbauen, so dass beide mehr Freiräume hätten. Sie formulierte einen deutlichen Appell an ihren Mann, mehr eigene Initiative zu entwickeln und unabhängiger zu werden. Das Vertrackte an ihrem Appell: Auch wenn er ihm nachkommen würde, handelte er doch nur gemäß ihrer Aufforderung. Seine Autonomie entstünde also auf ihren Befehl hin, was sie wiederum ad absurdum führen würde.*

In derselben paradoxen Situation befindet sich ein Mann, dessen Frau fordert, er möge dominanter im Bett sein. Käme er ihrem Wunsch nach, handelte er damit auf ihr Geheiß. Seine Handlung, wie auch immer die aussehen könnte, wäre also das Gegenteil von dominant.

Beispiele für Lose-Lose-Situationen finden sich unzählige im Alltag. Männer kreieren sie genauso zahlreich wie Frauen. Besonders häufig entstehen sie durch ambivalentes Verhalten, ein Verhalten also, dem gleichzeitig zwei gegensätzliche Botschaften innewohnen. Die Frau, die nach einem Streit ihren Mann bittet, sie allein zu lassen, gleichzeitig aber durch Tränen und Körperhaltung signalisiert, man möge sich um sie kümmern, stürzt ihren Mann in eine Zwickmühle. Egal, zu welcher Reaktion er sich entscheidet, die Frau kann es gegen ihn verwenden.

Was ambivalente Botschaften bewirken

Ihrem Sender bietet die ambivalente Botschaft die Möglichkeit, sich auf keine ihrer beiden impliziten Sub-Botschaften festnageln zu müssen, unabhängig davon, wie die Reaktion des Empfängers ausfällt. Fragt beispielsweise ein Mann seine Frau, ob es ihr recht wäre, wenn er übers Wochenende mit Kumpels verreist, kann sie behaupten, sie habe nichts dagegen, sich aber den Rest des Abends kühl verhalten. Sagt er den Trip ihretwegen ab, kann sie sagen: »Wegen mir bist du nicht hiergeblieben. Ich habe dir doch gesagt, du sollst fahren.« Angenommen, er fährt trotzdem, und sie macht ihm nach seiner Rückkehr eine Szene, könnte er ihr sagen: »Du hast doch gesagt, ich kann fahren.« Sie: »Was soll ich denn da sagen … Wenn du selbst so wenig Feingefühl hast, um zu merken, dass es kein guter Zeitpunkt war …«

Beliebt bei einigen Frauen: Sie verhalten sich freundlich gegenüber ihrem Mann und verpacken darin kleine Spitzen. Der Mann weiß nicht, auf welchen Teil des inkongruenten Verhaltens er reagieren soll. Er könnte einerseits auf ihre Sticheleien reagieren, etwa indem er sich verteidigt (Sachebene), sich verärgert äußert (Ausdrucksebene), zum Gegenangriff bläst (Beziehungsebene) oder sie bittet, aufzuhören und endlich zu sagen, welche Laus ihr auf der Leber sitzt (Appellebene). Immer wird er sich jedoch schuldig fühlen, die ja eigentlich so gute Stimmung zu verderben – und die Frau kann ihm genau das vorwerfen.

Die andere Möglichkeit: Er ignoriert die Sticheleien und reagiert nur auf ihre wohlwollenden Verhaltensweisen. Doch so bleibt ihm ein schaler Beigeschmack: Seine Sub-Persönlichkeit, die für die Verteidigung zuständig ist, wird sich übergangen fühlen und es der Partnerin unterschwellig oder an anderer Stelle heimzahlen wollen. Es bleibt ein ungerupftes Hühnchen, das irgendwann zuschlagen kann.

Klare Botschaften mittels Selbstanalyse

Sie vermeiden das perfide Dilemma einer Lose-Lose-Situation durch eine Selbstanalyse. Halten Sie Ihre Appelle und auch die Beziehungs- und Selbstoffenbarungsaspekte Ihrer Botschaften stimmig und meinen Sie wirklich, was Sie sagen, und sagen Sie, was Sie meinen.

Ihr Verhalten sollte der gegenwärtigen Situation zwischen Ihnen und Ihrem Partner gerecht werden. Was wollen Sie voneinander in diesem Augenblick, was sind die Gemeinsamkeiten, was die Unterschiede? Liegen ungelöste Konflikte in der Luft? Benutzen Sie eine Botschaft nicht als Manöver, mit dem Sie eigentlich eine andere Reaktion hervorrufen wollen als vordergründig sichtbar.

Oft greifen wir auf doppelbindende Kommunikation zurück, wenn wir vorangegangene Konflikte nicht ausgetragen haben, heikle Dinge nicht angesprochen haben, unsere Wünsche nicht äußerten, unsere Ängste, unseren Ärger und inneren Konflikte nicht bewusst wahrgenommen haben – oder schlicht Angst haben vor den Konsequenzen unserer Botschaften, so dass wir sie lieber ambivalent halten, um nicht die Verantwortung für sie tragen zu müssen. Diese Selbstklärung (als Grundlage zur Klärung der Kommunikationssituation) setzt einen guten Kontakt zu sich selbst voraus, wie Sie ihn mit einer inneren Team-Sitzung herstellen können.

Wenn Sie Zugang zu Ihren Befindlichkeiten haben, können Sie auch ihnen innewohnende Widersprüche erkennen. Dann können Sie nicht nur die Befindlichkeiten, sondern auch deren Widersprüchlichkeit kommunizieren.

So könnte die Frau, deren Mann am Wochenende allein verreisen will, sagen: *»Ich verstehe, dass du gerne an diesem Trip teilnehmen willst, und möchte dir einerseits den Spaß mit deinen Kumpels gönnen,*

andererseits fühle ich mich etwas übergangen, weil ich mich auf ein gemeinsames Wochenende mit dir freute.«
Auf dieser Grundlage könnten die Partner Bedingungen erarbeiten, mit denen beide zufrieden sind, etwa dass er zwar dieses Wochenende verreist, das nächste aber beiden gehört, oder aber am Sonntag ganz früh zurückkehrt, damit beide noch zusammen etwas an dem Tag unternehmen können.
Spüren Sie, dass Ihnen selbst eine solche Kommunikationsfalle gestellt wird, hilft die Metakommunikation: Sie verlassen die Situation und sprechen von einem übergeordneten Standpunkt ÜBER sie und decken das ihr innewohnende paradoxe Element auf.

87. Gefühle lassen sich nicht vorschreiben

Kerstin *hat Glück mit ihrem geduldigen Freund Frank: Er war bereit, für ein verlängertes Wochenende all ihre drei Schwestern zu besuchen. Bei der mittleren Schwester drehte sich alles um deren bevorstehende Hochzeit. Er zog mit allen vier Schwestern durch die Geschäfte und war bei der Generalprobe in der Kirche dabei. Er war höflich, aufmerksam und verlor nicht ein mürrisches Wort. Doch Kerstin reichte es nicht, dass Frank sie ohne Klagen zu ihren Schwestern begleitete, er sollte es auch noch GERNE tun. Kerstins Vorwurf auf der Rückfahrt: Er sei nicht mit dem Herzen dabei gewesen. Das nächste Mal solle er doch bitte nur mitkommen, wenn er es wirklich WOLLE.*

Zwar kann ein klar formulierter und stimmiger Appell die Kommunikation verbessern. Es gibt jedoch Appelle, die eine besondere Form der Doppelbindung entstehen lassen. Es ist dem Empfänger der Nachricht solcher Appelle unmöglich, ihnen nachzukommen. Appellform und gewünschte Reaktion schließen sich aus.

Paul Watzlawick spricht hier von den »Sei spontan!«-Paradoxien. So wie es unmöglich ist, auf Befehl spontan zu sein, lassen sich Gefühle einfach nicht vorschreiben. So sitzt Frank in der Kommunikationsfalle: Es ist ihm unmöglich, mit ehrlicher Freude ihre Schwestern zu besuchen, nach dem Appell noch weniger als vorher. Fährt er jedoch das nächste Mal einfach nicht mit, gesteht er damit seine Gefühlslage ein und reißt tiefe Gräben auf.

In die gleiche Gruppe der Paradoxien gehört der Appell, zu lieben oder mehr zu lieben. Der Appell, ihre beste Freundin zu mögen, die sich kränkelnd, aber trotzdem mit mächtigem Appetit für zwei Wochen einnistet. Der Appell, den für ihre Arbeit wichtigen Stehempfang nicht nur zu überstehen, sondern auch noch zu genießen. Der Appell, sich nicht von Pornos oder den aufreizend gekleideten Girls, die durch die Innenstadt flanieren, angezogen zu fühlen.

Es ist unmöglich, dem Mann vorzuschreiben, nur noch seine Freundin zu begehren und auch in ihrer Abwesenheit nur an sie zu denken, auch beim Onanieren. Ein Appell, jetzt doch bitte leidenschaftlicher Liebe zu machen oder zumindest eine Erektion zu bekommen, wird ebenso nicht nur nichts bringen, sondern nur noch schaden. Das Gleiche gilt für die Aufforderung, jetzt doch bitte gute Laune zu bekommen.

Wenn der Empfänger solcher Botschaften so tut, als habe er die entsprechenden Gefühle, handelt er sich schnell den (völlig richtigen) Verdacht ein, doch nur etwas vorzuspielen, gerade weil der Sender es angesprochen hat. Zudem belasten den Empfänger paradoxer Appelle oft Schuldgefühle, weil er nicht in der Lage ist, wie gewünscht zu empfinden. Die andere Möglichkeit: Er gibt zu, nicht so zu empfinden, und gefährdet dadurch seine Beziehung zum Sender des paradoxen Appells – denn manche Dinge gehören nicht ausgesprochen.

Viele Frauen bringen ihre Beziehung unnötig in Schwierigkeiten, indem sie sich nicht mit den tatsächlichen Handlungen ihres Partners zufriedengeben – er kommt mit zur Familie, er respektiert die beste Freundin, er schaut mit ihr den Katherine-Heigl-Film, er ignoriert die sexy Miezen in der Fußgängerzone – sie wollen auch noch das Hoheitsrecht über sein Gefühlsleben. Doch Gefühle gehorchen niemals Appellen, weder eigenen noch denen von anderen.

88. Lassen Sie ihm seinen geheimen Garten – und pflegen Sie Ihren!

Sie können sowieso nicht beeinflussen, was in ihm vorgeht. Also können Sie sich gleich besser dem zuwenden, was Wunderbares zwischen Ihnen passiert, und das zu schätzen lernen – all diese Dinge geschehen ja aus guten Gründen.

Die Kür in der Liebe: Freiräume zu lassen, tatsächliche und gedankliche. Nicht nur, dass Sie ihm Bereiche zugestehen, in denen Sie keine Rolle spielen. Sie müssen auch nicht genau wissen, was er in Ihrer Abwesenheit getan hat. Ein Mensch gehört einem niemals ganz, und er wird immer Aspekte haben, die seinem Partner fremd sind, auf ihn sogar befremdlich wirken.

Toleranz in der Beziehung ist eine schwierige und fortgeschrittene, aber lohnenswerte Übung.

Genauso pflegen auch Sie einen Lebensbereich, der nur Ihnen gehört. Bewahren Sie sich kleine Geheimnisse. Besuchen Sie einen alten Freund, ohne Worte darüber zu verlieren, flirten Sie in seiner

Abwesenheit vielleicht einmal eine Spur heftiger, als es anständig gewesen wäre, verklickern Sie ein, zwei Verehrern, dass sie vielleicht doch nicht ganz auf dem Holzweg sind. Genießen Sie die grenzenlose Freiheit Ihrer Gedanken: Dort dürfen Sie Sex haben mit seinem besten Freund, seine nervige Mutter gepflegt hassen und anbrüllen oder sich auf der Party seiner Kollegen danebenbenehmen wie Katie Price nach sehr viel Wodka.
Und wenn ER Sie fragt, über was Sie denn da gerade so selbstvergessen schmunzeln, zwinkern Sie ihm schweigend zu …

89. Akzeptieren Sie seine Freunde und Familie

Sie werden sich kaum vorschreiben lassen, seinen Freund Ed zu mögen, der sich bei seinen Besuchen immer für eine halbe Stunde aufs Klo verzieht und danach gibbelnd empfiehlt, dort ein Streichholz zu zünden. Auch seine Mutter, die Sie ständig undistanziert anfasst, Ihnen fragwürdige Tuniken und kreischbunte selbstgemalte Aquarelle schenkt, müssen Sie nicht mögen wie Ihre eigene, auch wenn er sich das wünscht.
Sie brauchen keine Schuldgefühle zu haben, weil Sie keine Verbindung zu manchen seiner Freunde und Familienmitglieder aufbauen können. Sie können – nein müssen – Grenzen setzen (möglichst sachlich!), wenn Sie Ihre Autonomie beeinträchtigt oder sich unangemessen behandelt fühlen. Dennoch sollten Sie sich immer freundlich, höflich und respektvoll verhalten und nie schlecht über sie reden.
Familie und Freunde Ihres Partners gab es schon lange, bevor Sie auf der Bildfläche erschienen. Sie werden auch noch da sein, wenn Sie vielleicht längst verschwunden sind. Sie sind Teil von ihm und sind ungebeten mit im Gesamtpaket enthalten.

Für die Dauer einer Beziehung haben Sie nur die eine Wahl: sich in dem für Sie erträglichen Maße mit Ihnen zu arrangieren. Sie müssen nicht lügen, aber Sie sollten auch nicht lästern. Manchmal ist es die richtige Entscheidung, einfach gar nichts zu sagen.

90. Hilfe, sein Geschenk ist ein Flop!

Tickets für das Konzert von Faith No More, obwohl Sie noch nie von der Band gehört haben? Ein riesiges Wandbild mit galoppierenden Nilpferden vor blutrotem Sonnenuntergang, erworben von dem jungen aufstrebenden Künstler, obwohl Sie Ihre Wände bewusst karg halten? Ein Scanner, obwohl Sie noch nie das Bedürfnis verspürten, irgendetwas zu scannen?

Natürlich können Sie zicken und zetern und lauter Botschaften in dem unpassenden Geschenk lesen. Aber Sie können auch souverän mit dem geschenkten Flop umgehen: Bedanken Sie sich einfach für die gute Absicht, für den offensichtlichen Beziehungsaspekt der Handlung: Er will Ihnen eine Freude machen oder denkt zumindest an Sie, und das ist positiv zu werten. Dann lohnt es sich, das Geschenk nicht vorzuverurteilen. Vielleicht gefällt Ihnen die Musik von Faith No More ja? Vielleicht passt das Gemälde doch ganz gut an eine Ihrer Wände? Wäre es nicht gut, einmal alte Fotos einzuscannen? Geschenke ohne »Wow«-Effekt können uns trotzdem Neues eröffnen, wenn wir uns nur ein wenig auf sie einlassen.

Ansonsten heißt es: Bedanken Sie sich für die gute Absicht und geben Sie dann einfühlsam zu verstehen, dass das Geschenk nicht Ihren Geschmack trifft. Bleiben Sie dabei sachlich und erklären Sie, warum Ihnen das Geschenk nicht zusagt. Vermeiden Sie dabei, auf die Beziehungsebene abzuschweifen, etwa indem Sie ihm unterstellen, Sie nicht genug zu wertzuschätzen oder sich für Sie zu interessieren. Interpretieren Sie auch keine Befindlichkeiten in sein Geschenk, etwa dass er mit den Konzertkarten nur seinen eigenen Interessen nachgehen will oder Sie womöglich gar nicht richtig achtet oder Sie gar vergraulen will.

91. Zeigen Sie einen Sinn für Sparsamkeit

Geld ausgeben ist so schön – und so einfach. Reisen, Klamotten, Restaurants, Cocktails – überall lockt die Angebotsplatte gehobener Geldverschwendung. Eine funkelnde Kreditkarte nimmt jeder mit einem Lächeln entgegen, und hübsch verpackte neue Produkte nach Hause zu tragen gibt einem das Gefühl, teilzuhaben am Leben, auf der Höhe der Zeit zu sein. Jeden Kauf begleiten der Hauch eines Neuanfangs und der Anschein, die Grenzen seiner Existenz erweitert zu haben.

Sie gewinnen jedoch ein wichtiges Unterscheidungsmerkmal zu anderen Frauen, wenn Sie beweisen, dass Sie nicht nur Geld ausgeben, sondern auch sparen und Verzicht üben können. Keine Scheu vor dem Discounter, ein Preisvergleich, die Suche nach einem Schnäppchen oder einfach mal sagen: »Nein, brauche ich jetzt nicht!« Für Männer sind das wichtige Signale, dass die Frau krisenfest ist, in schwierigen Zeiten haushalten kann und ihr bei Verzicht kein Zacken aus der Krone fällt.

Schließlich checkt der Mann seine neue Freundin auch danach ab, ob sie womöglich im Falle einer Familiengründung Kind und Kegel und ihn selbst in den Ruin shoppt. Der sparsamen Frau traut er jedoch zu, dass sie auch dann zu ihm hält, sollte einmal eine seiner größten Ängste wahr werden: der Statusverlust.

Geiz jedoch ist niemals geil: Wenn Sie geringe Summen Geld zurückverlangen, Rechnungen im Restaurant mit Freunden peinlich genau aufschlüsseln, sich nie anbieten zu bezahlen, sich im Ausflugslokal nichts gönnen, nur weil es dort etwas teurer ist, und sowieso für jede Gelegenheit Stullen mitbringen, nur um unterwegs keine Verpflegung kaufen zu müssen, dann berauben Sie sich jeden Glamours und jeder Leichtigkeit.

Versuchen Sie, eine Balance zu schaffen zwischen den zwei Gegensatzpaaren genussvoll und sparsam auf der einen und verschwenderisch und geizig auf der anderen Seite.

92. Setzen Sie auf Verlässlichkeit

Spaßige Tage und wilde Nächte sind eine Sache. Wer Längerfristigkeit anpeilt, will sich auf seinen Partner verlassen können. Verlässlichkeit zeigt sich in vielen kleinen Dingen: darin, dass Sie pünktlich sind, zu Ihrem Wort stehen, Ihre Entscheidungen und Zusagen nicht ständig abändern, Ihren Prinzipien treu bleiben, diskret sind und hilfsbereit.

Was Verlässlichkeit bedeutet:

- Sie zeigt sich darin, dass Sie seinen Wagen aus der Reparatur abholen, mit einer Notlüge bei seinem Chef anrufen, ihn vor der Abschlussprüfung abfragen, ihm Mut zusprechen und uneitel in den Hintergrund treten können, wenn andere Dinge gerade seine volle Aufmerksamkeit erfordern.
- Sie zeigt sich darin, dass Sie ihn verteidigen, in seiner Anwesenheit und in seiner Abwesenheit, dass Sie ein gutes Wort für ihn einlegen, wenn es Ihnen angemessen scheint.
- Sie zeigt sich darin, dass Sie ehrlich sind und nicht manipulieren, manövrieren oder taktieren.

- Sie zeigt sich darin, dass Sie das kleine bisschen Macht, was jeder in einer Beziehung über den anderen hat, niemals ausspielen.
- Sie zeigt sich darin, dass Sie sich so verhalten, wie Sie sich fühlen, und das meinen, was Sie sagen.
- Sie zeigt sich dann, wenn Sie seine Leistungen großzügig und aufrichtig anerkennen und bedingungslos zu ihm halten, wenn er scheitert oder Schwierigkeiten hat.
- Sie zeigt sich darin, dass Sie manchmal einfach nur da sind, ohne etwas zu erwarten.
- Sie zeigt sich darin, dass Sie bei ihm sind, wenn er krank ist, sich mies fühlt oder einfach nur schlechte Laune hat, und dass Sie Ungerechtigkeiten nicht persönlich nehmen. Sie zeigt sich in Ihrem stimmigen, authentischen und beständigen Verhalten und in bedingungsloser Loyalität.

Durch Verlässlichkeit erheben Sie Ihre Beziehung, machen sie unverwechselbar und besonders. Sie ist dann weit mehr als ein Austausch von Impulsen aus Anziehung und Zuneigung. Sie ist dann ein Stück Zukunft.

93. Zeigen Sie ihm Ihre Wurzeln und Ihre Heimat

Reisen sind ein wichtiges Statussymbol in der mobilen Gesellschaft. Je weiter weg, desto mehr Status. Am besten, Sie kennen überall auf der Welt Leute, und Ihre mehr als 300 Facebook-Freunde sind auf über 100 Länder verteilt.

Überraschen Sie Ihren Partner mit Ihrem Sinn für den Gegentrend. Zeigen Sie, dass Sie Ihre Heimat schätzen, dass Ihnen Ihre Herkunft wichtig ist und Ihnen Ihre Familie etwas bedeutet. Sie demonstrieren damit, dass Sie Wurzeln haben, eine Geschichte, die über Ihre persönliche Biografie hinausgeht. Sie zeigen, dass Sie einen Sinn haben für Beständigkeit und dass Sie niemals vergessen, wo Sie herkommen. Sie beweisen so, dass Ihr Blickwinkel über Ihre eigene Vergänglichkeit und den gegenwärtigen Erlebnishunger hinausgeht, dass Sie Ihr Leben in einen größeren Kontext setzen.

Besuchen Sie Ihre Großeltern, ob lebend oder auf dem Friedhof, nehmen Sie ihn mit auf eine Tour durch die Stätten Ihrer Kindheit, zeigen Sie ihm, wo Sie mit Ihrer Schulfreundin die erste Zigarette rauchten und wo Sie reiten lernten und in welcher Kirche Sie als Kind auf der Geige vorspielten. Interessieren Sie sich genauso für seinen Heimatort, seine Herkunft, seine Wurzeln.

Sie können Ihr Leben nicht nur mit Fernreisen verbringen. Wenn Sie mit Ihrem Partner etwas aufbauen wollen, sollten Sie ihm signalisieren, dass Sie bei aller Weltoffenheit und Neugier das Zeug dazu haben, sesshaft zu werden. Sie sollten signalisieren, dass Ihnen Werte wie Familie, Beständigkeit, Herkunft und Heimat etwas bedeuten.

94. Die heikle Sache mit dem Kinderwunsch …

Wenn die lieben Kleinen Ihrer Freundin zu Besuch sind und Lena-Katharina gerade mit ihren süßen kleinen Nägeln das Leder Ihres Eames-Lounge-Chairs zerkratzt, einfach weil es so ein schönes Gefühl ist, während ihr Brüderchen Elias Wasser aus der Gießkanne in Ihre Schuhe schüttet, die nach dem Imprägnieren auf dem Balkon auslüften, haben Sie vielleicht ein, zwei ungute Gedanken. Vielleicht, dass die Diskussion um die Prügelstrafe neu aufkommen sollte oder die Hexe aus Hänsel und Gretel missverstanden wurde. Doch lesen Sie zunächst weiter.

Bis er 26 Jahre alt war, hatte **Tim** *nicht eine einzige Beziehung. Stattdessen hatte er das Körbegeben professionalisiert. Denn alle wollten ihn: Tim sah blendend aus, war feierfreudig, witzig, einfühlsam, die Manieren tadellos, die Familie hervorragend, die beruflichen Aussichten famos. Bestes »Husband Material«, das sämtliche »Haben-wollen-Instinkte« in den Frauen weckte – und in vielen Männern. Tim flirtete mit beiden, nur um sie danach sich selbst zu überlassen. Bis er* **Ena** *traf. Wenige Monate später heirateten sie, sie war da bereits schwanger. Allgemeines Kopfschütteln bei Freunden und Familie. Das geht niemals gut, raunten alle. Auch ich dachte: 26 Jahre, Studium in der Endphase und schon ein Kind, mir erschien das verantwortungslos wie eine Teenagerschwangerschaft. Doch alles ging gut: Tim und Ena sind jetzt zehn Jahre verheiratet, gemeinsam nach Maine/USA ausgewandert und wohnen mit drei drolligen Kindern in einem wunderschönen Haus am See. Was, fragte ich Tim, was war der Moment, an dem du wusstest: Sie ist es! Was passierte in diesem Moment, dass die Geschichte mit Ena ganz anders verlief als die mit all den anderen Anwärterinnen, den Models, Moderatorinnen, Millionärstöchtern, mit denen du Dates hattest?*

Und er erzählte mir von dem Abend, an dem es um ihn geschehen war und an dem die Weichen für eine gemeinsame Zukunft gestellt wurden. Sie hatten sich vielleicht vier- oder fünfmal getroffen, waren am Sonntagnachmittag in den Garten gemeinsamer Freunden eingeladen, durch die sie sich kennengelernt hatten. »Es waren drei, vier Kinder da« sagte er, »und die Weise, wie Ena mit ihnen spielte, löste etwas bei mir aus. Völlig natürlich, unverkrampft, zugewandt. Sie las ihnen geduldig vor, brachte ihnen kleine Dinge bei, ohne dabei lehrerinnenhaft zu wirken, verlor nicht die Geduld, als die Kinder immer wieder an ihr zerrten, sprach mit ihnen wie mit Erwachsenen, nahm sie ernst. Als eines der Kinder Enas Oberteil (weiß!, teuer!) versehentlich mit einer Geleeschicht vom Kirschstreuselkuchen bekleckerte – Ena lachte, und die Sonne blitzte dekorativ auf ihren Zähnen.«

Was hier geschah, ist so simpel wie kraftvoll, weil zutiefst archaisch. »Mir wurde tief drin klar: Das ist die Mutter meiner Kinder«, so Tim. Sie mochte Kinder, sie wusste sie anzupacken, sie ließ einen kleinen Ausblick aufblitzen auf die Geduld, Nachsicht, Stärke, die ihr tausendfach potenziert als Mutter abverlangt werden würden.

Zu glauben, beim Dating, selbst in frühen Phasen, würde der Fortpflanzungsgedanke nicht stattfinden, ist naiv. Er findet statt, immer, wenn auch meist auf einer Tiefenebene. Jedes Treffen ist ein gegenseitiges Abschätzen: Würde ich ihn zum Vater meiner Kinder machen? Könnte ich mir sie als Mutter meiner Kinder vorstellen?

Dass sich Enas Kinderliebe so selbstverständlich und praxisnah offenbarte, war natürlich ein Glücksfall. Das Thema Kinderkiegen zu verbalisieren löst dagegen meistens heftige Fluchtinstinkte beim Mann aus. Wundern Sie sich nicht, wenn er dann nur mal schnell Zigaretten holt ... Als Nichtraucher! Er spürt dann einen Pistolenknauf an seiner pochenden Schläfe, und sein ringendes Röcheln ist nicht als Zustimmung zu deuten! Lassen Sie es immer so wirken, als sei das Thema Kinder seine Idee und als habe er die Zügel in der Hand!

Meine Arbeitskollegin **Beatrix** *schaffte es nach einer längeren Trennung,* **François** *zurückzuerobern. François und Beatrix, die beiden gehörten einfach zusammen, und so glaubten alle an das Happy End, das dieses Paar verdiente. So glücklich François auch über seine Versöhnung mit Beatrix war, er war in seiner gescheiterten Beziehung, die er während des Bruchs mit Beatrix mit einer anderen Frau führte, bereits Vater geworden, hatte den Druck erlebt, den eine Frau mit einem Kind ausüben kann.*

Das, was er am wenigsten gebrauchen konnte, war neuer Druck. Doch statt ihm Zeit zu geben, die Dinge sich entwickeln zu lassen, verbali-

sierte Beatrix ihren Kinderwunsch wieder und wieder, unterstellte François dabei zunehmend, gar kein zweites Kind mehr zu wollen. Eine Interpretation, die zu dem Zeitpunkt nicht der Realität entsprach, aber bald eine neue Realität schuf. Denn schnell konnte François nicht mehr zwischen Beatrix' Deutung und seiner tatsächlichen Einstellung bezüglich eines zweiten Kindes unterscheiden und übernahm die ablehnende Haltung, die Beatrix ohnehin vermutete.

François' zweijährige Tochter rief in Beatrix wiederum Eifersucht hervor, sie sah die Kleine als François' Verbindung zu seiner Ex-Freundin, als etwas, was die beiden miteinander besaßen und sie nicht. Sie sah das kleine Mädchen als den Grund, welcher der Erfüllung ihres eigenen Kinderwunsches im Weg stand. Wann immer das Töchterchen bei seinem Vater war, benahm Beatrix sich ihr gegenüber sperrig, verkrampft. Gleichzeitig erschrak sie, dass ein kleines unschuldiges Mädchen solche negativen Gefühle in ihr auslösen konnte, und mied es deswegen noch mehr. Es war ihr unmöglich, eine Verbindung zu dem Kind aufzubauen. Schließlich stellte sie das Ultimatum, das jeder Mann nur als Schlinge um den Hals empfinden kann. Hätte doch nur irgendein Regisseur geschrien: »Sag es jetzt nicht, Beatrix! Halt die Klappe!« Aber sie sagte es: »Ich bin Mitte dreißig, ich habe nicht mehr ewig Zeit, ich kann keine Verbindung eingehen mit einem Mann, von dem ich nicht weiß, wie er seine Zukunft mit mir sieht.« Logisch, dass François an diesem Abend zu vielem Lust hatte (Besäufnis mit Kumpels, Langstreckenlauf, Steuererklärung, Logarithmen lösen), aber nicht dazu, mit Beatrix zu schlafen. Ihre Beziehung zerbrach wenig später auch im zweiten Anlauf.

Als Tim aber Ena so unkompliziert mit den Kindern spielen sah, hatte er alles andere als bewusste Vaterpläne. Er war 26, hatte sein Medizinstudium noch nicht ganz abgeschlossen, war nie in Thailand gewesen. Und doch weckte der unbeschwerte Anblick einen Urinstinkt, den universellen Drang zur Fortpflanzung, zur

Erneuerung, zur Genweitergabe, eine Kraft, die so verwurzelt und machtvoll ist, dass Studien- und Karrierepläne, unkende Freunde oder besorgte Familienmitglieder keine Rolle spielen. Nie sei er sich damals eines Vaterwunsches bewusst gewesen, sagt Tim heute. »Ich hatte an dem Tag einfach nur den unbändigen Drang, mit ihr zu schlafen.« Zu Hause riss er ihr das kirschkuchenbekleckerte Top vom Leib, und sie zeugten ihren ersten Sohn.

Forcieren Sie niemals das Thema Kinderkriegen, lassen Sie hier den Dingen einfach Ihren Lauf.

Geben Sie Ihren Sub-Persönlichkeiten wie der *Torschlusspanikerin* zu verstehen, dass Sie als Teamleiterin zwar ihre Absicht, eines Tages Mutter zu werden, unterstützen. Machen Sie ihr aber klar, dass sie mit unüberlegtem Handeln das gemeinsame Ziel (sofern Sie es überhaupt haben) sabotiert. Legen Sie eventuellen Kinderplänen aber auch keine Steine in den Weg, indem Sie sich als gute Mutter ausschließen, etwa indem Sie sich abschätzig über Kinder, Eltern oder das Kinderkriegen äußern. Empfehlen Sie sich als zukünftige Mutter auf nicht-sprachliche Weise, etwa indem Sie einen guten Draht zu Kindern beweisen.

95. Seien Sie niemals eifersüchtig auf seine Vergangenheit

Da trifft er im Möbelmarkt diese nette junge Frau, die er offenbar von irgendwoher kennt. Nach dem etwas verkrampften Gespräch im Badezimmerbereich fragen Sie nach. Da war wohl mal etwas, gibt er zu, vor langer Zeit. Erwähnt hatte er diese Frau noch nie. Mit wem hatte er eigentlich nichts? Wie viele Frauen in seiner

Vergangenheit gibt es denn noch? Visionen schwirren durch Ihren Kopf: Die blonde Kassiererin zwinkert ihm verdächtig-anzüglich zu, die Bedienung am Hotdog-Stand wischt ihm plötzlich vertraulich den Ketchup vom Mundwinkel, fragt dann noch, ob man sich denn mal wiedersieht, ob er denn die Telefonnummer noch hätte. Auf dem Parkplatz stehen ganze Trupps von Mädels, es werden immer mehr, sie kommen aus allen Richtungen, umzingeln Sie beide. Sie winken, werfen Kusshände, einige in Kostümchen, andere im Party-Fummel, wieder andere in Cheerleader-Uniform, wieder andere im Schulmädchen-Look. Brünette, Dunkelhaarige, Blondinen, Mollige, Amazonen, vulgäre und vornehme Frauen. Sie posieren, tanzen, umkreisen ihn auf Rollschuhen, waschen aufreizend seinen Wagen, raunen, gurren, hauchen, geben ihm Bussis, fahren durch sein Haar, nesteln an seinem Kragen, lecken sich mit der Zunge über ihre Lippen, besprühen ihn mit ihrem Parfüm, stecken ihm Zettel mit ihrer Telefonnummer zu, nennen ihn mit lächerlichen Spitznamen, fragen, ob er sich erinnert, setzen ihm ein Baby auf den Schoß … Er hatte sie offenbar alle.

Eifersucht ist ein normales Gefühl, Eifersucht auf die Vergangenheit ihre destruktivste Variante. Machen Sie sich klar, dass jede einzelne Erfahrung seiner Biografie ihn zu dem Menschen gemacht hat, in den Sie sich verliebt haben.

Insofern leisteten all die Mädels auf dem Parkplatz die mühevolle Vorarbeit, haben den Rohdiamanten geschliffen, Ihrem Freund gestattet, seine Hörner an sich abzustoßen, ihm wichtige Lektionen erteilt, ihm Techniken beigebracht, die Sie jetzt genießen. All diese Frauen haben den Acker bestellt, den Sie gerade ernten. Dafür könnten Sie ihnen ruhig ein bisschen dankbar sein.

96. Wie Sie Teufelskreisen entkommen

Betriebswirtin **Sandra** *(29) spricht perfekt Spanisch, nimmt deswegen immer wieder Aufträge an, Firmen in Spanien oder sogar in Lateinamerika zu beraten. Abhängig ist sie von diesen Jobs nicht, ihre Auftragslage ist auch in Deutschland dicht. Aber die Arbeit im Ausland macht ihr Spaß. Sie ist aufregend und eine Abwechslung – und das Wetter dort meistens einfach phantastisch. Ihr Freund* **Markus** *nimmt ihre Dienstreisen eher zähneknirschend hin, stürzt sich selbst in sein Triathlon-Training und seine Abendkurse. Irgendwann stellten Sandra und Markus fest, dass sie kaum noch Zeit miteinander verbringen. Wenn sie sich nach längerer Pause wiedersahen, fiel es ihnen schwer zu definieren, wie sie zueinander stehen. Schließlich hatten sie so viel Zeit und Energie in Lebensbereiche gesteckt, in die der Partner nicht involviert ist, und so viele unterschiedliche Erfahrungen gemacht. Markus sagte, er sehe nicht ein, sein Sportprogramm zu reduzieren, solange Sandra in der Weltgeschichte rumschwirrt. Sandra sagte, sie sehe nicht ein, Aufträge in Spanien abzulehnen, weil Markus sich ja zu Hause doch meistens um seinen Sport kümmere.*

Beide nehmen dieselbe Beziehungssituation wahr, bewerten jedoch Ursache und Wirkung gegensätzlich. Kommunikationspsychologen sprechen von einer unterschiedlichen Interpunktion von Ereignisfolgen. Einfachstes Beispiel: Er zieht sich zurück, weil sie nörgelt. Sie nörgelt, weil er sich zurückzieht. Die Frage, was zuerst da war, ist so müßig wie die Frage nach Henne oder Ei.

Juliane *beschwert sich, dass* **Joe** *nicht genug Interesse für sie und die gemeinsame Tochter aufbringt. Stattdessen verbrächte er die Zeit lieber mit seinem neuen Hobby, der fernöstlichen Lehre des Shaktismus. Joe beklagt sich wiederum, dass Juliane sich von ihm entfremdet, weil sie kein Interesse für das aufbringen kann, was ihn gerade beschäftigt und von dem er glaubt, dass es ihm neue Aspekte für sein Leben eröffnet.*

Ich riet Juliane, nicht in Ursache und Wirkung zu denken, sondern den entstandenen Kreislauf zwischen Ihr und Ihrem Freund wie etwas Drittes von außen zu betrachten. Ich empfahl ihr, sich zunächst selbst zu öffnen, wenn sie sich wünscht, dass der andere sich öffnet. Sie begleitete daraufhin Joe mehrere Male zu seinen Kursen, statt ihn damit aufzuziehen. Ohne selbst Anhängerin zu werden, verstand sie nun doch, um was es dabei ging und was er für sich aus den Lehren herauszog. So hatte sie den Kreislauf aus Entfremdung mit einer Annäherung durchbrochen. Sie konnten sich jetzt wieder stärker auf das konzentrieren, was sie verband, als auf das, was sie voneinander trennte.

Markus und Sandra versuchte ich darauf aufmerksam zu machen, dass auch sie ein gemeinsames Anliegen hatten. Beide wollten mehr Zeit mit dem anderen verbringen. Beide müssten dafür ein Stück ihres bisherigen Lebens opfern, aber beide würden dadurch auch ein Stück neue Lebensqualität gewinnen. Sie einigten sich auf ein Wochenende pro Monat, in dem sie nicht arbeiten und er nicht trainieren durfte, sondern an dem beide die Zeit gemeinsam verbringen wollen.

Teufelskreise durchbrechen Sie, indem Sie zunächst Empathie für den anderen entwickeln. Versuchen Sie, die Situation mit seinen Augen zu sehen, anstatt ihm Vorwürfe zu machen. Betonen Sie Gemeinsamkeiten, etwa Werte, Ziele, Anliegen, Interessen. Stellen Sie dann fest, unter welchen Bedingungen und mit welchen Zugeständnissen Sie die Gemeinsamkeiten verfolgen können.

97. Überraschen Sie immer wieder

Vorhersehbarkeit langweilt – wenn Sie dauerhaft das Interesse eines anderen Menschen erhalten wollen, sollten Sie regelmäßig überraschen. Eine Beziehung ist eine ständige Balance zwischen den Polen Distanz und Nähe, Fremdheit und Vertrautheit.

Zu viel Fremdheit kann in Entfremdung umschlagen, zu viel Vertrautheit in Vorhersehbarkeit. Pendeln Sie im Bereich irgendwo dazwischen, aber bewahren Sie sich immer ein Stück Geheimnis und Rätselhaftigkeit!

Manche Frauen glauben, für einen rätselhaften Touch reiche es, sein Alter nur in Spalten (30–39 Jahre usw.) zu verraten oder seine Schönheit Dinslakener Mineralwasser zuzuschreiben, wenn in Wahrheit der Botoxarzt sie zurück in die Twen-Jahre spritzte. Das ist nicht gemeint!

Barack Obama schrieb die Beständigkeit seiner Liebe zu Michelle einem Stück Rätselhaftigkeit zu, das seine Ehefrau auch nach langen Jahren noch bewahren konnte: »Sie ist mir gleichzeitig sehr vertraut und ein Mysterium. Es ist diese Mischung aus Bekanntem und Geheimnisvollem, die etwas ganz Starkes schafft.«

Überraschen Sie, erfinden Sie sich neu, ohne sich selbst untreu zu werden. Denken Sie an Madonna: Sie überzeugte als New-Wave-Straßengöre, als Marilyn, als Vamp, als Domina, als Hippie-Mutter, als Cowgirl, als Disco-Diva, als Geschäftsfrau und als Kabbala-Jüngerin. Nur die Rolle der tolpatschigen und unglückseligen Lehrerin in »Ein Freund zum Verlieben« nahm man ihr nicht ab, denn mit ihr hatte sie den Rahmen ihrer Persönlichkeit verlassen.

Entwickeln auch Sie immer wieder neue Facetten Ihrer Persönlichkeit: Brechen Sie dazu regelmäßig mit alten Gewohnheiten: In Ihrer Brust schlagen einige Seelen, sie alle machen die Vielfalt Ihrer Persönlichkeit aus. Es ist Zeit, immer mal wieder andere Sub-

Persönlichkeit an die Front zu schicken. Wenn er Sie als wilde Hummel kennt, überraschen Sie ihn mit Ihrer nachdenklichen, spirituellen Seite. Wenn er Sie als diszipliniert einschätzt, können Sie ihm zeigen, dass Sie manchmal grenzenlos faul sind. Er hält Sie für taff? Zeigen Sie ihm Ihre anlehnungsbedürftige Seite. Sie sind eher der brave Typ? Holen Sie Ihre verruchte Seite hervor. Wenn Sie zu politischer Korrektheit neigen, mischen Sie die Runde mit ein paar bösen Witzen auf. Wenn er Sie ausgewogen und friedliebend kennt, lassen Sie Ihre diabolische Ader aufblitzen. Einen Abend sind Sie seine elegant gekleidete Begleitung bei einem klassischen Konzert. Am nächsten Tag setzen Sie sich mit ihm und zwei Dosen Bier in einen Hippie-Park. Mal zeigen Sie sich fraulich-fürsorglich, dann kokett-impulsiv.

Betonen Sie Ihre Widersprüche, statt sie zu verbergen! Sie machen die Vielfalt Ihrer Person aus, und jede einzelne Facette ist liebenswerter Teil Ihres Ganzen.

Offen, interessiert und neugierig ...

Fokussieren Sie sich nie ganz auf den Partner, sondern bleiben Sie Ihrer gesamten Umwelt gegenüber offen. Sammeln Sie Impulse, Ideen und Anregungen, führen Sie weiterhin ein abwechslungsreiches Leben. So werden Sie immer etwas Neues entdecken, das Sie in die Partnerschaft einfließen lassen können. Es können Freizeitaktivitäten sein, die Sie so noch nie unternommen haben, außergewöhnliche Reisen, die Sie vorschlagen, verrückte Ideen wie ein Picknick nachts im Wald oder ein Fallschirmsprung. Beschäftigen Sie sich weiterhin mit Lehren, Gedankenrichtungen, Philosophien, lesen Sie viel, probieren Sie neue Hobbys, bilden Sie sich fort. Lesen Sie Ihrem Partner vor. Was Sie gefesselt hat, fesselt vielleicht auch ihn. Versuchen Sie, ihn zu begeistern. Vielleicht entwickeln Sie neue gemeinsame Interessen. Vielleicht überraschen Sie ihn damit, dass Sie sich plötzlich mit einem seiner Hobbys beschäftigt haben, das Ihnen bisher gleichgültig war.

… aber bleiben Sie authentisch

Sie sollen niemals jemanden spielen, der Sie nicht sind. Sie sollen nur weiterhin der Komplexität Ihrer Person gerecht werden. Sie dürfen sich auch mit Partner regelmäßig verändern, entwickeln, überholen, sich brechen, um sich gleichzeitig treu zu bleiben. Eine Partnerschaft bedeutet niemals, endgültig anzukommen. Sie bedeutet fortwährend Entwicklung und Veränderung. Sie werden sich entwickeln und er ebenfalls, und auch die Partnerschaft an sich unterliegt einer ständigen Evolution. Jede Veränderung eines der Bestandteile des Systems Beziehung verändert in einer Wechselwirkung die anderen Bestandteile.

Nur eine Partnerschaft, die sich verändert und anpassen kann, hat die Chance zu überleben. Denn dass sich alles ändert, ist die einzige Gewissheit.

98. Sehen Sie die Welt mit seinen Augen

Der Schlüssel für eine erfolgreiche, reife und Anteil nehmende Beziehung: Versetzen Sie sich immer wieder in die Situation des anderen. Verfeinern Sie die Kunst der Empathie! Sie wird verhindern, dass aus ersten Konflikten Ihrer jungen Liebe ein verhängnisvoller Kampf wird.
Ein Meister darin, Empathie aufzubauen, ist Barack Obama. Während sein Vorgänger George W. Bush im Kampf gegen den

Terror von einer Achse des Bösen sprach und so ein simples Gut-schlecht-Schema untermauerte, nähert Obama sich den arabischen Staaten an, indem er gemeinsame Werte hervorhebt: Beiden Kulturkreisen ist an Wohlstand, Frieden und Sicherheit gelegen, Terroristen sind ein gemeinsamer Feind, kein Auswuchs der einen, der arabischen Partei. Diesen gemeinsamen Feind sollten beide Seiten bekämpfen, nicht sich gegenseitig.

Yes we can! Obamas Wahlspruch betont die Gemeinsamkeit zum Wählervolk. Als Präsidentschaftskandidat vermittelte er damit, dass er seinen Wählern vertraut und sie wertschätzt. Er benötigt sie genauso für eine bessere Welt wie sie ihn – schließlich sagt er nicht: Yes I can.

Obamas Strategie im Wahlkampf und auf dem diplomatischen Parkett können Sie übertragen auf den Aufbau einer Liebesbeziehung: Auch hier sind beide Seiten gefragt, wenn sie ein neues, besseres, gemeinsames Leben aufbauen wollen. Gemeinsame Werte und Ziele, Vertrauen und gegenseitige Wertschätzung sind das Fundament. Politische Gebilde wie die Europäische Union, aber auch Weltreligionen sind deswegen so erfolgreich, weil sie eine Wertegemeinschaft bilden. Bilden auch Sie mit Ihrem Partner eine Wertegemeinschaft.

Versuchen Sie, den Selbstoffenbarungs-Aspekt seiner Botschaften herauszuhören und seine Gefühle und Einstellungen nachzuempfinden. Verfeinern Sie immer wieder Ihre Kunst, aktiv zuzuhören (siehe Seite 165).

- Wie sieht der andere eine bestimmte Situation, etwa einen Konflikt?
- Was ist ihm wichtig?
- Welche Werte besitzt er? Mit welchen Schlüsselwörtern drückt er seine Werte aus?
- Wie will er was erreichen?

- Wie wirkt Ihr Verhalten auf ihn?
- Was glaubt er, was Sie von ihm wollen?
- Welche Absicht vermutet er hinter Ihren Handlungen? Welche Beziehungsdefinition bietet er Ihnen an, welche glaubt er, dass Sie ihm anbieten?
- Welche Schlüsse könnte er ziehen?

Fragen Sie ihn, ob Sie richtigliegen, wenn Sie versuchen, die Welt mit seinen Augen sehen. Inwiefern haben Sie gemeinsame Werte und Ziele, wo gehen Sie auseinander? Betonen Sie Gemeinsamkeiten. Wie könnten Zugeständnisse aussehen?

Verlagern Sie die Aufmerksamkeit auf die Lösung, nicht auf das Problem. Zeigen Sie selbst Bereitschaft, Ihre Bedingungen zu verändern und mit Gewohnheiten und Glaubenssätzen zu brechen.

Empathietraining

Sie können spielerisch Empathie üben, indem Sie in einem Konflikt die Rollen tauschen.

1. Schritt: Tauschen Sie die Plätze: Sie setzen sich auf seinen Stuhl, er auf den Ihren.

2. Schritt: Sprechen Sie für ihn, in der Ich-Form, beleuchten Sie dabei alle vier Aspekte der Kommunikation. Sprechen Sie aus, wie er den Konflikt wohl sachlich sieht. Sprechen Sie aus, was Sie denken, was er fühlt. Formulieren Sie, was Sie denken, was er von Ihnen will. Sprechen Sie aus, was Sie glauben, wie er Sie und die Beziehung mit Ihnen sieht.

3. Schritt: Lassen Sie sich von ihm korrigieren.

4. Schritt: Anschließend spricht er für Sie. Was glaubt er, wie SIE den Konflikt beschreiben würden, welche Absichten SIE verfolgen, was in IHNEN vorgeht, wie SIE die Beziehung angesichts des Konflikts definieren?

5. Schritt: Setzen Sie sich wieder auf Ihren Platz und nehmen Sie wieder Ihre Rolle ein. Sprechen Sie darüber, wie sich Ihre Gefühle, Ihre Beziehung zu ihm und Ihre Wünsche, wie er sich verhalten möge, nun verändert haben.

6. Schritt: Anschließend spricht er: Wie haben sich seine Gefühle, Einstellungen und Wünsche Ihnen gegenüber unter dem Einfluss der neu gewonnenen Erkenntnisse verändert?
Spüren Sie die heilende Kraft der Empathie, die ein weiteres ebenso zermürbendes wie ergebnisloses Ringen um Macht, Schuld und Recht unmöglich macht.

99. Guter Sex Teil 1: Gehen Sie gemeinsam über Grenzen

Ein ungewöhnlicher Sexwunsch Ihres Partners: Vielleicht reagieren Sie erschrocken darauf, vielleicht stellen Sie Ihren bisherigen Sex in Frage: Hat er sich bisher womöglich nur gelangweilt? Ist er vielleicht pervers? Bin ich vielleicht zu spießig? Kann ich ihm überhaupt gerecht werden?
Sehen Sie die positive Absicht hinter seinem Appell, lesen Sie die positive Beziehungsbotschaft dahinter: Er zeigt Vertrauen zu Ihnen. Er zieht es vor, gemeinsam mit Ihnen etwas zu erleben, statt seine Wünsche heimlich auszuleben.

Mit seinem Appell wagt er außerdem eine große Selbstoffenbarung. Er gibt einige seiner intimsten Bedürfnisse preis. Selbstoffenbarungen sind immer heikel.
Sie dürfen die Sache an sich ablehnen, aber Sie sollten sich deswegen niemals ablehnend gegenüber seiner Person zeigen. Bevor Sie aber überhaupt ablehnen, überlegen Sie sich Folgendes:

Wenn zwei Menschen heutzutage eine Partnerschaft beginnen, haben meist beide vorher zahlreiche sexuelle Erfahrungen gesammelt. Gemeinsam etwas Neues zu probieren, was beide zum ersten Mal tun oder zumindest für einen Partner Neuland ist, bedeutet die Chance auf eine gemeinsame neue Erfahrung, welche die Partnerschaft bereichern kann.

Zu einer Partnerschaft gehört es, gemeinsam über Grenzen zu gehen und über seinen Schatten zu springen – manchmal eben auch in sexueller Hinsicht. Das müssen keine anstrengenden Sexpraktiken sein und keine Swinger-Orgien, und Sie müssen auch nicht im Domina-Kostüm die neunschwänzige Katze schwingen. Eine überschrittene Grenze kann es schon sein, dass Sie einmal mit ihm vorurteilsfrei einen Porno anschauen, der ihm gefällt, und wenn es nur dazu dient, dass Sie mehr darüber herausfinden, wie Teile von ihm sexuell ticken. Nutzen Sie die neuen Informationen, in welchem Maß und in welcher Form auch immer! Schaffen Sie Gemeinsamkeiten statt Tabus!
Niemals decken sich die sexuellen Bedürfnisse zweier Menschen hundertprozentig. Spaß am Sex bedeutet nicht nur, dass Ihre Bedürfnisse erfüllt werden. Es kann auch Spaß machen, dem Partner Bedürfnisse zu erfüllen, die man selbst so nicht hat, sich also gelegentlich altruistisch zu verhalten.
Genauso müssen Sie nicht immer Lust auf Sex haben, wenn Sie Sex machen – Teil einer Partnerschaft ist es auch, ohne eigenen

unmittelbaren Vorteil für die Entspannung und das Wohlbefinden des anderen zu sorgen. Es ist ein gutes Gefühl, anderen einen Gefallen zu tun, auch beim Sex. Und wenn Sie gar nicht damit rechnen, kommen Sie vielleicht ganz unerwartet voll auf Ihre Kosten!

100. Guter Sex Teil 2: Wie Sie aus Ihrem Prinzen das Maximale herausholen

Männer haben es nicht leicht: Sie sollen erfolgreich sein im Job, ständig um Macht kämpfen, eine schnuckelige Familie gründen und vorher, oder vielleicht auch währenddessen, Liebhaberinnen haben. Ein richtiger Mann lebt schließlich wild und gefährlich. Sie müssen in Prügeleien ihren Mann stehen, sie müssen sich um verstopfte Kanalisationen kümmern und in unfreundlichen Höhen Wolkenkratzer noch höher werden lassen – Wolkenkratzer, die sich wiederum andere Männer ausgedacht haben. Überhaupt gibt es immer jemanden, der reicher, schneller, schlauer, besser, mächtiger ist. Sie sollen sportlich und gepflegt sein, Geschmack haben und toll aussehen. Dazu müssen sie seit einigen Jahrzehnten auch noch feinfühlig sein und über ihre Gefühle reden können und kochen und bei der Hausarbeit helfen und für den Sohnematz als Indianerpferd herhalten und die quengelnde Tochter beschwichtigen, die sich das neueste Barbie-Modell wünscht. Nachts dann sollen sie auch noch eine satte Erektion bekommen und ihre Partnerin befriedigen. Genau an dem Punkt scheitert es häufig, und wenn man Psychotherapeuten glaubt, immer häufiger – und diese Entwicklung läuft diametral zu den immer selbstbewussteren Frauen, die immer besseren Zugang zu ihren sexuellen Wünschen haben und deren Erfüllung einfordern.

Eine ganze millionenschwere Industrie von bunten Pillen lebt seit über zehn Jahren von der Anbetung der Erektion und von den Ängsten, die das Thema begleiten – wohl kaum liegt bei den Millionen Abnehmern aller Altersgruppen eine gesundheitliche Indikation vor. Hier ein paar Vorschläge, wie Sie im Bett ein positiver Anker für Ihren Partner werden können. Sie geben ihm dadurch ein gutes, vertrauensvolles Gefühl und mobilisieren all seine Kräfte. Das Beste: So schnell wird er sich bei keiner anderen so sicher, so gut und so potent fühlen!

Lassen Sie den Sex im Bett und benutzen Sie ihn nicht als Indikator für das Funktionieren oder Nicht-Funktionieren Ihrer Beziehung außerhalb des Betts. Wenn es beim Sex gerade weniger gut klappt, heißt es nicht, dass die ganze Partnerschaft nicht funktioniert. Nehmen Sie es nicht persönlich, lesen Sie darin keine Beziehungsbotschaft, wenn ER gerade nicht will. Reagieren Sie schon gar nicht nörgelig, fordernd oder beleidigt. Denken Sie daran: Wut, Ärger, Schmollen, Abwertung, Druck oder Liebesentzug machen eine Erektion völlig unmöglich. Eine ausbleibende Erektion bedeutet nicht, dass er Sie nicht attraktiv findet oder mag, sondern ist im Gegenteil ein Hinweis darauf, dass er Sie so attraktiv findet und so sehr mag, dass er alles richtig machen will – nur gehorcht sein Penis keinen Befehlen. Machen Sie sich bewusst: Eine Partnerschaft besteht aus wesentlich mehr als aus Sex, und wenn Sie aufhören, in den Sex oder den gerade nicht vorhandenen Sex Beziehungsbotschaften hineinzulesen, fügt sich die Natur von ganz alleine. Früher oder später läuft es dann wieder.

No-Gos: die sexuelle Verstimmung auf einen anderen Bereich verlagern, etwa dann ums Abendessen zoffen oder um die Unordnung, die er in Ihrer Wohnung hinterlässt. Hier gilt wieder: Überlasten Sie den Sex nicht mit Aufgaben, die er einfach nicht hat.

Ebenfalls ein Tabu: Sexprobleme nach außen tragen, etwa im Freundeskreis davon erzählen. Ein solches Verhalten ist illoyal. Akzeptieren Sie, dass die Lust in einer Partnerschaft Zyklen unterworfen ist. Phasen mit weniger Lust sind völlig normal und sollten nicht überbewertet werden. Oft schafft man in diesen Phasen Probleme, die eigentlich gar nicht da waren. Die neuentstandenen Probleme sorgen wiederum für Unlust. Und so steckt man mitten in einem Teufelskreis, in dem ER sagt, er habe keine Lust, weil SIE Probleme macht, und in dem SIE sagt, sie habe Probleme, weil ER keine Lust hat. Lassen Sie einen solchen Teufelskreis gar nicht erst entstehen.

Unlust auf Sex oder eine ausbleibende Erektion ist eine wichtige Rückmeldung für den Mann. Sie zeigt, dass entweder Störfaktoren da sind, die seine Lust beeinträchtigen oder verhindern, oder dass die Bedingungen nicht erfüllt sind, die er braucht, um Lust zu entwickeln.

Nehmen Sie den Druck raus …

Zu den häufigsten Störfaktoren gehören von innen oder von außen kommender Druck, Angst, hohe Erwartungen, Stress, Besorgnis, Wut, Ärger. Es ist nicht der Job der Erektion oder der Sexualität, diese Probleme zu lösen oder wenigstens für eine Weile verschwinden zu lassen.

Der Mann muss das, was ihn belastet, außerhalb des Bettes angehen, ob es nun mit der Beziehung zu tun hat oder mit Job, Familie, Freunden. Sie können ihn dabei unterstützen. Oft ist aber einfach der Druck, »gut sein zu müssen« und die Partnerin nicht enttäuschen zu wollen, der eigentliche Störfaktor, der zu Unlust oder Verweigerung führt.

Dieser Störfaktor kann sich wie ein Teufelskreis verstärken: Druck und Angst führen zu Unlust, vom Sex wird erwartet, durch ein besonderes »Gelingen« dem Druck oder der Angst etwas entgegenzusetzen. Unter diesen gestörten Bedingungen entsteht aber eine wenig lustvolle sexuelle Begegnung, die dann als »misslungen« empfunden wird. Jetzt erhöhen sich Druck und Angst vor einer nächsten Begegnung, führen dann oft zu (meist unbewussten) Strategien, mit denen eine neue sexuelle Begegnung vermieden wird. Damit verlassen die Schwierigkeiten beim Sex dann aber das Schlafzimmer und werden zur wirklichen Gefahr, etwa wenn er Ausreden erfindet, um nicht mit ihr allein sein zu müssen, oder einen Streit vom Zaun bricht. Druck und Angst führen die Partnerschaft also in eine Situation, die schlimmer ist als Sex ohne oder mit unregelmäßiger Erektion.

Wenn Sie Ihrem Partner zu verstehen geben, dass Ihr Verhältnis zu ihm unabhängig von Ihrer gegenwärtigen Sexfrequenz ist und Sie das Zusammensein um seiner selbst Willen genießen, haben Sie schon entscheidende Störfaktoren beseitigt.

Jetzt gilt es, die Bedingungen zu schaffen, die Sie beide brauchen, um Sex genießen zu können. Sie erfahren seine Bedingungen, indem Sie Ihre besonders lustvollen Sexerlebnisse in der Partnerschaft vergleichen und gemeinsame Faktoren herausfiltern.

Braucht er ganz viel Ruhe und Zeit, oder blüht er bei spontanem Von-null-auf-hundert-Sex am meisten auf? Welche Tageszeiten bevorzugt er, was haben Sie beide vor dem Sex getan, in welcher Stimmung waren Sie, an welchem Ort? Welches Verhalten von Ihnen mag er, welche Wäsche, welche Düfte? Welche Art, ihn anzusehen, gefällt ihm besonders, welche Art, mit ihm zu sprechen, welche Praktiken bringen ihn auf Touren? Fragen Sie Ihren Partner, welche Faktoren für ihn für guten Sex erfüllt sein müssen, genauso wie Sie Ihre Bedingungen formulieren, die Sie benötigen.

Fragen Sie ihn, wie er angefasst werden will, wie er Sie anfassen möchte, welche Inszenierungen er liebt. Sagen Sie ihm genau, wie Sie es mögen. Es wird ihm dann auch leichter fallen, etwas über sich preiszugeben. Nehmen Sie die Antwort auf der Sachebene an, nicht als Beziehungsdefinition.

Liebhaberinnen, die auf Ihren Partner eingehen und einfühlsam sind, entwickeln nach einer Weile ein Gespür für die Bedingungen, unter denen ihr Partner am liebsten Sex hat.

Darum erscheint Männern Sex mit Prostituierten oft so leicht und unbeschwert: Eine erfolgreiche Prostituierte inszeniert als Dienstleisterin die optimalen Bedingungen, die ihr Freier braucht, um auf seine Kosten zu kommen.

Erotik kennt viele Facetten

Männer denken, das ganze Gelingen des Sex hinge von ihrem Penis ab. Zeigen Sie daher Ihrem Partner, dass Sie mehr Alternativen zur Verfügung haben, dass auch sexuelle Handlungen für Sie befriedigend sind, für die eine Erektion keine Rolle spielt. Sie können sich küssen oder streicheln, sich gegenseitig einölen, massieren, zusammen baden und sich waschen. Auch für »härtere« Varianten von Erotik gibt es bereichernde und befriedigende Optionen: Sie können sich vor ihm befriedigen, sich von ihm manuell oder oral »bedienen« lassen. Sie können Ihre Körper aneinanderreiben, ohne dass er eindringt. Sie können einen Vibrator oder einen Dildo ins Liebesspiel einbauen, was kein Ersatz für einen Penis ist, sondern eine zusätzliche Qualität bedeuten kann. Sie können auch seine Brustwarzen und seinen Anus stimulieren (beides erogene Zonen des Mannes, die in der heterosexuellen Beziehung oft aus Unkenntnis und Penisfixierung vernachlässigt werden) oder sadomasochistische Praktiken probieren, wenn Sie mögen. Verdeutlichen Sie ihm, dass diese Alternativen für Sie gleichwertig sind. Es sind keine Notlösungen, mit denen eine ausbleibende Erektion ersetzt werden soll, sondern Bereicherungen, Varianten und Alternativen unabhängig von einer stattfindenden oder ausbleibenden Erektion.

Männer werden in ihrer Jugend durch Pornografie an den Sex herangeführt. Dort läuft Sex nach einem Schema ab: ein bisschen Getatsche, Oralverkehr, Penetration, Ejakulation. Realer Sex jedoch verläuft nicht derart linear, sondern häufig zyklisch. Machen Sie Pausen, fahren Sie mittendrin einen Gang zurück. Das ist kein Zeichen dafür, dass der Sex missglückt ist, es ist ein Zeichen dafür, dass Ihr Sex auf ganz verschiedenen Ebenen funktioniert. Auch während einer Kopulation können Sie eine Pause einlegen, um sich zu streicheln, zu küssen oder was auch immer zu tun. Sex kann jederzeit unterbrochen und wiederaufgenommen werden und gehorcht in der Realität keiner mechanischen Dramaturgie.

Wenn Sie keine Lust haben ...

Bei Sexflaute berschreiben Sie ihm das Symptom: Sagen Sie Ihrem Partner, dass Sie heute auf gar keinen Fall Sex wollen, aus welchen Gründen auch immer. Sie seien zu müde, hätten den Kopf voll. Sie seien furchtbar glücklich mit ihm, aber im Moment hätten Sie einfach kein Verlangen nach Sex.

Wenn Sie die Situation vom Druck befreien, sucht sich der Sex seinen Weg oft ganz alleine. Die Libido hasst den Befehl, richtet sich nicht nach Uhrzeiten und günstigen Gelegenheiten. Sie liebt dagegen oft geradezu die ungünstigen Gelegenheiten, die Spontaneität und die Überwindung des Unmöglichen.

Eine Variante des letzten Punktes: Sagen Sie, dass Sie keinen Sex wollen, sondern nur schmusen oder streicheln. Männer geben nur vor, Kuscheln, ohne zur Sache zu kommen, sei für sie ein Greuel. Im Grunde schätzen sie es, nicht nur für eine Erektion berührt und angenommen zu werden. Und was dann doch passiert, passiert eben.

Denn auch Männer schreiben dem Sex Aufgaben zu, die er nicht hat oder nicht alleine zu erfüllen hat. Sie haben oftmals gelernt, dass sie sich ihr Bedürfnis nach Zärtlichkeit, nach Annahme, Berührung, nach einer Umarmung oder Kuscheln nur durch Sex erfüllen dürfen. Sie verwechseln oftmals ihr Bedürfnis nach Berührung und Akzeptanz mit dem Bedürfnis nach Sex, so wie auch Frauen oft ihr Bedürfnis nach Aufmerksamkeit oder Liebe mit dem Bedürfnis nach Sex verwechseln.

Hatten Sie ein schönes sexuelles Erlebnis miteinander, arbeiten Sie mit positiver Verstärkung: Artikulieren Sie, wie großartig er war und wie gut Sie sich jetzt fühlen. Übertreiben Sie ruhig ein bisschen, es geht ja um eine gute Sache!

Spielen Sie mit seinem Glied, nachdem er gekommen ist und Sie beide befriedigt sind. So zeigen Sie, dass Sie auch ohne weitere Absichten mit einem schlaffen Glied spielen, und lösen den Griff in seinen Genitalbereich von dem Druck, eine Erektion haben oder bekommen zu müssen.

Schlusswort

Alexandra (33) ist gutaussehend und erfolgreich, gebildet, vielseitig interessiert und sozial sehr aktiv – und ganz normal allein. Ich wählte sie als erste Test-Leserin meines Manuskripts. Sie war bis zum ersten Drittel gekommen, als sie mir erste Erkenntnisse präsentierte, die wahrscheinlich ihre innere Landkarte dauerhaft verändern werden: *»Ich habe gemerkt, wie viele meiner Werte ich in meinem Leben bereits verwirklicht habe. Ohne Mann. Wahrscheinlich bin ich mehr in die Utopie verliebt, eine Beziehung zu führen, als dass ich im Moment tatsächlich irgendetwas ändern würde.«*

Wenn Alexandra aber so viele ihrer Werte schon lebt, bleiben für die Utopie nur noch die besonders gewichtigen, abstrakten und beseelten Werte übrig – aber welcher Mann aus Fleisch und Blut ist schon in der Lage, diese Werte zu erfüllen? Und wäre das überhaupt sein Job?

Damit die Utopie auch ja eine Utopie blieb, ergriff sie die üblichen Maßnahmen: zum Scheitern verurteilte Affären, erst mit einem verheirateten Mann, dann mit einem unzuverlässigen Partykönig, der sie übel ausnutzte. Jetzt macht ihr ein netter, hübscher und ausdauernder Kerl den Hof – aber den will sie nicht, weil er nicht gebildet genug ist, nicht interessiert genug, nicht schnell genug, nicht irgendwas genug. Aber eigentlich will sie ihn nicht, weil er sie will. Sie kann ihn nicht achten, weil er sie achtet – und enthüllt so ihre mangelnde Selbstachtung.

Es ist ein ewiges Dilemma: Der Rest des Lebens soll bitte erst später beginnen. Das eigentliche, das ganz große, das durch und durch erfüllte Leben. Aber niemand weiß so recht, wie so ein Leben eigentlich geht. Dennoch glaubt jeder, dass die Welt es einem schulde. Aber solange das eigentliche Leben einem noch bevorsteht, ist die Gegenwart ja nur ein Probelauf, dem man nicht allzu viel Bedeutung schenken muss.

»Ich habe erkannt«, so Alexandra weiter, *»dass ein Mann nicht die Werte zu verwirklichen braucht, die ich schon alleine oder mit anderen Menschen in meinem Leben verwirklicht habe, und dass er auch nicht für völlig abstrakte Werte zuständig ist. Ich will jetzt die Gewichtung meiner Werte ein wenig verschieben. Vielleicht sollte ich auf meiner Prioritätenliste statt völliger Selbstverwirklichung und Abenteuer Werte wie Nähe oder Geborgenheit oder Harmonie nach oben rücken.«*

Harmonie und Geborgenheit, das sieht in der Realität nicht immer glamourös und sexy aus. Beziehung bedeutet auch, mit jemandem schweigend vor dem Fernseher zu sitzen und Teewurst-Stullen zu essen. Es bedeutet, dass jemand einen nachts anschaut, wenn man schlafend daliegt und bescheuert aussieht, aber er findet das gar nicht und tupft einem vorsichtig den Speichel aus dem Mundwinkel. Es bedeutet, nach einem wirren Traum hinüberzulangen und zu wissen, dass da jemand liegt und atmet, aus welchen Gründen und unter welchen Umständen auch immer man diese Person getroffen und sie als Partner für sich ausgewählt hat.
Vielleicht ist es für Alexandra ihr jetziger Verehrer, vielleicht jemand anders. Alexandra: *»Bisher habe ich mir nie richtig vorgestellt, wie eine Beziehung in meinem jetzigen Leben aussehen könnte. Nicht in irgendeinem Leben, von dem ich glaube, dass ich es führen müsste, sondern in dem, das ich tatsächlich führe.«*

Stellen Sie sich Ihre Beziehung in Ihrem realen Leben unter Ihren realen Bedingungen vor, und Sie sind Ihrem Liebesglück schon einen Riesenschritt näher.

Die Ratgeberform dieses Buches bedingt, dass ich häufig die Appellform benutzt habe. Appelle sind ein zweischneidiges

Schwert: Einerseits wollen wir klare Ansagen, so wie Alexandra, die wütend war, dass ihre Psychologin ihr einfach nicht sagen wollte, was zu tun ist, sondern sie das selbst erforschen lassen wollte. Andererseits empfinden wir Appelle als einen Eingriff in unsere Autonomie, und wir hören aus ihnen die Botschaft, selber defizitär zu sein. *»Den Schuh ziehe ich mir aber nicht an!«*, sagte eine Kollegin, der ich in einer frühen Entstehungsphase einige der handlungsorientierteren Tipps in Rohform präsentierte. Appelle fordern uns heraus, dem Urheber zu beweisen, dass er unrecht hat. Deswegen möchte ich meine Tipps als Anregungen und Empfehlungen verstehen. Sie sollen dazu dienen, Ihre Flexibilität zu erhöhen.

Ich sage Ihnen nur, was ich denke und von dem ich glaube, dass es für Sie wichtig sein könnte. Sie allein entscheiden, was Sie damit tun wollen. Und wenn Sie feststellen, dass ein Tipp für Sie nicht funktioniert oder einfach falsch ist, so ist auch diese Erkenntnis ein Gewinn. Sie sind mit diesem Buch auf eine Reise gegangen, die Ihren Mut erfordert hat, denn ich habe Sie dazu angeregt, Überzeugungen in Frage zu stellen. Die Reise ging zu einem Großteil in Ihre innere statt in die äußere Welt. Sie haben die Herausforderung angenommen.

Das, was jetzt in Ihnen und mit Ihnen passiert, ist vielleicht nicht das, was Sie am Anfang erwartet haben. Aber ich bin überzeugt, dass Ihr Mut und Ihre Initiative belohnt werden, wenn auch vielleicht auf eine andere Art als ursprünglich angenommen. Ich bin sicher, dass aus Ihrem anfangs vielleicht diffusen Wunsch nach einer Partnerschaft mit einem Traumprinzen ein Stück echtes, gelebtes Leben wird. Ich bin sicher, dass Sie Ihren Prinzen jetzt besser erkennen, wenn er aus Versehen vor Ihnen steht. Ich bin sicher, wenn der Prinz auf seinem Gaul nicht zu Ihnen kommt, steigen

Sie auf Ihren Gaul und suchen ihn, und Sie werden ihn schneller finden, als Sie es für möglich halten.

Selbstverständlich bin ich nicht der Weisheit letzter Schluss. Das sind nur Sie alleine. Stellen Sie sich vor, Sie pilgern mit Ihrem Gaul auf einen einsamen Berg, überwuchert von verwilderten Wiesen und Wäldern, und suchen in einer Höhle eine ganz besondere Person auf: sich selbst. Besuchen Sie Ihr Alters-Ich: Das sind Sie in Ihrer reifsten und vollkommensten und weisesten Ausführung. Stellen Sie Ihrem Alters-Ich die Fragen, die jetzt noch offen sind, und tragen Sie die Antworten in Ihrem Herzen, auch wenn Sie sie vielleicht erst später verstehen werden.

Ich schließe dieses Buch mit einem Ausspruch des früheren US-Präsidenten Theodore Roosevelt: *»Nehmt Risiken auf euch. Seid nicht wie diese kalten, zaghaften Seelen, die weder Sieg noch Niederlage kennen.«*

Quellen

Andreas, Steve; Faulkner, Charles:
Praxisbuch NLP.
Junfermann Verlag, Paderborn 2007

Berger, Peter L. Luckmann, Thomas:
Die gesellschaftliche Konstruktion der Wirklichkeit. Eine Theorie der Wissenssoziologie.
Fischer Taschenbuch Verlag, Frankfurt am Main 1980.

Berne, Eric:
Die Transaktionsanalyse in der Psychotherapie.
Junfermann Verlag, Paderborn 2006

Harris, Thomas A.:
Ich bin o.k., du bist o.k. Wie wir uns selbst besser verstehen und unsere Einstellung zu anderen verändern können. Einführung in die Transaktionsanalyse.
Rowohlt Taschenbuch Verlag, Hamburg 2005

O'Connor, Joseph:
NLP. Das Workbook.
VAK Verlags GmbH, Kirchzarten bei Freiburg 2005

Schulz von Thun, Friedemann:
Klarkommen mit sich selbst und anderen: Kommunikation und soziale Kompetenz.
Rowohlt Taschenbuch Verlag, Hamburg 2004

Schulz von Thun, Friedemann:
Miteinander reden 1. Störungen und Klärungen.
Rowohlt Taschenbuch Verlag, Hamburg 1981

Schulz von Thun, Friedemann:
Miteinander reden 2. Stile, Werte und Persönlichkeitsentwicklung.
Rowohlt Taschenbuch Verlag, Hamburg 1989

Schulz von Thun, Friedemann:
Miteinander reden 3. Das »innere Team« und situationsgerechte Kommunikation.
Rowohlt Taschenbuch Verlag, Hamburg 1998

Schwarz, Aljoscha A.; Schweppe, Ronald P.:
Praxisbuch NLP.
Südwest Verlag, Stuttgart 2000

Watzlawick, Paul; Beavin Janet H.; Jackson, Don D.:
Menschliche Kommunikation. Formen, Störungen, Paradoxien.
Verlag Hans Huber, Bern Stuttgart Toronto 1967

Watzlawick, Paul:
Anleitung zum Unglücklichsein.
Piper Verlag, München 1983

Watzlawick, Paul:
Wenn du mich wirklich liebtest, würdest du gern Knoblauch essen. Über das Glück und die Konstruktion der Wirklichkeit.
Piper Verlag, München 2008

Winterberg, Yuri:
Mätressen. Die geheime Macht der Frauen.
Egmont vgs, Köln 2005